La révolution Tesla

Éditions Eyrolles
61, bd Saint-Germain
75240 Paris Cedex 05
www.editions-eyrolles.com

Hamish McKenzie

La révolution Tesla

Comment Elon Musk nous fait basculer dans le monde de l'après-pétrole

Traduit de l'anglais (États-Unis) par
Pascale-Marie Deschamps

À Steph, merci d'être là.

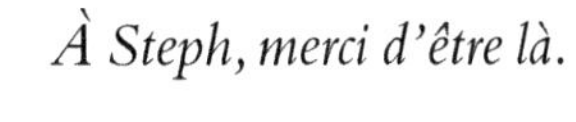

Sommaire

PARTIE II
TRANSITION

PARTIE III
ACCÉLÉRATION

PARTIE I

INDUCTION

1

Get your motor runnin'
(Mets les gaz)

« Dans l'automobile, le solaire ou l'espace,
il n'y a pas de nouveaux entrants »

Ma toute première voiture était une Ford Laser 1983 à démarreur manuel. À 16 ans je maîtrisais l'art subtil de moduler le starter pour obtenir le mélange parfait d'air et d'essence qui ferait ronronner ma petite Laser comme une panthère de métal. Elle était couleur or, mais les années ayant terni son éclat, elle avait pris un ton brun foncé. Je l'appelais Brune-Brune et j'allais partout avec, coins à baignades, terrains de sport et nids d'amour des collines broussailleuses autour d'Alexandra, ma ville natale de 5 000 habitants, en Nouvelle-Zélande.

À part le starter, je ne connaissais pas grand-chose à ma voiture et ne cherchais pas plus loin. Mon père, un physicien qui savait mettre en musique les rouages de Brune-Brune pour provoquer le miracle de la propulsion, s'occupait de la maintenance. Je n'avais qu'à faire le plein et à éviter de caler sur les petites routes gelées au milieu de nulle part. Et ça m'allait très bien.

Plus tard, alors que je faisais les récoltes dans un verger du coin pendant les vacances, pour payer mon loyer d'étudiant, j'ai vraiment essayé de prendre un cours de mécanique. À l'époque, j'étais passé au modèle supérieur avec une Toyota Corona 1991. Pour moi, c'était une voiture de luxe : elle démarrait sans starter et avait une boîte automatique. Par un jour de canicule, j'étais donc perché sur une échelle au milieu des cerises, tandis que dans l'arbre voisin, un copain qui s'y connaissait m'expliquait le fonctionnement du moteur thermique. Malgré mon père (et à sa grande déception), je faisais les Beaux-Arts et n'avais aucune affinité pour la mécanique. Les cerises plein la bouche, j'avais beau enregistrer dans ma mémoire les mots « carburateur », « piston », « arbre à cames », je n'arrivais pas à me souvenir dans quel ordre ils interagissaient, ni même s'ils interagissaient du tout. Mon copain s'est vite lassé de ma débilité et je me suis résigné à ce que cette sorcellerie horriblement compliquée me reste à jamais inaccessible. Et ça m'allait très bien.

Mon ambivalence pour les véhicules à moteur a persisté même après mon installation aux États-Unis, la patrie de cœur de l'automobile. À 29 ans, au volant de la Honda Civic 2001 de ma femme, j'ai appris à conduire du mauvais côté de la route et à réguler mes attaques de l'accélérateur pour éviter la mort sur les autoroutes, mais j'ignorais toujours comment les bougies d'allumage allumaient et la courroie de distribution distribuait. En fait, j'évitais au maximum de conduire, étant arrivé à la conclusion que le monde se porterait mieux sans voitures. Dans un de mes premiers articles pour « Pando-Daily », un site d'info techno, j'ai supplié la Silicon Valley de nous en débarrasser. Je disais que le coût pour l'environnement des voitures et des routes était inacceptable, quand le climat se réchauffe à un rythme tel que les coups de chaleur feront bientôt plus de morts que les accidents de la route. La voiture était un piège mortel, un danger pour la santé, l'assassin de la planète et un vecteur insidieux de solitude. Qui pouvait-elle séduire ?

Beaucoup de gens à l'évidence, et les phénomènes d'inertie et d'autorenforcement sont une réalité. Nous avons creusé les montagnes, bitumé les marais et inventé les garages pour protéger nos chariots magiques ; y renoncer aujourd'hui paraît donc assez peu réaliste. Après qu'une foule de commentateurs m'ont soigné de mon fantasme de zéro voiture, j'ai vaguement rétropédalé et je suis passé à autre chose.

C'est là que j'ai découvert Tesla.

Entré chez Pando en avril 2012, quelques mois après la mort de Steve Jobs, le cofondateur et PDG d'Apple, j'ai découvert un secteur qui pleurait encore la perte de sa superstar. La high-tech était orpheline d'une personnalité capable de retenir le souffle de la planète d'un haussement de sourcil scénographié, d'un homme qui pouvait affoler la presse par un codicille à un diaporama. La Silicon Valley recherchait frénétiquement la prochaine révélation, mais celle-ci se faisait attendre. L'iPhone s'était banalisé et les «grands innovateurs de la Vallée» se passionnaient pour les applis de partage de photos et l'optimisation publicitaire. Les programmeurs empochaient des millions de dollars pour numériser des audiences agrégées et les rendre disponibles aux contenus. D'autres idées ne prenaient pas. Facebook? À la rigueur pour quelques groupuscules. Les voitures à la demande? OK, pour la classe moyenne de San Francisco. Marissa Mayer? Passe encore pour Yahoo!

Puis, en juin 2012, la Model S de Tesla est arrivée. Malgré une fête munificente, son lancement est resté plutôt confidentiel au début. La luxueuse berline électrique était commercialisée 70 000 dollars, prix plancher de la version de base. Le jour J, Tesla n'avait que dix voitures à offrir, prévoyant d'augmenter la cadence plus tard. Les critiques ont eu droit à dix minutes de conduite. Mais cela a été suffisant pour emporter l'imagination des médias tech et automobiles. Au *Wall Street Journal*, Dan Neil a comparé la Model S à une Lamborghini et s'est émerveillé de sa conduite silencieuse. *Wired* a parlé «d'éclate totale». La version sport abattait le 0 à 100 km/h en 4,2 secondes. C'était le territoire des bolides, à bord d'une berline.

Le mois suivant, Elon Musk, le PDG de Tesla, était l'invité de la conférence mensuelle de Pando à San Francisco. Comme j'étais en Chine à ce moment-là, j'ai regardé l'événement sur mon ordinateur. Je ne savais pas grand-chose de lui, mais j'ai été aussitôt frappé par son audace. Il avait déjà SpaceX qui construisait des fusées et envoyait du matériel à la station spatiale internationale, et il avait lancé et financé SolarCity, une start-up dans l'énergie solaire. Avec

Tesla, il entendait sevrer le monde des énergies fossiles. «Je mets mon énergie là où je pense qu'elle affectera positivement l'avenir de l'humanité, a-t-il dit à Sarah Lacy, ma patronne, lors de la conférence. Beaucoup d'énergie entrepreneuriale et de financement vont à Internet, alors qu'on ne voit pas de nouveaux entrants dans l'automobile, le solaire et l'espace.»

Si l'on ne se débarrassait pas des voitures, me suis-je dit, autant laisser ce type les électrifier, on arrêterait au moins d'envoyer du gaz carbonique dans l'atmosphère.

Me documentant sur Tesla, j'ai appris qu'il avait lancé une voiture de sport électrique, le Roadster, en 2008. C'était la première voiture électrique sympa, la première preuve qu'un véhicule propulsé par un moteur électrique pouvait avoir plus d'intérêt qu'une voiturette de golf. À 100 000 dollars pièce, elle s'adressait surtout aux gens riches et célèbres, ce qui n'était pas la pire des façons d'attirer l'attention, mais aussi un impératif économique, en raison du coût de la batterie. Cependant, dès 2008, Musk avait évoqué une voiture familiale 100 % électrique qui avait tardé à sortir. Je me suis demandé pourquoi. Puis, j'ai regardé *Revenge of the Electric Car*, un documentaire de 2011 montrant les difficultés de Tesla pendant la crise financière. J'ai lu des articles et des portraits de magazines racontant comment Musk avait payé les ouvriers de sa poche pour maintenir l'entreprise à flot. Fin 2008, Tesla était au bord de la faillite, avant d'être sauvé *in extremis* par une injection de 40 millions de dollars, puis un coup de main de Daimler en 2009. Au cours des années suivantes, le constructeur s'est offert une usine et une entrée en Bourse, puis a créé la Model S à qui le magazine *Motor Trend* a décerné le prix de la Voiture de l'année à l'unanimité pour la première fois de son histoire. Ce type, Elon Musk, était peut-être sur un truc énorme.

À la mi-2013, le cours de Tesla dépassait les 160 dollars et la valorisation de l'entreprise approchait les 20 milliards de dollars. Les petits épargnants qui avaient acheté l'action autour de 20 dollars en 2010 étaient millionnaires. Musk devenait célèbre, et pas seulement dans le monde de la tech, dans la réalité aussi. En août 2013, sa notoriété a franchi un nouveau palier quand il a annoncé le projet d'un «cinquième mode de transport» qui conduirait les passagers de Los Angeles à San Francisco en une demi-heure. Il avait rédigé le projet de l'Hyperloop en une nuit avant de le publier sur les blogs de Tesla et de SpaceX. Il n'avait pas l'intention de construire l'Hyperloop lui-même, mais il espérait que quelqu'un s'en emparerait. Musk a bénéficié alors d'une couverture médiatique jusque-là réservée à Steve Jobs.

Chargé de rédiger un article sur l'Hyperloop pour Pando, j'ai écrit que Musk était plus important pour la société que Jobs ne l'avait jamais été. Si Steve Jobs avait rendu un immense service au monde en glissant dans nos poches de puissants ordinateurs connectés à Internet, l'ambition de Musk était d'un tout autre niveau. Sa volonté de transformer les transports et d'améliorer radicalement les voyages dans l'espace, au lieu de développer la énième appli de partage de photos ou le énième *Flappy Bird*, donnait l'exemple à une nouvelle génération d'entrepreneurs.

À la suite de cet article, un éditeur m'a proposé par e-mail d'écrire un livre sur Musk. En caleçon et tee-shirt dans la chambre d'amis de mon appartement qui me servait de bureau, à Baltimore, j'ai pensé que c'était en effet une bonne idée. Quand j'en ai parlé à Elon Musk, j'ai été surpris qu'il me propose plutôt un poste chez Tesla. Après un peu d'hésitation – je n'avais pas envie de quitter le journalisme –, j'ai fini par accepter. Après tout, me suis-je dit, je pourrais toujours écrire le livre plus tard.

Je n'ai passé qu'un an chez Tesla, mais j'ai su que je n'en avais pas fini avec le journalisme. J'ai quitté l'entreprise en mars 2015 et j'ai en effet repris le projet de livre. Vous le lirez donc accompagné de ces deux avertissements : oui, je suis un ancien salarié de Tesla. Je crois en sa mission. Je détiens même des actions. Mais je suis aussi du côté du lecteur. Dans ces pages, je m'efforce de donner une vision honnête et objective de ce qui fait le génie de l'entreprise et des difficultés très réelles qu'elle affronte.

Toutefois, ce livre n'est pas un récit d'initié (je laisse ce soin aux rumeurs des blogs), et il ne parle pas seulement de Tesla, mais de quelque chose de plus ambitieux. Il raconte comment une start-up déterminée de la Silicon Valley a transformé toute l'industrie automobile, inspirant au passage une kyrielle d'imitateurs confortablement financés, de la Californie à la Chine. C'est la vision systémique d'une transformation technologique et économique qui affectera la vie de tous les habitants de la planète. C'est l'histoire de la révolution déclenchée par Tesla.

La première fois que j'ai conduit une Model S, j'ai pensé à un ordinateur sur roues. Ses commandes numériques, sa connexion internet, ses mises à jour logicielles et son écran tactile façon iPad donnent un peu cette impression. Mais celle-ci sous-évalue sa promesse. La Model S, comme toutes les voitures de Tesla, est plutôt une batterie sur roues. Regardez. Débarrassée de sa carrosserie et des sièges, la machine est essentiellement un assemblage de quatre roues enserrant un matelas métallique surbaissé qui contient plusieurs milliers de batteries lithium-ion cylindriques, de celles qu'on mettait dans les vieux ordinateurs portables. Retirez le couvercle et vous verrez les piles accolées verticalement, borne à borne, dans huit modules, en rangs serrés comme des écoliers disciplinés. C'est cet humble ordonnancement de cellules qui est en train de mettre fin à la domination de l'industrie pétrolière sur l'approvisionnement en énergie de la planète.

Tesla est le véhicule d'une idée. L'idée que nous autres êtres humains disposons d'un meilleur moyen de propulser nos vies que de brûler un sédiment remontant aux dinosaures, qui pollue l'air et disloque la chimie de l'atmosphère. Cette idée ne s'applique pas qu'aux voitures. Tesla vend également ses batteries pour y stocker de l'énergie. Depuis qu'il a acheté SolarCity en 2016 et ajouté les panneaux solaires à son offre, Musk affiche clairement ses ambitions : Tesla est un énergéticien.

Voici comment une voiture électrique est devenue le cheval de Troie d'une nouvelle économie de l'énergie. Pour moi, c'est l'histoire technologique la plus importante du XXIe siècle. Elle m'a aussi permis de comprendre, une fois pour toutes, comment fonctionne un moteur thermique, pile au moment où il va disparaître.

2

Poussée instantanée

« Un grand huit perso »

L'été 2014, mon père est venu de Nouvelle-Zélande me rendre visite à San Francisco. Pour l'accueillir, j'ai emprunté une Model S le temps du week-end. Je ne lui avais rien dit, mais peu après son arrivée, je lui ai proposé une balade au parc où j'avais garé la voiture. Arrivé à proximité, j'ai feint la surprise, pointant l'autre trottoir : « Regarde là ! Une Model S ! » Papa, 64 ans, fan d'Elon Musk, qui n'avait jamais vu de Tesla en vrai, a aussitôt traversé. Tandis que, les mains posées en lunettes sur le pare-brise, il lorgnait à l'intérieur, je me suis approché, cliquant subrepticement la clé électronique cachée au fond de ma poche. Les poignées de porte chromées se sont déployées automatiquement. Papa a reculé, surpris. « Grimpe ! », ai-je dit. Il a éclaté de rire, émerveillé comme un enfant.

Le lendemain, nous avons pris la Model S pour aller visiter des vignobles de Napa Valley avec des amis qui se sont répandus en compliments sur l'élégante berline rouge : « Tu sais que t'as réussi quand tu te balades à Napa en Tesla ! » Deux ans après sa sortie en 2012, la voiture avait acquis une sorte de statut fétiche chez les gens épatés par les gadgets ou les signes extérieurs de richesse. Les poignées escamotables étaient sa signature et fournissaient un sujet immédiat de conversation. Elle avait assez d'allure pour se fondre dans les lieux de villégiature les plus sélects de Napa. Et pour les connaisseurs de Tesla, elle incarnait l'innovation de la Silicon Valley, la pensée visionnaire et la sortie prochaine du pétrole.

Sur les petites routes de Napa, j'ai passé le volant à mon père. J'avais conduit prudemment jusque-là, afin de préserver l'autonomie de la voiture. Napa est à 100 kilomètres de San Francisco et je voulais être sûr d'avoir assez de batterie pour faire l'aller-retour tranquillement, visites des caves comprises. À l'époque, la station de recharge la plus proche se trouvait à 65 kilomètres de là, dans la direction opposée. Mais je ne pouvais pas refuser à mon père le pur plaisir d'user de la gomme dans la voiture la plus phénoménale depuis la Ford T.

La Model S était la première voiture entièrement construite par Tesla et le premier véhicule donnant crédit à la possibilité que la domination du moteur thermique touche à sa fin. Sa batterie de 85 kWh lui donnait une autonomie de 430 kilomètres. Pour la première fois, le propriétaire d'une voiture électrique pouvait envisager sereinement de partir loin de chez lui et de rentrer sans tomber à plat. Côté techno, elle avait toute la panoplie dernier cri, à commencer par un écran tactile 17 pouces, faisant office de commande centralisée pour obtenir les cartes, régler la sono et ouvrir le toit panoramique. Des plus (réglage automatique de la hauteur de suspension, régulateur de ralenti, etc.) pouvaient être ajoutés en téléchargeant simplement une mise à jour logicielle, comme sur un ordinateur. Enfin, les conducteurs faisaient le plein gratuitement aux bornes de recharge ultrarapide (Supercharger) installées par Tesla à travers le monde.

À la différence de ses devancières électriques, comme la Leaf de Nissan et la i-MiEV de Mitsubishi, la Model S était infiniment plus pratique. Elle pouvait accueillir jusqu'à sept passagers, en comptant les deux sièges en option tournés vers l'arrière, et offrait près de 1 800 litres de volume de rangement, dont un coffre à l'avant dans l'espace libéré par l'absence de bloc-moteur. Bien que carrossée en aluminium et assise sur des batteries lithium-ion qui, sans protection thermique, peuvent provoquer des incendies spectaculaires, la Model S était également bien notée sur le plan de la sécurité.

Le pack batterie de 450 kilos, posé à plat et intégré au châssis sous l'habitacle, abaissait son centre de gravité, réduisant ainsi le risque de tonneaux. Sans bloc-moteur, l'avant du véhicule disposait d'une zone de déformation plus importante pour absorber l'impact d'une collision et le toit, renforcé par de l'aluminium extrudé et de l'acier au bore, a cassé la machine censée tester sa résistance.

À 100 000 dollars, la voiture n'était vraiment pas donnée, mais elle est devenue rapidement culte, surtout auprès des fortunes high-tech de Californie où Tesla a trouvé ses premiers acheteurs. Comme l'iPod d'Apple, c'était un objet superbe et utile qui, malgré son prix, faisait pâlir la concurrence. Fin 2012, elle avait reçu quasiment tous les prix que l'industrie automobile avait à offrir, dont le très convoité «Voiture de l'année» de *Motor Trend*. Mais, par-dessus tout, la Model S était sensationnelle au volant. Le couple de ses deux moteurs électriques est instantanément disponible, permettant d'atteindre la vitesse sur autoroute en quatre secondes. Une simple pression sur la pédale libère une poussée digne d'un grand huit.

Alors que Papa négociait un virage menant nos deux tonnes d'alu et d'acier à un tronçon de route dégagée, je lui ai dit de se lâcher. Imaginez la suite au ralenti, comme dans une scène de *Fast & Furious : la revanche de Papi*. La caméra zoome sur sa basket râpée au moment où il lève le pied pour mieux l'écraser sur la pédale. Alors, la musique de fond hurle dans un déchirement métal rock froissé et brouillé version cassette débobinée, tandis que l'univers inspire à fond. Puis, la basket élimée redescend avec une lenteur douloureusement précise vers son destin caoutchouté, avant de libérer l'énergie furieuse retenue dans la jambe sur la pédale innocente. À cet instant, la cassette revient à sa vitesse normale, tandis que les riffs explosent d'adrénaline et que le pied écrase sans remords le métal au plancher. La caméra cadre aussitôt nos têtes violemment rejetées en arrière contre les dossiers, nos abdos raplatis au temps de l'adolescence, et les rictus interdits et stupides qui barrent nos visages. C'est ce qui se passe quand une Model S convoque un torrent d'électrons du fond de son pack de batterie. C'est l'effet d'une accélération de 0 à 100 km/h en 4,2 secondes.

« Pas mal », dit mon père.

La Model S est aussi rapide parce que son moteur à induction électrique peut fournir un couple maximum à l'arrêt. Ce même moteur monte en puissance plus vite qu'une voiture classique, tout simplement parce que les électrons voyagent plus vite de la batterie au moteur que l'essence du réservoir au piston. Le véhicule accède aussi instantanément à une puissance phénoménale (416 chevaux pour notre Model S, soit l'équivalent d'une Ford Mustang) et ne subit pas les latences engendrées par les changements de rapports (première à la seconde, seconde à la troisième, etc.). Il se contente d'accélérer en continu jusqu'à atteindre le plein régime. En réalité, le principal obstacle à une accélération plus rapide, ce sont les pneus : ils déraperaient et fumeraient s'ils étaient contraints de tourner plus vite. Enfin, le pack de batterie, lourd et proche du sol, équilibre la voiture en maintenant une pression égale à tous les points de contact avec la route. La voiture y colle comme du rata brûlé à la casserole.

À l'inverse, un véhicule à essence doit enchaîner plusieurs étapes pour convertir l'énergie du carburant en mouvement. Déjà, il ne peut pas démarrer sans pompe pour injecter des doses de carburant au moteur, où celui-ci est mélangé à l'air dans les proportions nécessaires à la combustion (sur les anciens modèles, le mélange se fait en amont dans un carburateur). Une bougie provoque l'étincelle qui entraîne l'explosion du mélange qui abaisse le piston, créant le couple qui entraînera les roues. Mais pour en arriver là, il faut que le moteur tourne déjà, ce qui nécessite un démarreur électrique alimenté par une batterie de 12 volts. Une partie de l'énergie mécanique dégagée par le moteur est détournée vers un alternateur qui maintient la batterie en charge. Pendant ce temps, tandis qu'elle accélère, la voiture doit monter en régime pour atteindre son rythme de croisière. Les changements de vitesse sont nécessaires car la puissance de couple ne peut s'exercer que dans un éventail restreint de vitesses de rotation du moteur. Pour compliquer un peu plus les choses, la silhouette de la voiture produit le même effet qu'une aile d'avion : l'air qui passe au-dessus fait un trajet plus long que celui qui passe par-dessous. Il en résulte une dépression sur le toit contraire à la force de gravité, si bien qu'à grande vitesse, la voiture tend naturellement à décoller de la route. Ce phénomène se manifeste autant chez les voitures classiques qu'électriques, mais il est limité sur la Tesla en raison de son centre de gravité très bas. Sur les voitures à essence, la distribution inégale des charges résultant du poids du moteur, placé haut à l'avant ou à l'arrière, ajoute un défi supplémentaire à la tenue de route, surtout dans les virages.

Arrivé là, vous devez me prendre pour un militant de la voiture électrique. Je vous l'accorde, il y a sans doute un peu de parti pris. Mais il est grand temps qu'un préjugé favorable s'exprime envers les voitures électriques. Cela fait quand même douze décennies que ça dure, cent vingt ans qu'on rabâche que les voitures électriques ne sont pas adaptées à nos besoins. Je vous fais la liste :

Coût : le coût élevé des batteries nécessaires à la propulsion des voitures électriques obère leur rentabilité. La Leaf de Nissan, par exemple, est plus chère que la Versa et, à performance comparable, couvre un quart de la distance entre deux recharges.

Autonomie : avant l'arrivée du Roadster de Tesla, l'autonomie des voitures électriques disponibles limitait leur usage à des trajets courts.

Temps de charge : mettre le pistolet dans le réservoir et faire le plein prend quelques minutes, tandis que recharger la batterie d'une voiture électrique prend plusieurs heures.

Infrastructures : les stations d'essence se trouvant partout, on s'inquiète rarement de tomber en panne sèche sur de longs trajets. En revanche, les stations de recharge électrique sont encore relativement rares.

Froid : en général, les batteries des voitures électriques se déchargent à basse température, ce qui réduit encore leur autonomie.

Pollution : si les voitures électriques tirent leur énergie de centrales alimentées au charbon, leur empreinte carbone devient comparable à celle des voitures classiques les plus propres.

Rentabilité : les constructeurs automobiles peinent à gagner de l'argent avec la voiture électrique, pour partie en raison de la résistance des consommateurs, mais aussi à cause du coût élevé des batteries, de circuits d'approvisionnement en rodage, et du fait que leurs milliards de dollars de capacités de production sont encore largement alloués à la production de voitures propulsées par une autre technologie : le moteur thermique.

Comme nous le verrons dans ces pages, les solutions à ces problèmes existent, mais l'industrie automobile et pétrolière s'efforce depuis longtemps de nous faire croire le contraire. Jusqu'à récemment, les partisans de l'électrique menaient une bataille perdue d'avance. Que cela plaise ou non, les voitures à essence sont là pour toujours. Pourquoi vouloir l'impossible ?

Ce que ces gens ignoraient, c'est qu'un homme viendrait qui s'amuserait à créer des entreprises pour faire ce que les autres disaient impossible. Ils ignoraient que viendrait un individu assez riche, assez intelligent, assez énergique pour bouleverser ce que le monde entier pensait savoir de la voiture électrique. Ils ne connaissaient pas Elon Musk.

Tant que les lois de la physique l'autorisent, Elon Musk pense que c'est faisable. Avant SpaceX, aucune société privée n'avait jamais ramené sur terre un vaisseau spatial en orbite basse. Avant Tesla, rares étaient ceux qui pensaient possible qu'une voiture électrique de haute performance parcoure plus de 300 kilomètres sans recharge. « L'un des plus grands talents d'Elon est sa faculté à faire passer sa vision pour un commandement divin », note Max Levchin, qui a fondé PayPal avec lui. « Quand quelqu'un dit, c'est impossible, il est le genre à lever les yeux en répliquant : "Je crois que je peux le faire." »

Musk a passé les dix-sept premières années de sa vie à Pretoria, en Afrique du Sud. Dès son plus jeune âge, son intelligence, son introversion et sa détermination crevaient les yeux. Ses parents l'ont scolarisé très tôt ; sa jeunesse et sa petite taille en ont fait une cible. Les gamins le surnommaient « Muskrat » (rat musqué). Replié sur lui-même, Musk préférait la compagnie des livres à celle de ses pairs et s'échappait dans la science-fiction et l'imaginaire du *Cycle de Fondation* d'Isaac Asimov et du *Seigneur des anneaux* de J.R.R. Tolkien.

«Les héros de mes livres avaient tous en tête que leur devoir était de sauver le monde », a-t-il déclaré une fois adulte.

Son père, Errol, ingénieur en mécanique et électricité, pilote d'avions et de bateaux, détenait des parts dans une mine d'émeraudes en Zambie. La famille de Maye, sa mère, née au Canada d'un père américain, s'était installée en Afrique du Sud dans les années 1950. Maye est toujours mannequin et nutritionniste. Les parents d'Elon ont divorcé quand il avait 8 ans ; Elon a passé les trois années suivantes à déménager de ville en ville avec sa mère et sa fratrie (Maye fuyait Errol, a-t-elle raconté plus tard). À 11 ans, il a toutefois décidé de retourner chez son père à Pretoria. Ce n'était pas un marrant, a-t-il dit de lui plus tard (Tosca, sa petite sœur, le qualifiait de « très strict »), mais son père étant resté seul, cela lui avait paru la bonne chose à faire. À 68 ans, Errol se décrivait encore comme « un père autocratique ».

Errol tenait les ordinateurs « pour des jouets inutiles », mais Elon s'est débrouillé pour en avoir un et a appris tout seul à coder. À 12 ans, il créait un jeu vidéo baptisé Blastar et en cédait le code pour 500 dollars à un magazine informatique. Le jeu commandé par joystick donnait aux joueurs une mission simple : « Détruire les vaisseaux ennemis chargés de bombes à hydrogène mortelles et de machines à rayon laser. » Adolescent, Elon faisait preuve du même tempérament entrepreneurial, s'associant à Kimbal, son frère cadet de quinze mois, pour ouvrir une salle d'arcade à côté de l'école. Les deux frères avaient trouvé local et fournisseurs, mais leur projet a été compromis quand ils se sont aperçus qu'ils avaient besoin de la signature d'un adulte pour démarrer leur activité. Ils se sont alors rabattus sur la vente de chocolats faits maison à leurs camarades de classe.

Le lycée n'a pas laissé un bon souvenir à Elon. À l'époque, l'Afrique du Sud était un pays brutal pour les adolescents ; Musk était la cible de violences répétées. Une fois, il s'est retrouvé deux semaines à l'hôpital ; il avait reçu une telle raclée que son propre père ne l'avait pas reconnu. « Les jeunes lui en ont fait baver, a dit Kimbal. Ça l'a marqué à vie. »

Musk ne pensait qu'à quitter l'Afrique du Sud de l'apartheid. Il voulait éviter le service militaire obligatoire dans l'armée sud-africaine

(« Éliminer les Noirs n'était vraiment pas la meilleure façon de passer son temps ») et rêvait d'Amérique, le centre de l'innovation. « J'y serais venu de n'importe où dans le monde, disait-il en 2007. Les États-Unis sont le pays où les grandes choses sont possibles. » Avant son seizième anniversaire, Elon a fait une demande de passeport canadien pour lui et son frère Kimbal, sans prendre la peine d'en informer leurs parents. Il pensait qu'il leur serait ensuite plus facile d'entrer aux États-Unis. L'année suivante, en dépit de l'opposition de son père, il a acheté un billet d'avion pour le Canada. Il y a vécu de peu, se nourrissant de hot-dogs et d'oranges, enchaînant les petits boulots et squattant chez des cousins. En 1989, il s'est installé à Kingston dans l'Ontario où il s'est inscrit à la Queen's University. Sa mère et sa fratrie l'y ont rejoint rapidement. Errol est resté en Afrique du Sud.

C'est à Queen's, en cours de psychopathologie, qu'Elon a rencontré l'écrivaine Justine Wilson « une intellectuelle avantageuse », selon ses termes. Il l'a séduite avec de la glace au chocolat et ils ont entamé une relation en pointillé qu'ils ont poursuivie à distance après que Musk est entré à Wharton, la *business school* de l'université de Pennsylvanie, pour y faire des études d'économie et de physique.

Une fois à Wharton et sur le point de réaliser son rêve américain, Musk a écrit deux articles augurant sa future carrière. Dans le premier, intitulé « L'importance d'être solaire », il anticipe l'essor des technologies solaires. Dans l'autre, il détaille sur quarante-deux pages l'utilité du stockage de l'énergie sur des supercondensateurs pour des applications comme la voiture électrique.

Musk affichait sa fascination pour les technologies propres jusque dans sa vie privée. Dans sa biographie de 2015, le journaliste Ashlee Vance relate la rencontre de Musk avec Christie Nicholson, à l'occasion de la célébration de son anniversaire à Toronto. La jeune femme qu'il ne connaissait pas auparavant était la fille d'un banquier à qui il avait demandé conseil. À son arrivée à la fête, Musk l'accueille et la conduit à un canapé, où il ne s'embarrasse pas des formules de politesse d'usage : « Je réfléchis beaucoup aux voitures électriques, dit-il. Ça t'intéresse aussi ? »

Dès sa sortie, la Tesla Model S s'est révélée une voiture électrique de première classe. Mais pour Musk, qui s'était donné la mission de remplacer tous les véhicules à essence par une alternative électrique, être numéro un dans sa catégorie était encore insuffisant. Pour remplir la mission première de Tesla consistant à accélérer la transition de la planète vers les transports durables, ses voitures se devaient de surpasser les véhicules traditionnels à tous égards ou presque.

À l'époque de ma virée supersonique à travers Napa, en compagnie de mon père, la Model S était une traction arrière qui se comportait bien sur la neige et la glace, mais le marché des pays à hivers extrêmes préférait encore les véhicules 4×4. Un tel modèle n'avait jamais été produit en version électrique. Pour Tesla, le défi était trop tentant pour ne pas être relevé.

Quelques mois plus tard, le 9 octobre 2014, Musk est sur scène, à l'aéroport municipal d'Hawthorne, voisin des ateliers de design de Tesla en banlieue de Los Angeles, et présente la Model S P85D, la nouvelle mascotte de la révolution électrique. La voiture dispose d'un moteur à l'arrière et d'un autre à l'avant, une configuration permettant de distribuer du couple indépendamment à chacune des quatre roues. En outre, ses capteurs numériques et ses moteurs électriques hyperréactifs (sous la milliseconde) régulent très précisément la traction sur terrain glissant. Non contente d'être la berline à l'accélération la plus rapide jamais produite (0 à 100 km/h en 3,2 secondes), la P85D offre un contrôle de traction équivalent à celui des meilleures thermiques. Elle contredit par sa seule présence l'idée d'un règne absolu du moteur à explosion par défaut.

« Cette voiture est dingue », déclare un Musk en jean et veste de smoking à des milliers de fans et de propriétaires de Tesla, debout en contrebas de la scène, les regards levés sur lui. Il suffit d'écraser le pied sur l'accélérateur pour obtenir aussitôt la puissance maxi. « C'est comme de décoller du ponton d'un porte-avions. Un truc de ouf. Ou d'avoir son grand huit perso. »

Musk est d'excellente humeur ce soir-là, sans doute le plus important de l'année pour Tesla. Il a attaqué son discours par une plaisanterie plutôt incongrue pour un PDG d'entreprise valorisée plusieurs milliards de dollars. Une semaine plus tôt, il avait amorcé le lancement de la P85D par un tweet énigmatique : «Enfin temps de dévoiler la D et autre chose.» Aussitôt, twittos et blogueurs avaient fait des gorges chaudes du message, lui trouvant les significations les plus salaces possible. Sur scène, Musk se prend au jeu : «On a beaucoup spéculé sur le sens du D, dit-il, marquant un temps avant que son sourire ne s'élargisse. C'est que vous avez remarqué les coutures velcro de mon pantalon.» La foule rugit de rire.

Puis, il s'amuse des perspectives qu'offre la vente d'une voiture au comportement d'avion de chasse. «Yeah, c'est démentiel, poursuit-il, arborant son sourire à fossettes. Pour les options, vous pourrez choisir entre trois réglages : normal, sport et démentiel.» Une vague de rires secoue la foule. Et comme pour rassurer son auditoire et se rassurer lui-même, il ajoute : «Y aura effectivement marqué "démentiel".» Haussant les épaules, il éclate de rire.

Des vidéos postées par des conducteurs qui avaient testé le «mode démentiel» pendant la soirée sont apparues sur YouTube dès le lendemain. Les commentaires étaient systématiquement colorés de jurons et autres expressions de ravissement à mesure que l'accélération provoquait son effet de placage. Au cours des semaines et des mois suivants, ces vidéos se sont multipliées et largement diffusées ; une compilation particulièrement salée a même recueilli plus de 10 millions de vues.

Le «mode démentiel» était plus qu'une caractéristique produit ou un gadget marketing. C'était l'état d'esprit indispensable pour braver les vendeurs à découvert des actions Tesla, les constructeurs automobiles installés, les adversaires politiques et un secteur pétrolier de plus en plus agacé. Il incarnait l'intensité de la ferveur nécessaire pour rallier le grand public à la voiture électrique. C'était un appel à la vitesse d'innovation requise pour que la planète fasse sa transition vers une énergie durable, avant que le climat ne change de manière irrémédiable.

Et puis, même réduit à une caractéristique de voiture de luxe, le «mode démentiel» était une audace, tant dans son intention que dans son implication. Rares sont ceux qui dans l'Histoire ont pu seulement rêver de se l'appliquer. Mais cela faisait des années déjà qu'Elon Musk travaillait à sa légende.

La distance qui sépare le gamin d'Afrique du Sud battu comme plâtre et le milliardaire de Californie, industriel de l'espace et de l'automobile, est considérable, mais Elon Musk a entrepris de réduire l'écart dès son arrivée dans la Silicon Valley. Il a quitté Wharton en 1995 (il en a été diplômé deux ans plus tard), pour Palo Alto, dans l'idée d'obtenir un doctorat en physique de l'université de Stanford sur le thème des ultracondensateurs. Mais voyant ce qu'il se passait autour de lui, il est revenu sur sa décision.

À l'époque, les créateurs de start-up et les capital-risqueurs gonflaient fiévreusement la première bulle internet. Des entreprises du nom de Netscape et Yahoo! s'employaient à devenir les prochains Microsoft et Oracle ; pour Musk, il était évident qu'Internet allait changer le monde.

Il abandonne son idée de doctorat pour démarrer sa société internet baptisée Zip2, un annuaire professionnel, prototype web des pages jaunes. Son frère Kimbal et un ami le rejoignent un peu plus tard. Ils louent un bureau miteux pour 400 dollars par mois où ils vivent et travaillent, dormant sur des futons et prenant leur douche au YMCA du coin. Les frères Musk mettent toute leur énergie dans la société, mais les investisseurs tiennent absolument à placer un professionnel expérimenté à sa tête. Si après plusieurs tours de table, la part d'Elon au capital a été réduite à 7 %, il retire 22 millions de dollars de la vente de la société cédée à Compaq pour 307 millions de dollars en février 1999, peu avant le sommet de la bulle.

Musk a fêté l'aubaine en s'offrant une McLaren F1 à un million de dollars, l'un des plus beaux bolides au monde. Un documentaire de CNN, tourné en 1999 sur les nouveaux millionnaires de la Silicon Valley, le montre attendant devant chez lui la livraison de sa nouvelle voiture. « Il y a soixante-deux McLaren dans le monde et l'une d'elles va m'appartenir », affirme un Musk de 28 ans, vêtu d'une veste moutarde trop grande pour lui qui lui donne un air parfaitement ridicule (bon, c'étaient les années 1990). « Il y a encore trois ans, je prenais ma douche au Y et je dormais par terre au bureau. Et là, je suis proprio d'une voiture à un million et je ne manque de rien. » L'enfant prodige glousse alors de joie sous le regard de Justine. Une fois dans la voiture, sa petite amie à côté de lui, il ajoute : « Je dirais que la vraie récompense est la satisfaction d'avoir créé l'entreprise que j'ai revendue.» Puis Justine se penche, lui passe les bras autour du cou et lui chuchote à l'oreille : «Oui, oui, c'est vrai, mais la voiture est top.» Musk acquiesce, le sourire gêné. «Mais la voiture, c'est vrai, c'est sûr, la voiture est géniale.»

Sa deuxième entreprise va lui rapporter encore plus gros. Voulant créer une banque 100% en ligne, il lance X.com avec un associé et y investit 12 millions de dollars en propre. Au début, l'entreprise se limite aux paiements par e-mail, mais elle n'est pas seule sur ce créneau. En 2000, après que X.com et Confinity sa rivale se sont affrontées sur eBay par enchères interposées pour gagner des parts de marché, les deux start-up décident de fusionner. L'entreprise issue du mariage n'est autre que PayPal.

Le mandat de Musk à la tête de la nouvelle entité est de courte durée. Après dix mois en poste, il prend quinze jours de vacances pour rencontrer des investisseurs et emmener Justine, qu'il a épousée en janvier 2000, à Sydney en Australie. En son absence, les fondateurs de Confinity, Peter Thiel et Max Levchin, parviennent à convaincre le conseil d'administration de l'évincer. Officiellement, le désaccord porte sur le logiciel de la plate-forme, mais les différences de personnalité n'y sont pas étrangères. Travailler avec Musk n'est pas toujours facile, explique Max Levchin : «C'est un de ces types qui prennent beaucoup de place.» Peter Thiel, qui était parti au moment de la fusion, endosse alors le rôle de PDG.

Mais, avec 11,7% du capital, Musk reste le principal actionnaire de PayPal. Lorsqu'elle est cédée à eBay en 2002 pour 1,5 milliard de dollars, il en retire 180 millions. C'est avec cet argent qu'il capitalise SpaceX et investit dans un fabricant de voitures électriques inconnu du nom de Tesla Motors.

3

La bataille pour la voiture électrique

« Si tu traverses l'enfer, continue d'avancer »

Avant de devenir PDG de Tesla, Elon Musk était déjà interventionniste. Il avait su attirer de nouveaux investisseurs, s'était mêlé de la conception et avait été consterné par les problèmes de qualité et de dépassement de coûts rencontrés par l'entreprise à ses débuts. En août 2007, c'est en tant que président du conseil d'administration qu'il annonçait sa révocation au PDG Martin Eberhard. En décembre, celui-ci avait définitivement quitté l'entreprise. Musk a fini par reprendre ses fonctions, mais pas avant d'avoir cherché le candidat idéal. Fin 2007, il avait vu une vingtaine de candidats au moins. Il voulait un PDG capable de transformer Tesla en grand constructeur automobile de la prochaine génération, mais il était difficile de trouver quelqu'un connaissant à la fois les start-up et la production industrielle de voitures par centaines de milliers d'unités.

À reculons, et après deux PDG de transition, Musk prend le pouvoir en octobre 2008, assumant la triple fonction de PDG, de président et d'architecte produit (un cumul tenu jusqu'en 2014 quand il redevient simplement PDG). Aucun de ces trois postes n'apparaît enviable en 2008. Juste après avoir pris les rênes, Musk doit affronter la crise financière mondiale, tout en perfusant SpaceX dont les trois premiers lancers ont échoué.

À l'époque, Elon et Justine ont cinq fils, des jumeaux et des triplés, mais leur couple connaît des difficultés. Musk demande le divorce et dans les semaines qui suivent, entame une relation avec Talulah Riley. Envoûté par l'actrice britannique, il la demande en mariage (il l'épouse en 2010 et en divorce six ans plus tard). À ce moment-là, Elon vit à Los Angeles et s'est métamorphosé.

Ce n'est plus l'archétype du programmeur indifférent à son environnement et à la mode, mais le profil idéal pour les couvertures de magazines et les émissions de télé, où on le voit bientôt apparaître. En décembre 2008, il suscite un portrait admiratif dans *GQ*, titré « Le croyant ». L'illustration le montre la tête au-dessus des nuages (et non pas dedans), le regard tourné vers l'espace. En avril 2009, il est invité au « Late Show with David Letterman » pour parler du concept-car de la Model S. La même année, le *New Yorker* fait son portrait pour lequel il est photographié en compagnie de ses cinq fils devant une maquette en argile de la voiture.

Les portraits se multiplient : *Wired* en 2010, *Forbes* en 2012, *Esquire* en 2012, *Fortune* en 2013, sans oublier le premier rôle dans un documentaire de 2011, intitulé *La Revanche de la voiture électrique*, où l'on voit Tesla affronter la crise financière, commercialiser le Roadster et dévoiler la Model S. Mais derrière les couvertures glamours et les apparitions télévisées, il y a un courage dont les mots et les images peinent à rendre compte. Car pour mener son entreprise si loin, Elon Musk a dû ferrailler, mordre et se démultiplier.

Il ne fait pas mystère que Musk est un dirigeant hors normes. Ses collaborateurs actuels et passés décrivent un homme à la fois audacieux, charmant et insupportable. « Il se demande toujours pourquoi nous n'allons pas plus vite, a confié l'un d'eux au blogueur Tim Urban. Il faut toujours que ce soit mieux, plus grand, et plus rapide. » J.B. Straubel, directeur de la technologie et cofondateur de Tesla, dit de son patron qu'il est « un mélange intéressant d'exigence extrême et d'incroyable dureté ». Mais son trait le plus saillant comme PDG est sans doute sa capacité à surmonter les périodes difficiles. Sa maxime préférée : « Si tu traverses l'enfer, continue d'avancer. »

Ces qualités ont été essentielles pour mener Tesla là où elle en est. Sans elles, l'entreprise n'aurait sans doute pas survécu à la période du Roadster. Bâtir une entreprise est difficile quel que soit le contexte : « C'est comme de manger du verre en fixant l'abîme », dit Musk paraphrasant son ami l'entrepreneur et investisseur Bill Lee. Mais c'est encore plus difficile si l'on tente de se faire une place dans l'industrie automobile, où les constructeurs installés sont protégés par des barrières à l'entrée très élevées, comme le coût des usines, l'accès à des équipementiers de qualité acceptant de travailler en petites séries et la mise en place de réseaux de distribution. Et créer un constructeur de voitures électriques est encore un défi d'un autre niveau. L'Histoire n'a pas été tendre pour les voitures électriques. Même Thomas Edison qui s'y est attelé dans de meilleures conditions a échoué à les imposer.

« L'électricité, c'est le Graal , disait-il en 1903. Il n'y a pas d'engrenages ronronnant et grinçant dont on confond les multiples leviers. Pas non plus cette vibration vrombissante et presque terrifiante du moteur à explosion. Pas de système de circulation d'eau qui tombe en panne, pas d'essence puante et dangereuse, et pas de bruit. »

À l'aube de l'ère automobile, Edison avait décidé que les voitures électriques étaient l'avenir. Il aurait sans doute été surpris du temps qu'il a fallu pour que ce futur advienne. Il a fait ce qu'il a pu, et pas qu'un peu, puisqu'il a développé des batteries nickel fer dans cette perspective. En 1901, il déclarait avoir conçu une voiture électrique atteignant les 110 km/h. L'année suivante, il annonçait un prototype capable de couvrir plus de 130 kilomètres sans recharge et promettait la commercialisation rapide des batteries : « Dans peu de temps, la demande pour les accumulateurs sera telle qu'elle donnera naissance à un des secteurs les plus énormes du pays. » Musk a tenu les mêmes propos cent treize ans plus tard.

Finalement, Edison n'a pas pu concrétiser son enthousiasme. La voiture électrique promise n'a jamais été produite. Mais il ne s'est pas découragé. En 1914, il s'est associé avec son ami Henry Ford pour tenter à nouveau de fabriquer une batterie adaptée à la voiture électrique.

« D'ici à un an, j'espère, nous commencerons la fabrication d'une voiture électrique », déclare Ford au *New York Times* en janvier 1914.

Sans donner plus de précisions, il confirme néanmoins les rumeurs d'un partenariat avec Edison : « Le fait est que M. Édison et moi travaillons depuis quelques années à une automobile électrique bon marché et pratique. Nous en avons construit à titre expérimental et nous sommes contents que la voie vers le succès soit à présent dégagée. Le problème jusqu'ici était de fabriquer une batterie légère, capable de tenir sur une longue distance sans recharge. M. Edison teste de telles batteries depuis un certain temps. »

L'existence de plusieurs prototypes à l'époque n'est pas avérée, mais il y en avait au moins un. Une photo de 1913 le montre, garé devant l'usine Highland Park de Ford, dans le Michigan. Un électricien de l'entreprise est assis sur un siège de carriole perché sur une caisse renfermant trois batteries nickel fer de la taille de valises. L'ensemble siège et caisse repose sur un simple châssis qui s'appuie sur les essieux des roues avant et arrière du véhicule. Le pilotage est assuré par une barre, comme sur un petit bateau. Une photo de 1914 montre une deuxième voiture électrique, montée cette fois sur le châssis d'une Model T et équipée de son volant, les batteries étant logées sous le siège du conducteur. Selon la rumeur, la voiture devait être commercialisée en 1916 entre 500 et 750 dollars (soit entre 11 000 et 16 000 dollars actuels) et avoir une autonomie de 160 kilomètres environ.

La création de Ford et d'Edison n'était pas une anomalie. Aux débuts de l'automobile, la prééminence de la voiture à essence sur ses homologues à vapeur ou à l'électricité n'était pas gagnée. En réalité, la voiture électrique a tenu la corde pendant quelque temps. Les voitures à vapeur existaient depuis le XVIIIe siècle, mais il fallait près de trois quarts d'heure pour les démarrer et remettre souvent de l'eau. Les premiers véhicules à moteur à explosion ont été conçus au début du XIXe siècle, mais ils n'étaient pas simples à conduire. Il fallait les démarrer à la manivelle et changer les vitesses manuellement. Ils étaient bruyants et sales, émettant sur leur passage un mélange de gaz carbonique, d'oxyde de nitrogène et de suie.

Les voitures électriques, en revanche, n'émettaient aucun gaz, étaient faciles à conduire et silencieuses. Des pionniers ont dépensé toute leur énergie à les faire rouler. C'est un Écossais, Robert Anderson, qui a mis au point les premières carrioles électriques dans les années 1830. Il a fallu cependant plus d'un demi-siècle pour que la technologie arrive aux États-Unis, grâce à un autre Écossais, un chimiste du nom de William Morrison. Celui-ci a dévoilé sa carriole « sans chevaux », mais dotée de la puissance de quatre chevaux, à Des Moines, dans l'Iowa, à la fin des années 1880. Le premier fabricant de voitures électriques est apparu dans le Connecticut, au cours des années 1890, sous le nom de Pope Manufacturing Company, tandis qu'un jeune électricien appelé Ferdinand Porsche concevait un véhicule électrique pour le fabricant d'attelages autrichien Ludwig Lohner. Porsche, qui a créé un peu plus tard sa propre usine de voitures de sport, a lancé la P1 dans les rues de Vienne en 1898. Celle-ci affichait 30 km/h au compteur et une autonomie de 80 kilomètres.

En dépit de leur enthousiasme et de leur double aura de stars, Ford et Edison n'ont jamais concrétisé leur promesse de voiture électrique « bon marché et pratique ». Les batteries d'Edison n'ont pas dépassé la phase de test et le génial inventeur n'a pas réussi non plus à en fabriquer une pour alimenter le démarreur d'un moteur à explosion. Ford, qui avait d'autres soucis, a fini par jeter l'éponge, malgré son intention initiale d'acheter 100 000 batteries auprès de son ami et d'investir 1,5 million de dollars (36 millions aujourd'hui) dans le projet.

Les espoirs placés dans la voiture électrique ont été réduits à néant quand, au moment même où Edison échouait avec ses batteries, Charles Kettering a perfectionné un démarreur électrique qui éliminait le recours à la manivelle. Soudain, les véhicules à moteur à explosion ont paru d'autant plus pratiques qu'aux États-Unis, les infrastructures électriques laissaient à désirer. Ford s'est alors consacré totalement à l'industrialisation des voitures à essence et le pétrole bon marché, pompé dans les champs du Texas découverts au début du XXe siècle, a entraîné une mutation structurelle qui, à l'aube des années 1930, a périmé pour de bon les voitures électriques.

Quiconque pense encore que la cause des voitures électriques nécessite de batailler ne se trompe pas. Soixante ans après avoir disparu des routes américaines, elles ont relevé soudain la tête… pour disparaître de nouveau.

L'espoir est revenu en Californie. Dans une tentative de limiter la pollution de l'air, l'Agence californienne pour la qualité de l'air (California Air Resources Board, CARB) a exigé des constructeurs qui commercialisaient des voitures dans l'État de proposer des véhicules décarbonés (zéro émission). L'Agence s'était en partie inspirée de General Motors (GM) qui avait produit une concept-car électrique baptisée Impact. En 1996, le constructeur en a commercialisé une version en leasing en Californie et en Arizona, sous le nom d'EV1.

L'EV1 était une sportive à deux portes qui accélérait de 0 à 100 km/h en 6,3 secondes. L'ouverture des portières se faisait avec un code au lieu d'une clé. Les fans de cleantech lui ont aussitôt voué un culte, entretenu par des stars de cinéma comme Tom Hanks et Mel Gibson. Mais personne ne pouvait en devenir propriétaire. Il n'en a été fabriqué que 1 117 exemplaires, exclusivement proposés en leasing, apparemment pour que GM en assure la maintenance. Le constructeur a vite trouvé le prétexte de mettre fin à cette offre déjà réduite : en 1999, il invoquait des coûts de fabrication trop élevés et une demande trop faible pour en cesser la fabrication. Trois ans plus tard, il mettait fin aux contrats de leasing et envoyait les véhicules à la casse, laissant quelques exemplaires à des musées et des universités.

Les véritables raisons de l'abandon de l'EV1 étaient vraisemblablement plus complexes. Selon *Who Killed the Electric Car?*, un documentaire diffusé en 2006, les coupables comprenaient également l'administration de George W. Bush et l'industrie pétrolière. Les clients manifestant une passion naissante pour les SUV et un faible intérêt pour des voitures électriques à l'autonomie limitée, les constructeurs ont concentré leurs ressources sur les énergivores beaucoup plus rentables. En 2002, par exemple, GM a vendu près de 4 000 Hummer par mois. L'écologie n'était pas vraiment leur point fort : ils aspiraient pas moins d'un gallon pour 14 miles (environ 20 litres au cent).

Tandis que l'EV1 disparaissait, l'administration Bush faisait pression sur la CARB pour qu'elle renonce à sa directive voiture électrique. En 2002, le ministère de la Justice a soutenu une action en justice intentée par GM et DaimlerChrysler contre l'Agence au motif que la Californie tentait d'imposer des normes d'émissions. Or, selon les plaignants, ces normes relevaient (et relèvent encore) du gouvernement fédéral. Andrew Card, le chef de cabinet de George W. Bush à l'époque, avait été le lobbyiste en chef de GM et dirigeait un syndicat de constructeurs automobile quand la Californie a présenté son projet de directive (à laquelle il s'est opposé). En octobre 2002, le porte-parole de la Maison-Blanche Scott McClellan niait tout parti pris de l'administration en raison des liens de Card avec l'industrie automobile : « Les Américains seraient mieux servis si les groupes d'intérêts se joignaient à nos efforts pour augmenter l'efficacité énergétique, promouvoir la sécurité et améliorer la qualité de l'air. » L'année suivante, la CARB assouplissait ses normes d'émissions et abandonnait la directive voiture électrique.

Les compagnies pétrolières ont également été actives. La Western States Petroleum Association a financé une campagne contre les prestataires de services collectifs qui installaient des stations de recharge. Sous le couvert d'associations (Californiens contre les excès des prestataires et la Clean Air Alliance), le groupe de pression a incité les usagers à la révolte en qualifiant le coût de l'infrastructure d'« impôt caché » dans les notes d'électricité. Il a aussi diffusé des argumentaires techniques et économiques contre les voitures électriques.

La mort des EV1 de GM a signé celle des espoirs des partisans des voitures électriques. Un groupe de fans s'est donné rendez-vous à la casse pour une veillée funèbre en mémoire de leurs amis véhicules défunts. Loin de là, un observateur intéressé prenait note. « Avez-vous jamais vu des clients se réunir pour veiller à la bougie sur un produit disparu ? », demandait Elon Musk dans une interview de juillet 2013. « Et en l'occurrence un produit de GM ? » Cette histoire, ajoutait-il, avait motivé son investissement dans Tesla.

Musk considère ses entreprises autant comme une mission morale qu'une activité économique. Il n'a pas créé Tesla ou SpaceX pour gagner de l'argent, affirme-t-il, mais parce qu'il croit que le monde en a besoin. L'avenir de l'humanité sur Terre sera épouvantable si nous ne passons pas aux énergies durables ; et, sans voitures électriques, le danger posé par le changement climatique sera incommensurable. Son objectif de coloniser Mars est lui aussi en partie motivé par un élan moral. En cas d'apocalypse planétaire créée par une catastrophe climatique ou une intelligence artificielle en folie, nous serions tous des sans-abri. «Viabiliser plusieurs planètes est une grande cause humanitaire, dit-il. Il s'agit de préserver l'humanité contre l'éventualité d'une catastrophe.»

À quel point ses entreprises lui tiennent à cœur, Musk l'a montré lors d'un entretien dans un magasin Tesla à Londres, en 2014. Au journaliste qui évoquait sa susceptibilité à l'égard des critiques, il a répondu comme le ferait un parent dont on maltraite injustement l'enfant : «La critique honnête est recevable, bien sûr. Mais la critique bidon envers ce qui vous est cher est difficile à supporter.»

Animé par la vision qu'il a de son œuvre et résolu à protéger l'avenir des voitures électriques, Musk a pris l'habitude de ne laisser passer aucun affront (à ses yeux). Voici un échantillon des propos qui ont fait sa réputation belliqueuse :

Henrik Fisker : Tesla a attaqué le designer danois après avoir contracté avec lui pour dessiner la ligne d'une berline électrique au nom de code White Star (le programme a donné naissance à la Model S). L'arbitrage a été rendu en faveur de Fisker, condamnant Tesla à verser plus d'un million de dollars d'honoraires. «Je ne pense pas le plus grand bien d'Henrik Fisker», a dit Musk en 2012. Dans la foulée, il a qualifié la Fisker Karma, une luxueuse voiture de sport hybride, « de produit médiocre et très cher ».

Martin Eberhard : cofondateur et premier PDG de Tesla, il a attaqué la société pour rupture de contrat et diffamation. Musk a répliqué en le traitant de menteur et en révélant sur un blog les décisions prises par l'ex-PDG qui ont fait exploser le budget du Roadster. Les deux parties ont transigé hors tribunal sans rendre public les termes de leur accord.

«Top Gear» : l'émission automobile de la BBC a donné une image peu flatteuse du Roadster en montrant les invités la pousser à la main, les batteries étant apparemment tombées à plat. Musk a qualifié l'émission «d'aussi honnête qu'un concert de Milli Vanilli», un duo franco-allemand qui a fait un tabac avec un play-back. Tesla l'a aussi attaquée en diffamation, et a perdu trois fois dont une en appel.

John Broder : Musk a traité de « bidonnage » l'article dans le *New York Times* où le journaliste racontait être tombé en panne sur l'autoroute à bord d'une Model S. Certains journalistes pensent que « les faits ne doivent pas contredire les bonnes histoires », a-t-il accusé sur son blog.

Randall Stross : après que l'éditorialiste s'est demandé dans les colonnes du *New York Times* pourquoi les contribuables devraient subventionner une société qui vend des voitures de luxe, Musk l'a traité d'« énorme trouduc » et de « crétin ».

George Clooney : l'acteur d'Hollywood s'est plaint en 2013 dans le magazine *Esquire* que son Roadster tombait tout le temps en panne. Musk a tweeté : « Scoop, George Clooney révèle que son iPhone 1 avait un bug en 2007. »

Jarrett Walker : Musk ayant dit dans une interview que les transports publics étaient nuls, leur avocat a tweeté que ce mépris était « un luxe (ou une pathologie) à la portée des seuls riches ». Par retour de tweet, Musk l'a qualifié de « crétin ». Puis il s'est excusé et corrigé en précisant qu'il voulait dire « crétin moralisateur ».

Mitt Romney : le candidat du Parti républicain aux élections présidentielles de 2012 a traité de « losers » les cleantech subventionnées, dont Tesla. Musk a rétorqué que Romney « avait raison sur l'objet de sa déclaration, mais pas son sujet ».

Elon Musk sait depuis l'adolescence ce qu'il en est d'être victime de harcèlement. Ses réactions aux critiques, justifiées ou non, montrent qu'il n'est plus question pour lui de se retrouver en position d'infériorité. Cela dit, il n'ignore pas non plus les leçons de l'Histoire.

Certains de ses détracteurs l'ont qualifié de Preston Tucker des temps modernes. Dans les années 1940, cet ingénieur entrepreneur a voulu construire une voiture porteuse d'innovations comme la ceinture de sécurité, des vitres qui se délogeaient en cas d'impact et la traction arrière. Mi-artiste, mi-génie, il a produit cinquante prototypes de sa flamboyante berline Tucker. Mais dans un rapport transmis à la presse, la Securities and Exchange Commission (SEC, le gendarme de la Bourse américaine) l'a accusé de fraude, doutant de son intention de produire le véhicule en série. Si Tucker a fini par gagner son procès, son entreprise criblée de dettes et attaquée par les distributeurs qui s'étaient vus promettre un nouveau véhicule, n'a pas résisté. Elle a fermé alors que le procès s'ouvrait. Preston Tucker est mort d'un cancer du poumon à l'âge de 53 ans.

Une théorie conspirationniste en vogue veut que Tucker ait été la victime des Big Three – GM, Ford et Chrysler – qui de concert avec leurs alliés à la SEC auraient voulu neutraliser une menace à leurs affaires. Qu'il y ait ou non du vrai dans cette histoire, soixante ans plus tard, l'opposition de l'*establishment* aux initiatives de Tesla pour transformer le secteur automobile est manifeste.

Depuis ses débuts, Tesla doit faire face aux mêmes obstacles qui contrarient depuis cent cinquante ans l'avènement de la voiture électrique. Mais le constructeur affronte aussi plusieurs défis nouveaux. Depuis qu'il est en passe de devenir un constructeur automobile grand public avec la Model S, Tesla a dû batailler pour protéger la réputation de ses normes de sécurité à la suite d'une série d'incendies spectaculaires, défendre son modèle de distribution contre les concessionnaires et rassurer des clients victimes de « l'angoisse de l'autonomie » sur les longs trajets.

Chaque bataille met la volonté de son PDG à rude épreuve. Edison n'y est pas arrivé. Mais Musk pourrait réussir.

En tant que dirigeant d'entreprise, Elon Musk a au moins un point commun avec Steve Jobs : c'est un PDG guerrier. Ce type de leaders reprennent les rênes de leur entreprise quand la menace devient existentielle, explique Ben Horowitz, investisseur de la Silicon Valley et associé avec le cofondateur de Netscape Marc Andreessen dans la célèbre société de capital-risque Andreessen Horowitz. Les PDG guerriers s'en tiennent à une application stricte de leur mission, explique-t-il dans son livre *Hard Things – Entreprendre dans l'incertitude*. Alors qu'un PDG par temps calme suit les règles, le PDG par temps de guerre les viole pour l'emporter. Tandis que le PDG pacifique définit la culture de son entreprise, le PDG guerrier laisse à la guerre le soin de le faire. Un PDG pacifique s'accommode d'un avantage stratégique, tandis que le PDG belliqueux est paranoïaque.

«Nous avons connu plusieurs expériences de mort imminente, témoigne Musk. La mort en face, les yeux dans les yeux.»

Les leaders en temps de paix doivent élargir l'éventail de leurs activités ; ils encouragent donc la créativité et les contributions sur un large spectre d'objectifs, écrit Ben Horowitz. En temps de guerre, en revanche, «la société n'a souvent qu'une balle dans le barillet et ne doit à aucun prix manquer sa cible ».

«Quand on livre bataille, il faut être aux avant-postes », dit Musk, expliquant pourquoi il avait installé un bureau dans l'usine lors de la mise en production de la Model S. «Un général derrière les lignes sera défait.»

«Un PDG en guerre s'intéressera à la poussière sur le cul d'une mouche si ça interfère avec sa mission », poursuit Horowitz.

«Si nous n'avions pas réussi, on nous aurait choisis comme contre-exemple pour justifier qu'il ne faut pas se lancer dans la voiture électrique, disait Musk à propos de la quasi-faillite de Tesla pendant la crise financière. En gros, on aurait été un exemple de plus de constructeur automobile à la con.»

Ben Horowitz faisait allusion à l'ex-PDG d'Intel Andy Grove, auteur de l'aphorisme : «Le succès engendre l'autosatisfaction. L'autosatisfaction conduit à l'échec. Seuls les paranoïaques survivent.» Les menaces qui pèsent sur une entreprise peuvent venir de la concurrence, d'un changement brutal de la conjoncture, du marché, de la chaîne d'approvisionnement, etc. Tesla les a toutes affrontées.

«Quand Henry Ford a construit des voitures fiables et bon marché, les gens ont dit : "Bah, c'est quoi le problème avec les chevaux ?" Il a fait un pari énorme et ça a marché », disait Musk en 2013.

La plupart des livres de management sont écrits par des consultants qui étudient les entreprises par temps calme, prévient Horowitz. À part celui d'Andy Grove, il ne connaissait pas d'autres livres enseignant comment manager en temps de guerre à la manière de Steve Jobs.

Quand Jobs a repris les rênes d'Apple en 1997, l'entreprise était à quelques mois de la faillite. Quatre ans plus tard, elle lançait l'iPod.

Le 8 mai 2013, Tesla a affiché son premier bénéfice trimestriel. Les décennies précédentes avaient vu passer de nombreuses start-up, mais enfin un constructeur de voitures électriques en vendait assez pour durer. La rentabilité est ce qui rend l'entreprise réelle. Elon Musk a dit alors : « Tesla est là pour durer et continuer à se battre pour la révolution de la voiture électrique. »

Mais la bataille ne faisait que commencer.

4

Au feu !

« Qu'est-ce qui se passe à la fin ? »

Les batteries lithium-ion sont des produits exceptionnels. Non contentes d'être légères, elles durent longtemps, se rechargent vite et peuvent se vider et se recharger plusieurs fois sans perdre en capacité. Ce sont les batteries à la densité énergétique la plus élevée aujourd'hui dans le monde. Elles conviennent parfaitement aux ordinateurs et aux portables et elles sont la raison même de l'existence de Tesla.

Mais elles sont aussi extrêmement inflammables et quand elles prennent feu, l'explosion n'a rien de discret. Elles projettent des flammes colorées, grasses et brillantes et des panaches de fumée noire. À l'ignition, elles peuvent aussi exploser en feu d'artifice crachant étincelles et boules de feu sans prévenir.

En 2006, des centaines d'accumulateurs fabriqués par Sony ont surchauffé et provoqué l'incendie de quelques ordinateurs portables, obligeant l'industriel à rappeler des millions de packs. En 2013, un mécano a vu des flammes et de la fumée s'échapper du compartiment électrique d'un Boeing 787 Dreamliner parqué sur l'aéroport international de Boston. La cause était une surchauffe des batteries lithium-ion. Cinq jours plus tard, un autre 787 a connu un incident similaire en vol, contraignant Boeing à clouer au sol sa flotte de Dreamliner pour régler le problème. En 2015, les compagnies aériennes ont interdit les véhicules électriques individuels (gyroroues, trottinette, skateboards électriques, etc.) en raison de la propension des batteries à surchauffer et à s'embraser. L'année suivante, la police de New York a tweeté des photos de coussins enflammés par des smartphones entrés en combustion spontanée et Samsung a été contrainte de retirer de la vente son Galaxy Note 7 après plusieurs incendies dus à ses batteries.

Chaque cellule de batterie lithium-ion contient un liquide électrolyte (substance chimique qui conduit l'électricité) hautement inflammable dont l'ignition peut être déclenchée par des électrodes surchauffées, ce qui arrive parfois quand ils sont endommagés et court-circuitent.

Quand les accumulateurs sont utilisés correctement, ces incendies demeurent rares, à raison d'un par centaine de millions de cellules. Le risque est encore réduit par des systèmes de refroidissement. Les ingénieurs de Tesla ont mis au point un tel système à base de glycol liquide (un banal antigel utilisé pour prévenir le gel des moteurs de voiture en hiver et leur surchauffe en été) qui serpente dans un tube métallique au cœur du pack d'accumulateurs. Le dispositif refroidit rapidement les cellules et les isole les unes des autres, empêchant le feu de se propager de l'une à l'autre, en cas de combustion.

Mais comme pour tous les systèmes, les choses peuvent quand même aller de travers.

Et, en octobre 2013, elles ont dégénéré très vite. Trois incendies de Model S en l'espace de six semaines ont brutalement éteint la bonne étoile de Tesla et terni sa réputation. Le feu a été le plus explosif des trois grands dangers que Tesla a dû surmonter à ses débuts pour consolider sa légitimité et séduire un public plus large. Les batailles contre les distributeurs pour obtenir le droit de vendre en direct ont mobilisé ensuite ses équipes juridiques, puis il lui a fallu convaincre les irréductibles de l'autonomie de ses véhicules sur longue distance. Mais en 2013, la crise la plus urgente à résoudre était le feu.

Le premier des incendies a eu lieu au tout début d'octobre quand une Model S a heurté un objet métallique sur une autoroute près de Seattle, dans l'État de Washington. Le pack d'accumulateurs de la voiture a été perforé par l'objet qui s'était redressé entre la route et le châssis. Après avoir détecté l'incident, l'ordinateur de bord a indiqué au conducteur de se ranger. Les modules ont pris feu après que celui-ci avait quitté le véhicule. Alors que le feu était contenu à l'avant – une mesure de sécurité prévue par les ingénieurs de Tesla –, les pompiers ont involontairement aggravé le brasier en découpant la protection métallique du pack pour l'arroser d'eau, favorisant ainsi le passage des flammes. Résultat, un enfer spectaculaire et effrayant qu'un automobiliste passant par là n'a pas manqué de filmer en s'exclamant : « Eh mec, c'est une Tesla ! » La vidéo est passée dans les journaux télévisés, déclenchant la panique chez les investisseurs. Après plusieurs mois de hausse continue qui avaient propulsé l'action Tesla de 29 à 190 dollars, le titre a chuté de 10 %.

Trois semaines plus tard, un autre brasier photogénique se déclenchait à Mérida, au Mexique, à la suite d'un excès de vitesse dramatique. La voiture s'était payé un rond-point à 180 km/h, arrachant quatre mètres de trottoir, explosant un mur de ciment, pour finir contre un arbre. Le conducteur en est sorti indemne alors que la voiture avait perdu deux roues. Encore une fois, le feu, qui n'a démarré qu'après que le chauffeur était sorti du véhicule, a été contenu à une partie de l'avant. Tesla n'a pas été mis en cause compte tenu de la violence de l'accident, mais l'action a tout de même perdu 3 %.

C'est au troisième incendie, trois semaines plus tard, que Tesla a vraiment eu chaud. Cette fois, c'était un conducteur du Tennessee qui avait roulé à 110 km/h sur une attache de remorque abandonnée sur l'autoroute. En se redressant, l'objet avait transpercé le fond de la voiture et le pack de batteries. L'ordinateur avait signalé au conducteur de se ranger et quelques secondes après que celui-ci avait quitté le véhicule, de la fumée puis des flammes étaient apparues. Là encore, l'incendie était resté circonscrit à l'avant de la voiture sans le moindre dommage à l'habitacle.

L'effet médiatique a été instantané. Trois mois plus tôt Tesla s'était félicité dans un communiqué de ce que la NHTSA (sécurité routière) lui avait attribué la note de cinq étoiles, soulignant que c'était la meilleure jamais accordée. Pourtant, après avoir salué cette réussite, les médias se demandaient à présent si l'agence exigerait un rappel des Model S et si la réputation de Tesla s'en remettrait jamais. Pour le journal télévisé « ABC News », les incendies jetaient le discrédit sur « une entreprise apparemment irréprochable ».

Les investisseurs ont embrayé sur les journalistes. Dans la semaine qui a suivi l'incendie du Tennessee, l'action Tesla a perdu encore 15 dollars. En deux mois, la valorisation de l'entreprise a été amputée de 8 milliards de dollars, son cours de Bourse étant tombé de 191 dollars, son plus haut, à 121 dollars. La NHTSA a ouvert une enquête, braquant les projecteurs sur la sécurité de la Model S. Lors d'une apparition à CNN en pleine polémique, Musk a dit avoir l'impression d'avoir été « cogné à coups de revolver ». « Nos trois incendies sans victime ont fait plus de gros titres que les 250 000 incendies mortels de voitures à essence », a-t-il déclaré, les bras largement écartés. « C'est dingue ! Qu'est-ce qui se passe à la fin ? »

Tandis que les médias se demandaient si les incendies ne remettaient pas en cause l'existence même des voitures électriques, Musk s'est expliqué sur le blog de Tesla. Il a replacé les incendies dans un contexte plus large, rappelant la mission de l'entreprise (accélérer la transition de la planète vers des modes de transport durable) et dramatisant les risques si l'opinion devait se retourner contre les voitures électriques.

Musk rappelait que les États-Unis avaient déploré 400 morts dans plus de 250 000 incendies de voitures à essence au cours des quatre années de production de la Model S. Pendant cette même période, il n'y avait eu aucun mort ni blessé grave dans une Model S : « La couverture médiatique des incendies de la Model S relative à celle des voitures à essence est totalement disproportionnée, alors que les secondes sont bien plus mortelles. » Afin de réduire les risques d'incendie dus à la perforation du pack d'accumulateurs, Tesla a procédé à une mise à jour du logiciel de bord permettant de relever la garde au sol à grande vitesse et a lancé la conception d'une protection supplémentaire du soubassement.

Le constructeur a fini d'installer les nouveaux planchers peu de temps avant que la NHTSA ne rende son verdict sur l'éventuelle responsabilité du constructeur dans les incendies de Washington et du Tennessee. Le bouclier en aluminium et titane était conçu pour broyer et dégager les débris d'attaches de remorques, alternateurs, blocs de ciment et autres objets susceptibles de passer sous la voiture, ce qu'ont montré les caméras de Tesla pendant les tests.

Pour présenter cette innovation et rappeler la résistance au feu des Model S, Musk s'en est encore remis à son blog. Cette fois, il ne s'est pas contenté de mettre les points sur les « i ». Il a ajouté des vidéos au ralenti montrant le bouclier en train de pulvériser les débris. « Nous croyons que ces changements préviendront également les incendies en cas de choc à très grande vitesse capable d'arracher les roues de la voiture », comme celui survenu au Mexique, écrivait-il. Le jour même, la NHTSA annonçait la clôture de son enquête, concluant qu'elle n'avait pas identifié de faille de sécurité justifiant un rappel des véhicules.

D'autres voitures et d'autres Telsa ont pris feu. En février 2014, une Model S à l'arrêt s'est entièrement consumée avec le garage qui l'abritait. En janvier 2016, une autre s'est embrasée à une station de recharge Supercharger en Norvège. En août 2016, une troisième a pris feu lors d'un test de conduite en France. En novembre 2016, une Model S a percuté un arbre à grande vitesse à Indianapolis, s'embrasant aussitôt et tuant ses deux occupants. En mars 2017, une Model S garée a pris feu dans le Yorkshire en Angleterre et en octobre 2017, une sixième s'est embrasée après un accident sur l'autoroute, suscitant l'arrivée de 35 pompiers sur les lieux.

En dépit des images spectaculaires de brasiers et de carcasses déformées et fondues, la Bourse et les médias, désormais conscients que d'autres voitures prennent également feu, ont réagi plus calmement. Tesla a pu poursuivre son activité normalement. Le feu ne menaçait plus l'entreprise.

5

Le juste prix

Comme souvent chez Tesla, un problème en remplace un autre. En 2014, le constructeur s'est vu contester le droit de vendre en direct ses propres produits.

En 2007, Musk décrivait dans son blog des magasins Tesla offrant le meilleur de Starbucks et d'Apple, ainsi qu'un «bon restaurant»; l'entreprise entendait déployer autant d'énergie dans ce projet que dans ses voitures. Aujourd'hui, les magasins Tesla sont élégants et modernes, équipés d'écrans tactiles interactifs, de machines à café Keurig et d'écrans LCD montrant ses voitures en train de rouler vers le soleil couchant.

Pourtant, certains États pensent qu'ils sont illégaux.

Les syndicats de concessionnaires automobiles se sont opposés à la stratégie de vente directe de Tesla au motif que l'entreprise enfreint la loi en supprimant les intermédiaires. Au Texas, dans le Michigan et le Connecticut notamment, le Code du commerce accorde aux concessionnaires l'exclusivité des ventes de voitures neuves.

Le système des concessions gêne Tesla à plusieurs titres. Selon le constructeur, la vente directe est surtout un moyen de contrôler la commercialisation de ses produits. L'enjeu est particulièrement important car la plupart des clients s'y connaissent moins bien en voitures électriques qu'en véhicules à essence. Tesla a qualifié ses magasins « d'espaces éducatifs ». L'entreprise contrôle également sa marque de près. Apple, par exemple, a pris soin de développer son propre réseau de distribution et pendant longtemps n'a pas autorisé d'autres distributeurs à vendre l'iPhone. Tesla suit la même voie.

Le luxe de visiter un magasin Tesla, où les vendeurs sont priés de ne pas pousser les clients à l'achat, tranche avec le passage chez un concessionnaire traditionnel où la négociation et le service collant sont la norme. Un sondage de 2015 mené par Autotrader, un distributeur en ligne (source partiale, il est vrai), a révélé que le processus d'achat traditionnel ne satisfaisait que 17 % des 4 002 personnes interrogées. En juillet 2016, après qu'un client mystère a classé Tesla bon dernier en efficacité commerciale, Musk s'en est félicité par un tweet : « En vente à l'arraché, Tesla finit dernier. Tant mieux ! »

Plusieurs enquêtes laissent entendre que les concessionnaires n'ont pas les compétences pour vendre des véhicules électriques ; peut-être ne le veulent-ils pas. Fin 2013 et début 2014, *Consumer Reports* a mené une enquête discrète sur 85 concessions dans quatre États, montrant qu'un « grand nombre d'équipes commerciales ne connaissaient pas les voitures électriques aussi bien qu'elles le devraient ». Treize concessionnaires ont découragé l'achat d'une voiture électrique et trente-cinq ont recommandé à la place celui d'une voiture à essence. En 2016, une enquête client mystère sur 308 concessionnaires, menée par des bénévoles du Sierra Club, a montré que de nombreux vendeurs ignoraient l'existence de crédits d'impôt et de rabais pour les voitures électriques et le coût de leur entretien. Ma femme en a fait l'expérience en 2017, quand elle a cherché à savoir à quelle réduction elle pouvait avoir droit à l'achat d'une Leaf. Son interlocuteur n'en avait pas la moindre idée.

En 2015, l'ex-président de la National Automobile Dealers Association a qualifié les voitures électriques de «brocoli» alors que les clients veulent «des beignets à basses calories», c'est-à-dire des voitures qui consomment peu. Mais à regarder de plus près le fonctionnement des concessionnaires, les clients ne sont pas entièrement coupables de leur préférence supposée pour des équivalents mobiles de la pâte à frire. Comme l'opinion n'est pas encore mûre pour la voiture sans essence, expliquer ce qu'est une voiture électrique et son fonctionnement prend plus de temps aux vendeurs. Un porte-parole de Nissan a déclaré au *New York Times* qu'un commercial «vend deux véhicules à essence en moins de temps qu'il ne lui faut pour vendre une Leaf». En outre, les électriques composés de moins de pièces et exigeant en théorie moins de maintenance sont une menace pour les SAV, qui représentent la première source de bénéfices des concessionnaires. On comprend donc mieux pourquoi Tesla veut garder la main sur la distribution.

L'origine du bras de fer entre Tesla et les concessionnaires remonte à la récession de 1920 et à la crise des années 1930. À l'époque, les distributeurs étaient dans la main des constructeurs, Ford et General Motors en particulier, qui se sont débarrassés de leurs stocks sur eux quand la demande est devenue atone.

Ce modèle de la concession avec ses intermédiaires rémunérés avait accéléré la diffusion des voitures en facilitant l'accès des constructeurs aux clients partout dans le pays. Mais les fabricants allaient être privés de leur droit de vendre en direct. En 1937, les États leur ont interdit d'abuser des distributeurs comme ils l'avaient fait pendant la crise de 1929. Les concessionnaires retournent aujourd'hui cette réglementation contre Tesla.

Aux États-Unis, les distributeurs ont un certain poids politique. La vente de voitures neuves représente 15 % des recettes fiscales du pays, selon la National Automobile Dealers Association, et jusqu'à 20 % dans certains États. Ils emploient au total plus d'un million d'Américains et irriguent les collectivités par leurs investissements publicitaires, l'organisation d'événements et le financement du championnat junior de base-ball. Ils contribuent également aux campagnes électorales locales et nationales. Durant l'année électorale de 2012, la National Automobile Dealers Association a fait plus de 3,2 millions de dollars de dons et dépensé 3,49 millions de dollars en lobbying. Localement, ils sont présents dans toutes les circonscriptions ou presque où leur impact économique se fait le plus sentir. Ils sont un des symboles les plus visibles du pouvoir économique.

Depuis qu'on vend des voitures, les concessionnaires ont conseillé des millions d'Américains dans l'une des décisions d'achat les plus importantes de leur vie, la deuxième souvent après la maison. Il est difficile de surestimer la place de la voiture dans la psyché américaine. Pour la plupart des Américains, elle n'est pas seulement un moyen de transport pratique, mais aussi un symbole de statut social, de liberté et d'indépendance. Si vous n'êtes pas propriétaire de votre logement, vous pouvez l'être de votre voiture. Si les concessionnaires devaient renoncer à leur statut protecteur de distributeurs exclusifs d'automobiles, ils saperaient leur modèle économique tout autant que leur position privilégiée dans la culture américaine.

C'est pourquoi Tesla s'est heurté à leur hostilité en voulant pousser son modèle de vente en direct.

Les syndicats de concessionnaires expliquent qu'ils protègent les consommateurs en préservant la concurrence des prix entre les magasins et en offrant plus de choix de SAV en cas de panne. La Federal Trade Commission (direction de la concurrence) ne les a pas suivis sur ces points. En 2015, elle a fait la mise au point suivante : « Un des principes fondamentaux de la concurrence veut que ce soient les consommateurs, et non la réglementation, qui décident de ce qu'ils achètent et de la manière dont ils l'achètent. » Néanmoins, les concessionnaires bénéficient du soutien de poids lourds. Quand, en 2014, le gouverneur du Michigan Rick Snyder a promulgué une loi interdisant à Tesla de vendre ses voitures en direct dans son État, General Motors a manifesté sa satisfaction : « La loi garantit que nous nous battrons sur le marché avec les mêmes règles que les autres constructeurs automobiles. »

Tesla estime que les dispositions en faveur des concessionnaires ne le concernent pas, car elles encadrent uniquement les relations entre le constructeur et ses distributeurs. Si par exemple elles interdisent à General Motors de vendre des voitures dans ses propres magasins au risque sinon de cannibaliser ses distributeurs, Tesla n'a pas intérêt à suivre ce modèle. Il souhaite simplement vendre ses voitures lui-même.

La position de Tesla a été confortée en septembre 2014 quand la Cour suprême du Massachusetts a bloqué la tentative de la Massachusetts State Automobile Dealers Association de faire fermer un magasin Tesla près de Boston. Dans ses attendus, la juge Margot Botsford a estimé que la loi était uniquement faite pour protéger les concessionnaires des pratiques déloyales des constructeurs envers les distributeurs « avec lesquels ils sont associés, le plus souvent par des contrats de concession », et non des constructeurs sans réseau. Tesla s'est empressé de saluer cette décision et de la verser aux contentieux qu'il avait dans d'autres États. « Nous menons d'autres batailles de même nature dans le New Jersey et ailleurs et nous espérons que la même interprétation y prévaudra », a déclaré le directeur juridique adjoint de Tesla.

Le contentieux au New Jersey a été exemplaire de la manière dont Tesla entendait relever le défi. En mars 2014, les autorités de l'État ont eu recours à une tactique inédite pour interdire au constructeur d'y vendre ses voitures. La New Jersey Motor Vehicle Commission (dont quatre des huit membres avaient été nommés par le gouverneur Chris Christie) avait discrètement prévu de révoquer deux licences commerciales attribuées précédemment à Tesla. Plusieurs dizaines de supporters du constructeur se sont rendus à la réunion pour protester contre la manœuvre, mais n'ont pas eu droit à la parole avant la fin du scrutin.

Une fois la décision entérinée, Tesla a dû transformer ses magasins en « galeries » où il lui était interdit de proposer des tests de conduite et de parler prix. Les clients devaient passer commande par Internet et se les faire livrer. Tesla avait déjà dû procéder ainsi dans les autres États qui lui avaient interdit la vente directe.

Quelques jours plus tard, Musk est monté au créneau avec un article de blog adressé « au peuple du New Jersey », dans lequel il s'en prenait directement au gouverneur Chris Christie qui avait été impliqué dans un scandale politique. Son équipe avait en effet restreint l'accès au pont George-Washington reliant le New Jersey et Manhattan par mesure de rétorsion politique contre un maire local dont les électeurs avaient été les otages d'embouteillages monstres pendant plusieurs jours.

« La raison invoquée, écrivait Musk, pour justifier le changement de réglementation obligeant les constructeurs à passer par des concessionnaires est "la protection du consommateur". Si vous avalez ça, le gouverneur Christie vous vendra la fermeture d'un pont ! À moins qu'on ne parle de "protection" façon mafia, l'argument est à l'évidence totalement faux. »

La référence à la « mafia » était osée, étant donné la résonance du terme dans l'État qui avait servi de décor à la série *Les Sopranos*. Mais l'audace a été payante. La presse a applaudi à la témérité de Musk. « Il a osé ! Elon Musk balance la mafia et le dossier du pont à la tête du gouverneur Christie », a titré le blog « Money Beat » du *Wall Street Journal*. En quelques lignes, Musk avait réussi à transformer un contentieux local en cause nationale et à donner à Tesla l'image du petit teigneux qui tente de s'en sortir dans un système truqué pour l'évincer.

En mars 2015, le gouverneur Christie annulait l'interdiction.

6

L'angoisse de l'autonomie

« Voyagez gratuitement, éternellement, grâce au soleil »

Tandis qu'au volant de la Model S, je conduis mon père à travers la Napa Valley, j'ai du mal à me détendre. Tout au long du trajet, malgré le paysage vallonné et couvert de vignes, j'ai eu l'œil rivé sur le niveau de la batterie figurant sur le petit écran tactile situé derrière le volant, qui fait office de tableau de bord numérique. Ce niveau, placé sous le compteur de vitesse au centre de l'écran, affiche « l'autonomie officielle » calculée à l'issue des tests réalisés par l'Agence de protection de l'environnement américaine (EPA), c'est-à-dire la distance maximale que la voiture peut parcourir en une charge, en conditions de conduite normales. Selon l'EPA, la Model S a donc une autonomie de 265 miles par charge (environ 425 kilomètres). Toutefois, une conduite agressive, beaucoup de montées ou de violents vents de face réduisent significativement la performance.

À l'inverse, une conduite tranquille, beaucoup de descentes et un bon vent arrière vous emmèneront bien au-delà. Conduire une Tesla s'apparente à un jeu d'échange d'énergie : on consomme de la batterie essentiellement lors des accélérations. Mais on la reconstitue grâce au système de récupération d'énergie lié au freinage, qui s'active dès qu'on lève le pied, ce qui a pour effet de ralentir la voiture et de convertir son énergie cinétique en énergie chimique. Ce procédé accroît l'autonomie du véhicule.

Même si l'ordinateur indique encore 120 miles (190 kilomètres) d'autonomie, les 60 miles (95 kilomètres) pour rentrer à San Francisco plus les 30 (45 kilomètres) pour aller travailler le lendemain m'invitent à la prudence. Les 30 miles de réserve peuvent s'évaporer sous l'effet d'une ou deux accélérations de trop.

Quand je suis inquiet, j'ai des tics ; je m'étire le cou, ou bien je me presse rapidement les ongles un par un avec les pouces, comme dans une boucle d'hyperactivité. Au volant, ce jour-là, je fais les deux.

Je suis nerveux parce que la perspective d'échouer sur le bord de la route, batterie à plat, est éminemment désagréable. Dans cette éventualité nous n'aurions pas d'autre choix que de faire remorquer ou de pousser la Model S, tête basse et honteux, jusqu'au point de recharge le plus proche. Nous pourrions nous brancher dans une station-service ou dans le garage d'un particulier, mais l'une ou l'autre option n'aurait rien d'enviable. Outre la gêne d'avoir à expliquer à un inconnu pourquoi notre voiture à 100 000 dollars est en rade, il faudrait nous tourner les pouces pendant que celle-ci se recharge à un filet énergétique, au rythme de 8 kilomètres d'autonomie par heure. (Une prise de 220 volts à 30-50 ampères, utilisée pour un sèche-linge, par exemple, fournit environ 50 kilomètres d'autonomie par heure.)

Cet état fébrile est celui auquel renvoie « l'angoisse de l'autonomie » exprimée par les gens. À la différence des batailles juridiques de Tesla contre les concessionnaires et les revers liés aux incendies, elle nuit aux voitures électriques depuis des décennies.

L'expression en anglais *(range anxiety)* apparaît pour la première fois en 1997 dans un article sur l'EV1 de General Motors, publié par le *San Diego Business Journal*. Mais elle ne se popularise qu'à partir de juillet 2010, quand GM la fait déposer dans le but, explique le constructeur, de « sensibiliser le public aux capacités des véhicules électriques ». L'entreprise est à six mois du lancement de la Chevy

Volt, une berline hybride rechargeable. Les critiques charitables se rangeront à l'argument du constructeur selon lequel il a protégé l'expression pour en neutraliser l'usage négatif à l'égard des voitures électriques. Moins généreux, d'autres avanceront que l'inquiétude de l'opinion bénéficiait aux ventes de la Chevrolet Volt à propulsion électrique, mais dont l'autonomie était prolongée par un moteur à essence. Les plus sévères iront jusqu'à penser que GM, dont la rentabilité aurait beaucoup souffert si les voitures électriques s'étaient popularisées trop vite, avait tout à gagner à promouvoir et à entretenir la notion de *range anxiety*^{TM}. Quoi qu'il en soit, la polémique est désormais sans objet. GM a cessé de protéger l'expression en 2011. Et, depuis 2016, le constructeur a son propre véhicule électrique longue distance à promouvoir avec la Chevrolet Bolt[*].

Le fait même que GM ait voulu protéger l'expression « angoisse de l'autonomie » comme une marque montre l'importance de cette menace contre la voiture électrique. « Nous qualifions ce phénomène de *range anxiety* et il existe bel et bien, expliquait un porte-parole de GM avant le lancement de la Chevrolet Volt. Nous devrons y être très attentifs quand nous commercialiserons cette voiture. » GM a positionné la Volt hybride d'abord comme une voiture et ensuite comme un véhicule électrique, parce que, ajoutait-il, « les gens ne veulent pas tomber en panne en rentrant chez eux après le boulot ».

Ce genre de déclarations dessert plutôt les voitures électriques dont l'autonomie est, dans la plupart des cas, largement suffisante pour répondre aux besoins quotidiens de leurs utilisateurs. Selon le ministère des Transports, le conducteur américain moyen parcourt seulement 37 miles (60 kilomètres) chaque jour. En 2016, une étude du Massachusetts Institute of Technology (MIT) portant sur les habitudes de conduite des Américains a calculé qu'avec ses 70 miles (112 kilomètres) d'autonomie, la Leaf de Nissan pouvait remplacer 87 % des voitures en circulation.

L'angoisse de l'autonomie est exacerbée par les effets du froid sur la performance des voitures électriques. Le test malheureux réalisé en

---

[*] En novembre 2018, General Motors a annoncé la fin de la production de son hybride Chevrolet Volt (Opel Ampera en Europe) à compter du 1er mars 2019. (NdT.)

hiver par un journaliste du *New York Times* à bord d'une Model S a entretenu l'idée que la voiture n'était pas adaptée aux climats froids. Le reporter raconte qu'ayant dû éteindre le chauffage et réduire sa vitesse pour prévenir l'épuisement de la batterie, il s'était gelé les pieds et les mains. *Consumer Reports* a relevé que sa Model S n'avait pu couvrir que 176 miles (280 kilomètres) au lieu des 240 affichés au tableau de bord (386 kilomètres). Sur les forums en ligne, des propriétaires de Tesla se sont plaints des mêmes effets et une enquête de PlugInsights auprès d'une centaine de détenteurs de voitures électriques a montré que les Leaf de Nissan et les Focus Electric de Ford perdaient entre 25 et 50 % d'autonomie par temps froid.

Le froid a deux effets négatifs sur les batteries. D'une part, il ralentit les réactions chimiques, ce qui diminue la production d'électricité ; de l'autre, il incite à mettre le chauffage, ce qui les sollicite davantage. Tesla affirme que la Model S perd 10 % d'autonomie à basse température.

Les effets semblent varier selon les témoignages. Plusieurs conducteurs norvégiens se sont dits contents des performances hivernales de leur voiture, l'un d'eux estimant perdre entre 10 et 20 % d'autonomie sur longue distance par conditions climatiques difficiles. En revanche, après avoir roulé une centaine de miles (160 kilomètres) tous les jours pendant un mois par températures négatives, un propriétaire du Massachusetts a déclaré une perte d'autonomie d'environ 40 %.

Quels que soient les chiffres, le problème posé par cette baisse de performance due au froid était pour Tesla inséparable de celui de l'angoisse d'autonomie, dans la mesure où l'entreprise s'employait à convaincre les acheteurs, partout dans le monde, que l'achat d'une Model S était une bonne affaire. Le constructeur ne pouvait pas compter indéfiniment sur la sympathie de ses clients vivant sous le climat tempéré de la Californie.

Les sceptiques répètent depuis longtemps que faute d'infrastructures, les voitures électriques auront du mal à s'imposer auprès du grand public. Une étude de PricewaterhouseCoopers menée en 2009 estimait que l'inadéquation des infrastructures les limiterait aux déplacements de proximité. Comme l'a conclu *Scientific*

American, c'était « la quadrature du cercle de la voiture électrique ». Certes, on a dit la même chose des ampoules électriques de Thomas Edison. Leurs détracteurs pensaient que le marché continuerait à privilégier les lampes à gaz qui bénéficiaient d'infrastructures solides. Peu de temps après qu'Edison a présenté en grande pompe ses ampoules dans son laboratoire de Menlo Park en janvier 1880, un certain F.G. Fairfield, titulaire d'un doctorat de l'école vétérinaire du New York College, conjecturait dans un courrier adressé au *New York Times* qu'« en l'état, pour des raisons autant pratiques et économiques que scientifiques et optiques, le système d'Edison n'est pas en mesure de concurrencer le gaz ».

En fait les ampoules n'étaient qu'un des éléments d'un système complet (comprenant générateurs, câbles, compteurs et interrupteurs) pensé par Edison. Pour le rédacteur de la *Harvard Business Review*, Josh Suskewicz, c'est là que résidait la véritable innovation d'Edison, dans cette vision systémique : « Une ampoule électrique sans accès facile à l'électricité est une fantaisie, avec accès, c'est une révolution mondiale. »

Pour ses voitures, Tesla a imaginé un réseau mondial de « Superchargers ». Recharger entièrement une Model S à partir de son domicile prend des heures en raison de la puissance limitée des installations, mais moins d'une heure à partir d'un Supercharger envoyant jusqu'à 120 kilowatts à la batterie. La voiture peut ainsi retrouver 170 miles (270 kilomètres) d'autonomie en trente minutes. Comme un chargeur à domicile, le Supercharger se connecte à la voiture par un port intégré, caché par un volet, à l'endroit où l'on trouverait habituellement le bouchon du réservoir à essence. Tesla entend installer ces bornes sur tous les longs trajets empruntés par les propriétaires de ses voitures.

La recharge rapide ne l'est pas autant que les pleins réalisés à la pompe en cinq minutes, mais elle revient moins cher. Tesla a offert les recharges aux propriétaires qui ont acheté leur Model S ou Model X avant janvier 2017. Après janvier 2017, l'offre a été limitée à 400 kWh par an (soit 1 000 miles ou 1 600 kilomètres environ), au-delà desquels les conducteurs doivent verser un petit écot. Le constructeur s'est également efforcé de placer ses bornes à proximité de magasins et de restaurants afin que les conducteurs puissent se distraire pendant la recharge, processus qu'ils peuvent vérifier à distance sur l'appli Tesla de leur smartphone.

Tesla avait déjà discrètement installé six Superchargers en Californie quand Musk a annoncé cette technologie le 24 septembre 2012, lors d'une réception organisée devant le studio de design de l'entreprise, à Hawthorne. L'entrepreneur a alors promis d'en équiper la plus grande partie des États-Unis en deux ans, ainsi que le sud du Canada en cinq ans. Les invités n'ont pas su trop quoi penser de cette annonce, en raison peut-être du ton hésitant de Musk qui, malgré les sons et lumières, a atténué la portée du message. Les fans ont à peine applaudi.

Musk a ajouté qu'il installerait des auvents solaires au-dessus des bornes afin que les stations génèrent plus d'électricité que les voitures n'en consomment. (À ce jour, la promesse reste à tenir, une poignée seulement de stations étant équipées.) La nouvelle a de nouveau été mollement accueillie. Musk semblait pourtant s'être préparé à un accueil euphorique. À ses yeux, ce devait être une journée historique, au même titre que l'amarrage réussi de SpaceX à la station spatiale internationale six mois plus tôt. Mais rares ont été ceux qui ont mesuré l'importance de son annonce. Le lendemain, la presse n'en a fait qu'un modeste écho.

Ce soir-là, Musk a toutefois lâché une petite bombe qui promettait une sortie en fanfare du *statu quo* pétrolier. Sachant que, dans l'esprit des gens, l'autonomie limitée des voitures les confine aux trajets courts, il a invoqué la liberté. Non seulement les Superchargers remédieraient à cet inconvénient, mais ils ouvriraient la voie à de nouvelles autoroutes électriques. Branchés sur l'énergie solaire, les propriétaires de Model S pourraient s'affranchir des pires effets du carburant. Puis, Musk a prononcé sa petite phrase ciselée pour frapper l'imagination : «Vous voyagerez gratuitement, éternellement, grâce au soleil.»

Fin janvier 2014, Tesla avait achevé d'équiper en Superchargers un corridor permettant aux conducteurs de Model S de rallier New York depuis Los Angeles sans dépenser un centime en énergie. La route passait par le nord en traversant le Colorado, le Wyoming, le Dakota du Sud, le Minnesota et l'Illinois avant de redescendre sur New York à partir du Delaware. C'était un trajet que Musk et son frère Kimbal avaient déjà fait en 1994, au volant d'une vieille BMW 320i.

Quelques jours plus tard, Tesla organisait un rallye transcontinental afin de prouver que la Model S pouvait s'engager sans problème dans une traversée au long cours, même au cœur de l'hiver. Deux Model S rouge vif, conduites par des membres de l'équipe Superchargers, ont quitté le studio de design du constructeur le jeudi 30 janvier peu après minuit. Tesla avait prévu leur arrivée au City Hall (hôtel de ville) de New York dans la soirée du 1er février, la veille du 48e Super Bowl qui se jouait dans le New Jersey, juste en face de l'État de New York, au MetLife Stadium d'East Rutherford. Les voitures devaient traverser les contrées les plus enneigées et glaciales du pays au plus froid de l'hiver.

Le voyage a pris un peu plus longtemps que prévu. Dans les Rocheuses, la colonne a dû affronter une terrible tempête de neige qui a entraîné la fermeture du col de Vail au Colorado et transformé l'entrée au Wyoming en patinoire. Quelque part dans le Dakota du Sud, une des camionnettes diesel de l'assistance logistique est tombée en panne, obligeant ses occupants à rejoindre leurs camarades à Chicago par avion. Et, en Ohio, l'équipage épuisé a foncé à travers des pluies torrentielles pour boucler le dernier tronçon au plus vite.

Il était 7 h 30, le dimanche 2 février, lorsque les deux Model S ont débouché sur City Hall par une matinée tiède et ensoleillée. Il leur avait fallu 76 heures et 5 minutes (soit un peu plus de trois jours) pour parcourir 3 427 miles (5 515 kilomètres), dont 15 heures et 57 secondes en recharge. De quoi mériter un Guinness World Record du temps d'immobilisation le plus court pour une voiture électrique traversant les États-Unis. Selon Tesla, chaque véhicule avait économisé 435 dollars de carburant.

Les voitures sont arrivées à New York cent onze ans après qu'Horatio Nelson Jackson, un médecin âgé de 31 ans, et Sewall K. Crocker, un réparateur de vélos de 22 ans, ont réalisé la première traversée des États-Unis en « voiture sans chevaux ». Il n'y avait pas d'autoroutes à l'époque. Et même, moins de 150 miles (240 kilomètres) de routes en dur. Horatio Jackson s'était embarqué dans cette aventure au printemps 1903, après que des amis de San Francisco avaient parié qu'il ne parviendrait pas à rallier New York au volant de sa Winton rouge cerise. Il voulait prouver que l'automobile « était davantage qu'un jouet de riches pour de courts trajets en ville », selon le narrateur du documentaire *Horatio's Drive,* réalisé par Ken Burns.

L'angoisse de l'autonomie était déjà une réalité pour Horatio Jackson et ses homologues et le serait encore plusieurs années. La Winton étant tombée en panne sur le trajet, Sewall Crocker a dû faire une quarantaine de kilomètres à vélo pour atteindre la ville la plus proche et en rapporter de l'essence à pied, après avoir crevé en route. La première station-service n'a ouvert aux États-Unis que dix ans après l'épopée des deux hommes et cinq après le lancement de la Model T d'Henry Ford.

Horatio Jackson et Sewall Crocker ont franchi des torrents et emprunté des routes de montagnes qui n'étaient pas faites pour les voitures. Ils ont dégagé des rochers à la force des bras, erré trente-six heures sans manger après s'être perdus dans les *badlands* du Wyoming, se sont embourbés dans un marais jusqu'au plancher de la voiture. La Winton a survécu à un embrayage cassé, une durite d'huile bouchée et un réservoir à essence fissuré, entre autres avaries. Mais à 4 h 30 à Manhattan, le 26 juillet, accompagnés d'un bull-terrier recueilli en cours de route, les deux hommes ont remonté triomphalement et en silence une 5ᵉ Avenue déserte. Les 7 250 kilomètres de voyage leur avaient pris soixante-trois jours et 8 000 dollars. Mais ils les avaient bouclés.

En comparaison, le Rally transcontinental de Tesla a été une promenade de santé. Les deux voitures électriques rutilantes ont achevé leur circuit à New York en traversant le pont de Brooklyn au lever du soleil. Les montagnes étaient loin derrière elles, la glace sur les garde-boue avait fondu et le ciel viré au grand bleu. Un rayon de soleil brillait entre les tours de Manhattan, illuminant le passage.

Déjà, les incendies ne devaient plus avoir raison des espoirs de Tesla, ni la guérilla des concessionnaires couper l'élan d'Elon Musk. Et là, Tesla portait un coup sérieux à l'angoisse de l'autonomie en triomphant d'un des derniers obstacles à la diffusion des voitures électriques. Par sa seule volonté, Elon Musk, comme Horatio Jackson avant lui, venait d'ajouter un nouveau chapitre à l'histoire du transport.

PARTIE II

TRANSITION

7

Lance-toi! Fabrique tes voitures

« Pourquoi on fait tout ça? »

Musk monte sur la scène de l'assemblée générale annuelle de Tesla le 31 mai 2016 en annonçant une rupture avec les usages. Il est en jean et blazer à poches cargo. Il est rapidement rejoint par J.B. Straubel en chemise blanche et pantalon sombre. Leur tenue de travail habituelle. Mais leur présentation ne ressemble pas à ce qu'on entend généralement quand une société cotée rend des comptes à ses actionnaires: ils vont reprendre l'histoire de Tesla depuis le début.

«Je crois important de revenir sur l'histoire, les motivations et les décisions qui l'ont accompagnée, commence Musk, pour que les gens comprennent ce qu'est Tesla, ce qu'il représente et pourquoi nous faisons tout cela.»

Le PDG fait l'essentiel du discours, dans la bonne humeur, parsemant son récit de quelques notes d'autodérision sur les difficultés rencontrées par Tesla au fil des ans. «On n'y connaissait rien. Genre, on fait comment pour construire une bagnole?» Le public éclate de rire avec lui. «Sais pas.»

Musk raconte d'abord son premier rendez-vous avec Straubel, lors d'un déjeuner dans un restaurant de poissons, à proximité de SpaceX. Straubel était accompagné d'Harold Rosen, un ingénieur avec qui il travaillait sur un projet d'avion électrique. Les deux hommes voulaient convaincre Musk d'y investir, mais ça ne l'intéressait pas. Puis Straubel a évoqué un projet de véhicule électrique avec un ami de Stanford qui a construit une voiture à propulsion solaire. Leur idée était de connecter plusieurs milliers de cellules d'accumulateurs lithium-ion 18650 (qui ressemblent à des piles AA standards) afin de propulser une voiture sur plusieurs centaines de kilomètres. Le projet idéal pour Musk.

Elon Musk savait depuis son entrée à l'université qu'il consacrerait une partie de sa carrière aux voitures électriques. À l'université de Pennsylvanie, il avait étudié la façon dont les supercondensateurs pourraient stocker l'électricité des voitures électriques et avait poursuivi ses travaux au début des années 1990 au cours de deux stages chez Pinnacle Reasearch, une société de la Silicon Valley, spécialisée dans le stockage d'énergie. Il devait continuer dans cette voie en doctorat à Stanford, avant de décider finalement de créer Zip2. Deux start-up internet plus tard, il était prêt à revenir à sa passion première. Vingt ans après avoir tenté de séduire la jeune Christie Nicholson en lui demandant si elle aussi rêvait de voitures électriques, Musk venait de trouver un partenaire désireux de partager sa prédilection pour les transports durables.

Après le déjeuner, J.B. Straubel a adressé à Elon Musk par e-mail une proposition d'investissement à 100 000 dollars. « Ce projet est absolument fascinant : il pourrait modifier en profondeur l'idée que le public se fait de l'autonomie et de la viabilité des véhicules électriques. Construire quelque chose qui aurait un tel impact est aussi une façon fantastique de former une nouvelle génération d'ingénieurs aux énergies renouvelables et aux véhicules efficients et d'entretenir leur flamme. Je suis convaincu que le transport électrique du futur utilisera des accumulateurs à haute densité d'énergie plutôt que des piles à combustible ; ce projet représente une étape qui le prouvera. » Musk y a mis 10 000 dollars.

Peu après, J.B. Straubel a présenté Musk au responsable d'AC Propulsion, Tom Gage, un ami proche du jeune ingénieur. L'entreprise avait développé une voiture de sport électrique baptisée « tzero ». Le véhicule, doté d'un pack de batterie lithium-ion, affichait une autonomie de 480 kilomètres et passait de 0 à 100 km/h en moins de quatre secondes. Après avoir testé la voiture, Musk a tenté pendant plusieurs mois de convaincre AC Propulsion de la commercialiser. En vain. Gage et l'entreprise ont préféré produire une version électrique de la Toyota Scion. Musk a décidé alors de créer sa propre société. Tom Gage lui a proposé de rencontrer un certain Martin Eberhard qui avait la même idée.

En 1997, Martin Eberhard et son ami Marc Tarpenning avaient créé NuvoMedia pour mettre au point le Rocket eBook, un précurseur du Kindle d'Amazon. Après en avoir vendu des dizaines de milliers d'exemplaires, ils ont cédé l'entreprise en janvier 2000 à Gemstar, la maison mère de *TV Guide*, pour 187 millions de dollars. Comme Musk avec Zip2, ils sont sortis pile au bon moment, empochant leur mise juste avant l'explosion de la bulle internet.

Les deux hommes sont alors voisins à Woodside, une localité aisée à une demi-heure de voiture de Palo Alto. Après avoir vendu Nuvo-Media, ils sont en quête d'idées susceptibles d'avoir un impact positif pour la planète. À un moment, ils ont envisagé de développer un système d'irrigation sophistiqué, piloté par un réseau de capteurs intelligents, mais c'est la tzero qui s'est emparée de leur imagination, comme chez Musk.

Martin Eberhard, que le réchauffement climatique inquiète de plus en plus, en a perçu le potentiel commercial et y voit l'occasion de démontrer que l'essence n'est pas la solution unique pour les véhicules à moteur. Avec Marc Tarpenning, il a également repéré l'amélioration rapide des batteries lithium-ion et la baisse des prix, provoquée notamment par leur utilisation dans les ordinateurs portables. Le secteur automobile, quant à lui, ne semble plus aussi impénétrable que par le passé. Depuis les années 1990, les constructeurs ont externalisé une grande partie de la production, dont l'achat de pièces et parfois même l'assemblage. Les deux hommes se disent qu'une start-up devrait pouvoir réaliser la phase de design et construire au moins un prototype, en espérant ensuite lever plus d'argent pour poursuivre leurs ambitions. Si tout se passait bien, grâce à une voiture de sport en petite série, dotée d'une accélération foudroyante, ils mettraient un orteil sur un marché automobile à 3 000 milliards de dollars.

À l'époque où Elon Musk leur est présenté, Martin Eberhard et Marc Tarpenning, rejoints entre-temps par Ian Wright, un ami et voisin, ont enregistré une société sous le nom de Tesla Motors, en hommage à Nikola Tesla. L'entreprise a une ébauche de business plan, mais ni prototype, ni brevet, ni financement. Peu après leur rencontre en avril 2004, Musk accepte d'y investir 6,35 millions de dollars (sur 6,5 millions) à l'occasion d'un premier tour de table (série A). Il en devient le président, prenant en charge la technologie, le produit et la sensibilisation du public, tandis que Martin Eberhard s'occupe des affaires courantes. Musk convainc également J.B. Straubel de les rejoindre.

Au cours des deux années suivantes, Tesla recrute des ingénieurs chez Lotus et Stanford, et ailleurs dans la Silicon Valley. En novembre 2004, le premier mulet est prêt et J.B. Straubel, qui est devenu directeur de la technologie, a l'honneur de l'inaugurer. Il n'a fallu que trois mois à l'entreprise pour passer des premiers plans à une voiture en état de marche. Le résultat se présente sous la forme d'un véhicule sans carrosserie, mais équipé d'un nouveau pack de batterie : les entrailles d'un prototype Tesla posé sur le châssis d'une Lotus Elise. Sous les regards admiratifs de ses collègues, J.B. Straubel dévale la route qui passe devant les nouveaux bureaux de Tesla installés à San Carlos, à 10 kilomètres de Menlo Park.

Drew Baglino, un des premiers ingénieurs de l'entreprise, a également ment pris le volant. Sur la scène de l'assemblée générale de 2016, il évoque ses sensations : « C'était ma première expérience d'accélération de 0 à 100 en quatre secondes. Je n'avais jamais connu ça. Avant j'avais une Honda Civic de 80 chevaux, c'est dire. » À la surprise générale, la voiture est restée entière. « Ces quatre secondes ont été phénoménales. J'en suis resté accro à l'électrique. » Par la suite, l'ingénieur est devenu vice-président de la technologie. « Je n'ai touché à rien d'autre depuis. »

Musk, lui aussi, a conduit le mulet et eu assez confiance dans son potentiel pour plonger de 9 millions de dollars supplémentaires à l'occasion d'un deuxième tour de table (série B) à 13 millions, au côté de Valor Equity Partners. Au cours des dix-huit mois suivants, Tesla a développé un prototype très proche de la présérie et, dans une conjoncture économique favorable qui a stimulé aussi l'éclosion des futurs géants de la tech comme Facebook et YouTube, a levé encore 40 millions de dollars. Musk y a contribué à hauteur de 12 millions et, après un test à 16 km/h (le logiciel était bogué), a réussi à convaincre ses amis Larry Page et Sergey Brin, les fondateurs de Google, de le rejoindre. Étaient aussi de la partie des sociétés d'investissements de haut vol comme Draper Fisher Jurvetson, VantagePoint Capital Partners et J.P. Morgan Securities.

Mais quand le Roadster est révélé à la presse en juillet 2006, soit trois ans après la création de la société, rares sont encore ceux qui ont entendu parler de Tesla. Martin Eberhard, chaussé de petites lunettes à monture fine et le visage encadré par une barbe poivre et sel, préside à l'événement ; il emmène aussi les journalistes en tests de conduite et leur exprime son enthousiasme pour un avenir électrique.

« Si vous utilisez l'énergie d'un gallon d'essence (3,78 l) pour enclencher une turbine, vous aurez assez d'électricité pour conduire votre voiture sur 110 miles (180 kilomètres) », explique-t-il au premier journaliste qui prend le volant ce jour-là. Il qualifie les véhicules électriques construits jusque-là de « punition », à cause de leur lenteur, laideur et exiguïté. Le Roadster, lui, ressemble à une vraie voiture de sport qu'un millionnaire fou de carrosses serait heureux de posséder. Il ne lui manquerait que la musique du moteur, mais Martin Eberhard a une réponse toute prête : « Certains regretteront le rugissement du moteur comme d'autres ont regretté le clip-clop des sabots du cheval sur les pavés. » Le Roadster sera sur le marché à l'été 2007, ajoute l'ingénieur, et Tesla travaille déjà à une berline quatre portes.

Mais en coulisses, les choses commencent à dérailler. La transmission fournie par un sous-traitant ne fonctionne pas ; l'usine trouvée en Thaïlande n'est pas en mesure de produire les packs de batteries. Les fournisseurs ne décrochent pas leur téléphone ou refusent d'usiner des pièces pour une voiture de niche au marché incertain. La peinture n'adhère pas à la carrosserie en fibre de carbone. Après avoir été contraints de changer la transmission, les ingénieurs doivent aussi redessiner le moteur.

À la suite d'un audit réalisé par Valor Equity, l'un des investisseurs, Musk et le conseil d'administration doivent se rendre à l'évidence que le Roadster explose le budget et ne sera pas prêt pour le lancement prévu en septembre 2007. Martin Eberhard en rejette la responsabilité sur l'interventionnisme de Musk et ses demandes continuelles de modifications du design de la voiture. Et Musk lui reproche ses erreurs de management et son désintérêt pour les questions financières. L'échéance arrivée et dépassée, les clients qui ont versé des arrhes commencent à s'impatienter. Musk et le conseil décident de relever Eberhard de ses fonctions de PDG et de le nommer président de la technologie. En août, après lui avoir longuement cherché un remplaçant, Musk l'informe que Michael Marks, un des premiers investisseurs dans Tesla et ancien PDG de Flextronics, assurera l'intérim. Trois mois plus tard, bien qu'ayant approuvé ces changements, Eberhard démissionne avec amertume. Il dira plus tard qu'il n'a pas eu le choix. Mark Tarpenning quitte également l'entreprise.

Eberhard et Musk ont échangé des noms d'oiseaux par médias interposés. Le premier a expliqué au magazine *Fortune* qu'il n'avait pas de problème avec Tesla mais « certainement avec Elon et sa façon de traiter les gens ». Le second a répliqué vertement qu'il était « trop occupé à remettre de l'ordre dans le bordel » laissé par celui-ci, justifiant son silence par le fait qu'il n'avait encore « jamais rencontré d'individu capable d'orchestrer une telle campagne de désinformation ». En novembre 2008, Martin Eberhard a confié à *Newsweek* que Musk était « un PDG épouvantable ». Ce à quoi l'intéressé a rétorqué qu'il n'avait « jamais eu autant de déplaisir à travailler avec quelqu'un ».

La querelle a tourné au procès. En mai 2009, Martin Eberhard a attaqué Musk et Tesla en diffamation. Musk a répliqué sur son blog par une liste de ses erreurs en tant que PDG, puis par deux demandes au juge de rejeter l'accusation. En septembre 2009, les deux parties ont annoncé être parvenues à un règlement à l'amiable. Musk a déclaré que « sans l'énergie indispensable de Martin, Tesla ne serait pas là aujourd'hui » et Eberhard a salué « les contributions extraordinaires d'Elon à Tesla ». L'accord, confidentiel, a également contraint Eberhard à reconnaître que Tesla avait cinq fondateurs officiels : lui-même, Elon Musk, J.B. Straubel, Marc Tarpenning et Ian Wright.

Michael Marks, le nouveau PDG, a enclenché un plan de réduction de coûts, réintégrant une bonne partie de la production à San Carlos, et a choisi pour stratégie de préparer la cession de Tesla à un grand constructeur automobile. Mais Musk avait une vision autrement plus ambitieuse pour l'entreprise. En 2001 et 2002, actionnaire principal de PayPal, il s'était opposé à la vente de la start-up à eBay car il était convaincu qu'elle avait un potentiel au-delà du seul paiement en ligne. Il la voyait supplanter les banques traditionnelles dans de nombreux services financiers. De même était-il convaincu que Tesla était l'épicentre d'un business dépassant largement Internet. Jamais il ne pourrait se satisfaire d'un sort à la PayPal pour Tesla.

En décembre 2007, Tesla a remplacé Michael Marks par Ze'ev Drori, un dirigeant opérationnel chevronné. Passé par l'armée israélienne, IBM et Fairchild Semiconductor, il avait créé le fabricant de puces Monolithic Memories qui était entré en Bourse en 1980 et avait fusionné avec AMD (Advanced Micro Devices) sept ans plus tard. Puis il avait pris le contrôle de Clifford Electronics (dont il était devenu le président), un fabricant d'alarmes de voiture, avant de le céder à Allstate Insurance en 1999. Pilote de voiture de course émérite, il avait disputé le Grand Prix de Long Beach. Seulement, il n'avait aucune expérience de la construction automobile, ce qui n'était pas sans conséquence, sa mission étant de mettre le Roadster sur le marché le plus vite possible. Il a également eu du mal à s'imposer. Musk prenait toutes les décisions importantes. Les équipes ont fini par le considérer comme une simple courroie de transmission de la volonté du président.

Ze'ev Drori dirigeait encore l'entreprise lors de la sortie du premier Roadster, célébrée en février 2008 par un petit événement au siège, à San Carlos. Mais personne de l'extérieur n'aurait pu le deviner. Musk s'est approprié la voiture noire de Batman, promettant que Tesla ne tirerait pas sa révérence avant que toutes les voitures ne soient devenues électriques. Mais il a tout de même fait allusion aux difficultés financières du constructeur, comme le montre *Revenge of the Electric Car*, un documentaire sur les vicissitudes de Tesla : « Jusqu'ici, cette voiture nous a coûté très cher, dit-il aux réalisateurs.

On peut l'appeler la voiture à 50 millions de dollars. C'est à peu près ce que j'ai investi dans Tesla. »

Fisker Automotive a mis la clé sous la porte en 2013. Il a sorti un seul modèle, la Karma, une hybride très applaudie qui s'est vendue à 2 000 exemplaires avant de connaître des problèmes en rafales. Le logiciel était défectueux. Des pièces cassaient, les réparations étaient compliquées. En production, l'entreprise a manqué plusieurs échéances. Cinq ans plus tard, Henrik Fisker quittait sa société et 75 % du personnel était licencié. Perdant de l'argent sur chaque véhicule, Fisker Automotive a brûlé plusieurs centaines de millions de dollars, dont un prêt de 192 millions du ministère de l'Énergie. L'équipementier chinois Wanxiang Group a fini par racheter l'entreprise, l'a rebaptisée Karma Automotive en 2015 et a relancé sa voiture iconique sous le nom de Karma Revero en septembre 2016.

La même année 2013, Coda Automotive déposait aussi le bilan. Dirigée par l'ex-président de GM Chine Phil Murtaugh et basée à Los Angeles, l'entreprise a produit une voiture électrique d'entrée de gamme dotée d'une autonomie de 88 miles (140 kilomètres) et d'une vitesse maximale de 85 miles à l'heure (135 km/h). Destiné aux ménages modestes, le véhicule se composait de la caisse de la Hafei Saibao, une berline bon marché chinoise, et d'un groupe motopropulseur fabriqué en Californie. Mais vendue au prix d'une Audi A4, la voiture était beaucoup trop chère au regard de sa qualité et de ses performances, celles d'une compacte dépassée. Coda a ouvert quatre concessions en Californie, mais n'a vendu qu'une centaine de voitures dans l'année. Après avoir déposé le bilan, elle s'est spécialisée dans le stockage d'énergie. Puis, faute de trésorerie, ses actifs ont été repris en 2016 par Exergonix, un petit énergéticien.

La DeLorean Motor Company a été mise en redressement judiciaire en 1982. Elle avait été créée sept ans plus tôt par John DeLorean, le plus jeune patron de division de General Motors, réputé avoir mis au point la Pontiac GTO (une berline équipée d'un V8), la toute première *muscle car* américaine. DeLorean a levé des dizaines de millions de dollars en capital-risque auprès de Bank of America, du chanteur Sammy Davis Jr. et de l'animateur de télévision Johnny Carson («The Tonight Show»). Subventionnée par le Royaume-Uni, l'entreprise a installé une usine en Irlande du Nord qui a ouvert en 1981, après de nombreux dépassements de délais et de coûts, et l'embauche d'ouvriers inexpérimentés. Les voitures avaient des soucis de portières, de carrosserie et d'alternateur. Avec ses portes-papillon tape-à-l'œil, sa caisse en acier inoxydable et son toit rectangulaire, la DeLorean DMC-12 semblait sortir d'un roman de science-fiction. Malheureusement, elle a fait un flop. Le coupé deux portes a déçu avec ses 10,5 secondes au 0-100 km/h et son prix de 25 000 de dollars (62 000 aujourd'hui), trop élevé pour sa performance. L'entreprise a dû renoncer à la Bourse en 1982. Pour tout arranger, piégé par le FBI, John DeLorean a été inculpé pour avoir tenté d'introduire 24 millions de dollars de cocaïne aux États-Unis. Bien que blanchi, il a été dans l'incapacité de lever des fonds supplémentaires. DeLorean a déposé le bilan, supprimant 2 500 emplois et détruisant 100 millions d'investissements. Toutefois, la DMC-12 a survécu en machine à remonter le temps dans la trilogie *Retour vers le futur*.

Fisker, Coda et DeLorean ne sont pas des exceptions. C'est le sort des nouveaux constructeurs automobiles de sombrer rapidement après leur création. Detroit Electric, Think Global, Aptera Motors, Vector, Tucker, Kaiser-Frazer, Duesenberg, la liste est longue et remonte jusqu'au début du XXe siècle. En réalité, toutes les initiatives des cent dernières années se sont soldées par des échecs, à deux exceptions notables près. La première date de 1925 et revient à un certain Walter Chrysler. La seconde s'appelle Tesla Motors.

Au classement américain des idées de création d'entreprise les plus fructueuses, la construction automobile arriverait bonne dernière. La partie ingénierie (concevoir le design d'une nouvelle voiture selon ses rêves et désirs) peut être sympathique, mais la fête s'arrête là. La suite n'est que labeur, prises de tête et jeu de massacre financier.

Les coûts s'additionnent très vite. Le design achevé, en espérant qu'il trouve son public, il faut calculer les coûts de production et le seuil de rentabilité et payer en conséquence ingénieurs, designers et juristes (pour s'assurer d'être dans la légalité et de respecter les normes de sécurité).

Cet obstacle franchi, vient la mise en production à quelques milliers d'exemplaires et donc l'achat d'une usine à environ un milliard de dollars, qu'il faut équiper, soit quelques dizaines de millions de dollars supplémentaires.

Même à raison de 20 000 voitures par an, il faut encore convaincre les équipementiers, une gageure pour des volumes aussi petits, quand de surcroît on est inconnu dans le secteur.

Si, malgré tout, l'entreprise est exceptionnellement encore là, il lui reste à produire en continu pour le marché. Ce qui suppose de maîtriser les flux de production afin de répondre à la demande sans heurts, ni malfaçons, et d'avoir encore de quoi payer les ouvriers spécialisés. Puis, c'est le retour des avocats pour de nouveaux contrôles de conformité aux normes, tandis que les tests de robustesse, performance, consommation et aérodynamisme rallongent l'addition de quelques millions de dollars.

Et ce n'est pas fini. Quelle stratégie commerciale adopter ? S'appuyer sur des concessionnaires existants ou développer son propre réseau, quitte à dépenser plusieurs millions dans la contestation des réglementations locales protégeant les intermédiaires ? *Quid* du service après-vente ? Il faut provisionner pour faire face aux réclamations, rappels et procès, sans oublier la formation, la certification et le recrutement des mécaniciens et techniciens chargés des réparations.

Admettons que votre start-up auto ait bravé le sort et qu'elle prospère enfin. C'est alors le moment d'embaucher des milliers d'ingénieurs, designers et ouvriers supplémentaires. Vous pourriez même vous offrir le luxe de réfléchir à une campagne de publicité pour promouvoir votre marque. Il faut bien distinguer vos voitures de la concurrence solidement installée. Vous inspirez profondément et repartez faire la tournée des investisseurs, sachant que vous avez déjà brûlé deux bons milliards de dollars.

À présent, imaginez-vous dans cette aventure, mais au lieu de vous lancer dans la fabrication de voitures classiques, vous pariez sur la propulsion électrique. Et là, vous multipliez les difficultés. Vous devez en effet : mettre au point plusieurs nouvelles technologies et réinventer une partie des processus de design et de production ; vous assurer que vos clients ne tomberont pas en panne sèche trop vite et qu'ils pourront recharger n'importe où dans le monde ; expliquer aux gens que la voiture électrique est une excellente affaire et qu'ils ont tout intérêt à renoncer à un mode de propulsion qu'ils connaissent depuis toujours. Même en cas de réussite, quand vous voudrez élargir votre clientèle, vous affronterez scepticisme, valses hésitations, voire hostilité frontale. Apprêtez-vous à monter au front sans relâche.

Ah ! Dernier conseil essentiel : une fois que vous serez lancé, priez pour que l'économie mondiale ne s'effondre pas brutalement.

Scène I : Fin 2008, réunion de managers chez Tesla. Elon Musk a 36 ans, la tête rasée. À côté de lui est assis Deepak Ahuja, arrivé de Ford pour diriger les finances.

Musk : On doit être en cash-flow positif d'ici six à neuf mois. Sinon on est morts. *(Il est livide.)* Il y a vraiment le feu à la baraque. Chaque mois qui passe nous coûte littéralement des dizaines de millions de dollars. Faut le savoir.

Il regarde dans le vide.

En deux ans, Tesla a brûlé 100 millions de dollars. Et n'a fabriqué qu'une centaine de Roadster. L'une des priorités d'Ahuja est de réduire de 30 % les coûts du groupe motopropulseur.

On dit à Musk que des pièces non conformes sont à l'origine des défauts de certaines voitures. Les ingénieurs ne s'en sont pas rendu compte à temps. Il est fou furieux.

Musk : Je veux des noms. Si c'est toujours les mêmes, ils n'ont plus rien à faire ici.

Scène II : Peu de temps après cette réunion, Musk visite un centre de livraison de Roadster à Menlo Park. Des véhicules défectueux encombrent l'atelier.

Musk : Merde alors ! *(Il lève les mains au ciel.)* C'est quoi ce bordel ? On se croirait dans une casse de bagnoles ! On n'est pas dans la merde !

Il donne l'ordre aux équipes d'embaucher à tour de bras pour régler le problème : « Je suis dispo 24 h/24, 7 jours sur 7. Appelez-moi sans faute, même à trois heures du mat', même le dimanche. »

Arrière-plan : Septembre 2008. À la suite de la crise de liquidités déclenchée par une hausse brutale des défauts de remboursement de prêts à risques, Merrill Lynch est rachetée par Bank of America, Lehman Brothers est mise en faillite et le gouvernement nationalise Fannie Mae et Freddie Mac, deux organismes de crédit hypothécaire parapublics. La Bourse s'effondre, le crédit est paralysé. La planète Finance est en crise. Il est devenu quasiment impossible de lever de l'argent dans la Silicon Valley.

Scène III : Dan Neil, éditorialiste automobile du *Wall Street Journal*, est interviewé dans le documentaire *Revenge of the Electric Car*.

Neil : Elon va y laisser sa chemise !

Arrière-plan : Quand la crise éclate, le blog «Valleywag» annonce que Tesla n'a plus que 9 millions en caisse. L'entreprise reporte son projet d'en lever 100 et retarde la mise en production de la Model S, alors que Franz von Holzhausen, débauché de Mazda, a commencé à travailler sur son design. Musk débarque Ze'ev Drori, prend les rênes de la société et licencie un quart des 360 salariés.

Au même moment, il divorce de Justine qui relate les épisodes sur son blog, tandis que SpaceX est au bord du gouffre après trois tentatives de lancement avortées.

Scène IV : En 2014. Musk, interviewé par son biographe Ashlee Vance, revient sur cette période de 2008.

Musk : J'ai bien cru que c'était foutu de chez foutu.

La façon dont Tesla s'est sorti d'affaire après avoir frôlé le précipice explique en bonne partie le culte que le monde de la tech voue à Musk. La légende est née des événements qui se sont produits à la veille de Noël 2008, alors que la révolution électrique était à deux doigts d'être enterrée prématurément. Deux jours plus tôt, Musk avait appris que SpaceX avait remporté un contrat de 1,6 milliard de dollars de la NASA pour approvisionner la station spatiale internationale («Je n'ai pas pu cacher ma joie, a-t-il raconté plus tard à propos de ce coup de fil du destin. Je les aurais embrassés ! Genre, les gars, je vous adore !»). Il a alors plaidé auprès de ses actionnaires pour qu'ils renflouent Tesla et versé lui-même 20 millions en raclant les fonds de tiroir, dont les gains issus de la vente à Dell fin 2017 d'Everdream, la start-up spécialisée dans les centres de données, créée par son cousin. Son ami Bill Lee, entrepreneur et investisseur, a fait un chèque de 2 millions de dollars et Sergey Brin apporté un demi-million. Plusieurs salariés de Tesla ont souscrit entre 25 000 et 50 000 dollars. À 18 heures, le 24 décembre, Musk bouclait un tour de table de 40 millions de dollars. De quoi payer l'électricité encore quelques jours.

Trois mois plus tard, Franz von Holzhausen et son équipe de design réussissaient à sortir une Model S de démonstration en faisait feu de tout bois. À quelques heures de la présentation de la voiture à l'usine de SpaceX, l'équipe était encore en train de bricoler des pièces et de fixer les sièges. Entre les essais de conduite, elle injectait de l'eau froide dans le groupe propulseur pour prévenir la surchauffe. Des éléments de la carrosserie tenaient au châssis par des aimants.

L'opération a été un succès. Les journalistes ont applaudi le véhicule ; *Wired* l'a qualifié de « sensationnel » et le *New York Times* l'a comparé à une Maserati. Musk, lui, était sur les rotules. « Ces derniers jours, derniers mois ont été très très très surchargés, a-t-il reconnu devant une équipe de télé. Pas eu une minute de sommeil. »

Pourquoi faisait-il tout ça ?

À l'assemblée générale annuelle de 2016, Elon Musk et J.B. Straubel reviennent sur l'auteur du sauvetage de Tesla : un constructeur automobile allemand, devenu depuis leur concurrent.

Musk rencontre Thomas Weber fin 2008. L'administrateur de Daimler lui confie que le groupe voudrait fabriquer une version électrique de la Smart, mais il n'a ni fournisseur de batterie fiable ni groupe motopropulseur. Une équipe d'ingénieurs doit se rendre dans la Silicon Valley en janvier 2009. « Génial, raconte Musk. J'ai aussitôt appelé J.B. pour lui annoncer qu'on avait trois mois pour sortir une Smart électrique. » Straubel lui oppose une fin de non-recevoir ; Tesla est déjà à fond sur le Roadster qui pose assez de problèmes comme ça. Et puis les Smart sont introuvables aux États-Unis. Musk insiste : c'est l'occasion de séduire un puissant partenaire.

Ni une ni deux, Tesla envoie quelqu'un au Mexique acheter une Smart. À l'arrivée de la voiture, une petite équipe de choc lui enlève le moteur et entreprend de concevoir un nouveau pack de batteries. Comme à son habitude, Musk impose d'énormes contraintes : la voiture ne doit pas avoir l'air modifiée et le groupe motopropulseur ne doit pas empiéter sur l'habitacle. « L'équipe n'a pas beaucoup fermé l'œil pendant ces quelques mois », rappelle J.B. Straubel. Les ingénieurs réussissent à adapter le moteur et le système électronique du Roadster au nouveau véhicule, et comprennent aussitôt qu'ils ont fabriqué la Smart la plus rapide de tous les temps : toute la puissance de couple d'un Roadster logée dans une machine compacte de moins de trois mètres de long. « On arrivait même à faire des wheelies sur le parking », dit Musk.

La visite des ingénieurs de Daimler commence très mal. Les dirigeants de Tesla les accueillent par un PowerPoint assommant. Soudain, Musk leur propose de passer directement à un test de conduite. Les ingénieurs de Daimler ne saisissent pas. À leur connaissance, il n'existe pas de Smart électrique. « On en a construit une, dit Musk. Elle est garée devant. Vous voulez l'essayer ? » Aussitôt, l'équipe se retrouve à bord d'une Smart aux performances insensées. « Au départ ils étaient un peu grincheux, et puis on les a entendus hurler : "Vache, c'est ouf !" », raconte Musk.

Les essais se sont traduits par un contrat de développement auquel Musk attribue aujourd'hui le sauvetage de Tesla. Le géant allemand a confié la production des groupes motopropulseurs de la Smart à la start-up et, en mai 2009, a annoncé qu'il prenait 10 % de l'entreprise pour 50 millions de dollars.

Le contrat Daimler, ainsi que la présentation du prototype de la Model S, a débloqué un prêt de 465 millions de dollars de la part du ministère de l'Énergie, dans le cadre d'un programme en faveur des véhicules à énergies alternatives lancé par l'administration George Bush. Celui-ci stipulait que Tesla fabrique ses voitures et ses moteurs aux États-Unis et rembourse le prêt en douze ans. Le contrat ayant été conclu en 2009 (première année de mandat de Barack Obama), le remboursement ne commençait que l'année suivante. Enfin, les ventes du Roadster rapportaient des recettes très attendues. Tesla avait désormais les fonds pour se mettre sur la Model S.

La start-up a décroché 50 autres millions et un partenariat crucial quand, en mai 2010, Toyota a pris un ticket de 2,5 % dans l'entreprise et lui a confié la fabrication de groupes motopropulseurs pour la version électrique de la RAV4. Surtout, le groupe japonais apportait à Musk un élément encore plus essentiel : une usine à Fremont, en Californie.

L'usine était une épine dans le pied de Tesla. L'entreprise avait déjà connu deux faux départs, le premier à Albuquerque au Nouveau-Mexique et le second à San José en Californie. Mais cette fois, la solution se présentait, élégante, en face de son siège de Palo Alto, de l'autre côté de la Baie.

Toyota réclamait initialement plus de 100 millions de dollars pour les 46 hectares qu'il avait partagés avec GM sous l'ombrelle de NUMMI, leur joint-venture (New United Motor Manufacturing, Inc.), mais Tesla n'avait que 42 millions à offrir. Il a suffi d'un petit déjeuner au domicile d'Elon Musk à Bel Air pour que le PDG de Toyota Akio Toyoda ordonne à son groupe d'accepter l'offre.

Les choses prenaient une meilleure tournure et Tesla paraissait en bonne posture pour accélérer. Mais, même avec 100 millions tout frais à la banque et un gros prêt du gouvernement, la vie ne s'annonçait pas facile. Pour atteindre ses objectifs, Tesla devait fabriquer en deux ans vingt fois plus de voitures qu'il n'en avait déjà vendues. Entre sa création et la mi-2009, il avait déjà consommé 300 millions de dollars et aurait bientôt besoin de bien plus pour équiper l'usine, embaucher des milliers de salariés et ouvrir davantage de magasins. Musk allait devoir faire quelque chose de totalement inédit pour lui : introduire son entreprise en Bourse.

Pour Zip2, PayPal, SpaceX et Tesla, Musk avait jusque-là poursuivi une stratégie de levée de fonds somme toute classique. Ses partenaires et lui ont financé leurs entreprises auprès de sociétés de capital-risque, de banques d'investissements et de personnes fortunées qui ont investi dans l'espoir qu'elles feraient un jour d'énormes bénéfices ou connaîtraient un « événement de liquidité » lucratif leur rapportant très gros. Cet événement peut prendre la forme d'une cession, d'une fusion, d'un rachat ou encore d'une introduction en Bourse, opération par laquelle une entreprise cote ses actions sur un marché afin que les épargnants puissent également en acheter.

À cette occasion, les actionnaires ont la possibilité de vendre leurs parts au prix que le marché veut bien leur offrir ; la plupart du temps, il est largement supérieur à celui que les tout premiers investisseurs ont accepté lorsque la valorisation de l'entreprise était privée. Une entreprise cotée doit être plus transparente sur sa situation et ses pratiques financières mais, en contrepartie, elle bénéficie d'une masse de liquidités plus grande à mesure que les investisseurs se multiplient. En annonçant son introduction en Bourse en juin 2010, Tesla espérait lever jusqu'à 178 millions de dollars.

Le 29 juin 2010, jour de l'introduction, Jim Cramer, animateur de l'émission de CNBC « Mad Money », a conseillé aux téléspectateurs de rester à l'écart : « Évitez ces actions ! N'achetez pas, ne les prenez pas en leasing, n'imaginez même pas les louer ! » L'entreprise, disait-il, n'avait vendu que 1 063 voitures. Et de fait son prix d'introduction à 17 dollars semblait ambitieux, d'autant que ce matin-là, le Nasdaq perdait 2 %.

Les investisseurs ont passé outre le conseil de Cramer et ont salué la première entrée en Bourse d'un constructeur automobile américain depuis Ford par une envolée des cours. L'action Tesla a terminé la séance à 23,89 dollars, soit 226 millions de dollars d'argent frais pour l'entreprise. Au son de la cloche annonçant la clôture du marché, Musk, debout sur le podium du Nasdaq en compagnie de son fils Griffin, a levé le bras gauche en signe de victoire, le sourire jusqu'aux oreilles.

Tesla a continué de brûler du cash dans la production de la Model S et mis plus de temps que prévu pour la commercialiser. Un an après son entrée en Bourse, l'entreprise a encore cédé pour 158,5 millions de dollars d'actions, envisageant même en 2013, selon les rumeurs, de se vendre à Google. En mai, cette année-là, Tesla a bouclé une opération financière à un milliard de dollars combinant capital et dette lui permettant de rembourser le prêt du ministère de l'Énergie avec neuf ans d'avance. L'entreprise s'est fendue d'un communiqué de presse pour rappeler qu'aucun constructeur automobile aidé pendant la crise financière n'avait remboursé ses dettes en totalité.

Ce mois de mai a marqué les annales. Tesla a annoncé son premier trimestre bénéficiaire et le lendemain *Consumer Reports* a qualifié la

Model S de meilleure voiture jamais testée en lui accordant un score de 99 sur 100. Quatre jours plus tard, selon le dernier comptage, la Model S caracolait en tête des ventes de berlines de luxe, brûlant la politesse à la Mercedes Classe S de Daimler. De quoi faire douter le constructeur allemand du bien-fondé de l'aide apportée à Tesla quatre ans plus tôt.

Les succès se multipliant en 2013, la réputation de Tesla a acquis un lustre aussi riche que la peinture de ses voitures. En août, l'Europe recevait ses premières Model S et la NHTSA accordait au véhicule sa meilleure note en sécurité. En novembre, alors que Fisker déposait le bilan, *Fortune* décernait à Musk le titre de Meilleur businessman de l'année. Et début 2014, *Consumer Reports* gratifiait la Model S de celui de Meilleure voiture de l'année.

En février 2014, Tesla annonçait un projet d'usine de batteries qui réduirait celle de Fremont à la taille d'une maison de poupée. Cette fois, l'entreprise ne s'en remettrait pas au hasard, ni à l'amitié d'un Toyota. En association avec Panasonic, cette giga-usine fabriquerait plus de batteries lithium-ion que toute la production mondiale réunie. Elle était soigneusement planifiée : recherche méthodique du site idéal dans tout le pays, sollicitation de l'aide financière de l'État hôte, échelonnement de la construction. L'entreprise ayant prouvé sa viabilité, Musk voyait avec confiance ses folles ambitions se concrétiser dans un avenir proche.

Les bons points s'accumulaient. En avril, le magazine *Top Gear* qualifiait la Model S de voiture la plus importante jamais testée et la Chine recevait ses premiers exemplaires. En juin, la première Model S adaptée à la conduite à gauche arrivait au Royaume-Uni.

Puis, à la surprise générale et contre les usages, Elon Musk a décidé de mettre les brevets de Tesla gratuitement à la disposition de tous, concurrents compris (pourvu qu'ils en fassent bon usage). Pourquoi une telle initiative ? La plupart des entreprises voient dans les brevets une protection et une source de revenus. Mais selon Musk, c'était aussi une façon légale pour les grands constructeurs de brider la concurrence. Il a donc voulu faciliter la fabrication des voitures électriques pour que la planète profite de la réduction des émissions de carbone. Enfin, le tapage médiatique attirerait les ingénieurs talentueux, ressources clés pour Tesla.

Peu de temps après cette annonce fracassante, un analyste de Morgan Stanley qualifiait Tesla de « constructeur automobile le plus important d'Amérique ». En septembre, après une nouvelle salve d'éloges de la part de *Consumer Reports*, le cours de l'action battait son record à 291 dollars. Et l'année s'est achevée avec plus de 70 000 Tesla sur les routes.

Start-up flageolante, Tesla Motors avait tourné au conte de fées. Au bord de la faillite, Musk était devenu un héros de la tech. Source d'inspiration pour ses fans, il attirait les foules aux conférences, multipliait les apparitions sur les couvertures des magazines ; en janvier 2015, il prêtait sa voix à un épisode des *Simpsons* qui s'inspirait de son personnage. En mai, le blog intello ludique « Wait But Why » l'a qualifié de « génie le plus ouf de la terre ».

Les graines de la révolution électrique poussaient au rythme de la réputation grandissante de Musk. La voiture électrique, traitée autrefois de mirage pour lunatiques, prenait la forme d'une véritable opportunité économique. Se lancer dans la construction automobile ne paraissait plus aussi absurde.

Par le hublot d'un avion à 10 000 pieds d'altitude, Las Vegas m'est apparue comme une scène de violence écologique. La ville s'étale au fond d'une cuvette du désert de Mojave, une étendue d'un blanc éteint, cassée par des vaguelettes de toits et des éclaboussures de verts vifs là où des terrains de golf ont été greffés au bistouri. Des lacs artificiels s'agglutinent en grappes serrées. Une rivière exsangue se fraie difficilement un chemin à travers la ville.

Le relief qui domine est bien sûr celui du boulevard de casinos gratte-ciel hérissés le long d'une ligne de faille artificielle : Venise, Mandala Bay, Bellagio, autant de monuments élevés à la gloire du business du hasard.

Sauf à compter le monorail qui dépose les touristes à l'arrière des casinos du Strip, le chemin de fer, première infrastructure de transports d'autrefois, a disparu. Il a été remplacé par un entrelacs de routes. Circuler sans voiture ni bus relève de l'exploit. Le terminal de location de voitures de l'aéroport a lui-même la taille d'un petit aéroport. Le carburant est le sang de la ville.

Par une journée caniculaire d'avril 2016, le gouverneur du Nevada Brian Sandoval et les dirigeants d'un nouveau constructeur automobile se dirigent vers une vaste tente érigée au milieu d'une plaine caillouteuse et broussailleuse à 50 kilomètres au nord de la ville. La tente rafraîchie par l'air conditionné est plantée sur un terrain de 350 hectares au sein du parc industriel Apex. Au-dessus, une paire d'avions de chasse de la base Nellis de l'Air Force déchirent le ciel bleu cobalt. La délégation est venue poser la première pierre de l'usine d'assemblage d'une start-up de voitures électriques, dont la construction doit s'achever deux ans plus tard pour un coût total d'un milliard de dollars. Vingt journalistes en provenance de Chine interviewent le gouverneur dans une pièce à côté.

Le calendrier et l'ambition peuvent laisser penser qu'il s'agit d'un projet d'Elon Musk. Mais la start-up en question n'est pas un rejeton de Tesla, c'est un imitateur. Basée à Los Angeles, elle s'appelle Faraday Future et est financée par un discret milliardaire chinois. Certains de ses dirigeants sont issus de Tesla, comme le directeur industriel allemand Dag Reckhorn qui monte sur l'estrade.

Cheveux longs, bronzé au soleil de LA et chaussé de lunettes médicales photochromiques, il annonce aux quelque deux cents invités et journalistes (moi inclus) que les voitures de Faraday seront construites «à l'aide de technologies ultrapointues», de même que l'usine qui sera écologique, futuriste et aux normes de qualité internationales.

«Notre objectif est d'achever ce projet qui prend en général quatre ans» – il se penche vers le micro et répète : «Quatre ans… en moitié moins de temps.» Il marque une pause dans l'attente d'applaudissements qui ne viennent pas puis, se rapprochant encore du micro : «Malgré tout, nous atteindrons l'excellence.» Le public hésite un instant avant d'applaudir chichement.

Faraday Future n'a ni PDG ni prototype roulant. Elle a été immatriculée au début de 2014, mais a attendu juillet 2015 pour se faire connaître par voie de presse. L'opinion n'a eu à se mettre sous la dent qu'un site web, une poignée d'articles dans la presse et une vague campagne marketing autour d'une nouvelle approche de la mobilité.

Dag Reckhorn lance une vidéo d'une vingtaine de secondes sur l'usine en 3D. Au son d'une musique martiale faisant monter l'adrénaline, des plans rapides enchaînent jeux d'eau, palmiers alanguis et panneaux solaires coiffant des structures de verre et des sols noirs réfléchissants. Toute voiture robot digne de ce nom se sentirait chez elle dans cet environnement.

Sous l'égide de Brian Sandoval, le Nevada s'est taillé la réputation de l'État américain le plus accueillant pour les entreprises et se targue d'être un accélérateur pour les industries de pointe. Le gouverneur a également accueilli la giga-usine de Tesla dans le nord de l'État. À une colline du site de Faraday, Hyperloop One construit un rail pour tester ce que Musk appelle «le cinquième mode de transport». Bigelow Aerospace, fabricant du Bigelow Expandable Activity Module (BEAM), un espace de vie gonflable dans l'espace, a posé son siège au bout de la route à Las Vegas Nord. Trois jours avant la première pierre de l'usine Faraday, un vaisseau Dragon de SpaceX a livré une BEAM à la station spatiale internationale. La fusée Falcon qui a placé l'installation en orbite s'est ensuite posée sur un navire-drone dans l'océan Atlantique.

Succédant à Dag Reckhorn, Brian Sandoval s'avance pour saluer ses nouveaux résidents. «Il y a un peu moins d'un an, aucun d'entre nous n'aurait imaginé cela, dit l'ancien juge à la mâchoire carrée en embrassant du regard les environs. Vous ne verrez rien de tel ailleurs.»

À l'horizon se profile la raison essentielle pour laquelle Brian Sandoval a besoin d'attirer industries et emplois dans la région. Las Vegas se remet d'une mauvaise gueule de bois après une orgie de *subprimes* (emprunts à hauts risques) contractés au milieu des années 2000. Pour Stephen M. Miller, professeur d'économie à l'université du Nevada à Las Vegas, la métropole a été «l'épicentre de la crise financière» et la ville la plus touchée quand l'immobilier a sombré en 2008. En 2010, le chômage y culminait à 14,8 %. Au début de 2016, l'État arrivait encore en troisième position en termes de sous-emploi.

Après une heure et demie de discours officiels, la délégation, pelles en main et casques sur la tête, prend la pose dehors devant les photographes. Pendant que Brian Sandoval et Dag Reckhorn sourient, leurs pelles étincelantes à la main, les caméras laissent traîner leurs objectifs sur un poster affichant derrière eux une vue d'artiste de l'usine, et le slogan «L'avenir commence ici». Les invités sirotent du champagne tandis que la poussière s'enroule à leurs pieds.

Je retourne à ma voiture de location en songeant aux difficultés rencontrées par Tesla ces dernières années. Les défis qui attendent Faraday sont immenses. Ces gens en ont-ils la moindre idée ?

À l'assemblée générale annuelle de 2016, Musk plaisante à propos des promesses parfois trop grandioses que l'entreprise a faites à ses débuts. «Nous disons ce que nous pensons, même quand nous délirons parfois», dit-il, suscitant les rires de la foule. Tesla a déjà pris quelques bonnes claques, mais a survécu pour raconter son histoire. Ses actionnaires, savourant les fruits d'une entreprise qui a vu sa valeur passer de zéro à 30 milliards de dollars en douze ans, peuvent se permettre de rire. Mais la plaisanterie ne rend pas compte des souffrances que Tesla a endurées et qui attendent certainement ses concurrents.

Tesla avait six ans d'existence et déjà produit des centaines de Roadster quand elle a décroché une usine prête à l'emploi pour un prix cassé de 42 millions de dollars. Mais voilà que débarquait Faraday Future, société inconnue d'à peine deux ans, sans voiture en état de rouler à son actif, qui dépensait un milliard de dollars pour construire en deux ans une usine à partir de rien. Même au regard des pratiques de Las Vegas, le pari était insensé.

8

California Dreamin'

« Tiens ! Un Steve Jobs chinois ! »

« Mais c'est quoi ce machin ? »

Matt Burns a l'air incrédule. Le reporter de *TechCrunch* assis sur scène à côté de Nick Sampson, au Sands Expo, le Palais des congrès de Las Vegas, s'est retourné pour voir l'écran accroché au mur, derrière lui. S'y affiche la FFZero1, une supervoiture dévoilée trois jours plus tôt par Faraday Future au Consumer Electronics Show (CES). La concept-car, ou plutôt la « voiture à concepts », selon son designer Richard Kim, ressemble à un Scud monté sur roues à l'horizontale, le nez raccourci, surmonté d'un cockpit d'avion de chasse et d'un aileron en plexiglas.

Le journaliste s'esclaffe, de même qu'une partie du public réuni autour de la scène sponsorisée par le magazine. Nick Sampson rit aussi. Ingénieur passé par Jaguar, Lotus et Tesla, il est le cofondateur, vice-président R&D et principal porte-parole de la dernière start-up de voitures électriques en date à mobiliser l'attention de la planète tech. Il n'a pas l'air très à l'aise au fond de son fauteuil en simili cuir, le micro collé au nez comme en bouclier. Son blazer gris sur une chemise bleue tranche sur l'ambiance décontractée du plus grand rassemblement mondial de distributeurs de produits électroniques grand public, fans de tech et journalistes. Matt Burns, pas rasé, en version négligée du look blazer-chemise, le laisse combler le silence sans lui venir en aide : « C'est une, euh, image de notre entreprise : belle, rapide, dynamique et, euh, révolutionnaire, balbutie-t-il dans un anglais à l'accent méridional agréable.

— On dirait une miniature Hot Wheels, lâche Burns. C'est exprès ?

— C'est fait pour attirer l'attention et faire parler de nous », répond Sampson.

Mission accomplie, discutablement.

On est le 8 janvier 2016, six mois après que Faraday Future a annoncé la fabrication d'une voiture électrique à grande autonomie pour 2017. Le nom de l'entreprise rend hommage au savant britannique Michael Faraday qui, en 1831, a mis en évidence la force électromotrice produite par la rencontre d'un fil électrique et d'un champ magnétique (induction électromagnétique). On ne savait pas grand-chose de la société si ce n'est qu'elle était installée à Gardena, en banlieue de Los Angeles, et qu'elle avait recruté une flopée d'ex-Tesla au côté de Richard Kim, un des designers du modèle de préfiguration de la BMW i8, et de Silva Hiti, ex-responsable du groupe motopropulseur de la Chevy Volt. « On n'est pas Tesla. Mais on n'est pas Fisker non plus. On n'est pas là pour déconner », avait déclaré un porte-parole au magazine *Motor Trend* qui annonçait la création de l'entreprise.

Depuis cette entrée fracassante, plusieurs articles n'avaient fait qu'épaissir le mystère autour du constructeur. À son origine était un certain Jia Yueting, fondateur et PDG de Leshi, une plate-forme internet chinoise et la branche cotée de LeEco, conglomérat de producteurs et distributeurs d'appareils électroniques (télévisions, mobiles et bicyclettes). Faraday entendait produire ses voitures dans l'usine à un milliard de dollars en construction au nord de Las Vegas. Selon Nick Sampson, le modèle économique de la société reposerait sur la vente de voitures, mais surtout sur des abonnements, des applis, du covoiturage et « autres opportunités ». Le premier modèle serait suivi de plusieurs gammes.

Fin 2015, la curiosité du public pour le médiatique «concurrent de Tesla» était suffisamment piquée pour stimuler l'intérêt autour de sa révélation au CES. Faraday avait dûment préparé le buzz sur les réseaux sociaux en diffusant images et vidéos promettant «un aperçu de l'avenir». Mais quand, sous les décibels d'une musique de club et les néons d'un match de catch, la presse a découvert une *supercar* d'opérette, elle n'a pas mâché sa déception : «Cette Batmobile à 1 000 chevaux n'a vraiment rien de la concept-car attendue», s'est moqué *Bloomberg*.

Matt Burns, le journaliste automobile de *TechCrunch*, continue sur le même ton narquois et sceptique : «Et cette voiture, vous allez la fabriquer ?

— Elle existe déjà, puisqu'on vous montre sa photo, réplique Sampson. Vous voulez dire une version roulante ?

— C'est ça, elle va rouler un jour ?» La condescendance de Burns frise l'hostilité. Les concept-cars, même inutilisables, étant la norme dans l'industrie automobile, il ne serait pas absurde de faire preuve d'un peu d'indulgence à l'égard d'une start-up encore inconnue sept mois auparavant. Mais encore une fois, c'est Faraday qui avait chauffé les médias avant d'avoir quoi que ce soit de concret à montrer au public.

Sampson poursuit. «Chez Faraday Future, on aime bien entretenir le mystère et le secret sur ce qu'on fait.» Haussant les épaules dans une vaine tentative d'avoir l'air enjoué, il ajoute : «Soyez un peu patient.» Burns ne se démonte pas.

«Alors, pourquoi présenter votre entreprise avec un engin pareil plutôt qu'un projet logique ou réaliste ?» De nouveau, la réponse de Sampson laisse sceptique.

«Je l'ai déjà dit : nous sommes un hybride, entre électronique grand public et construction automobile.» Plus facile à dire qu'à faire : à l'époque, Tesla, l'ex-employeur de Nick Sampson, est la seule société à avoir réussi l'intégration de cultures aussi éloignées que la tech et l'automobile.

«Ça veut dire quoi exactement ? continue Burns. Parce que Ford, lui, dit qu'il est un constructeur automobile, un constructeur automobile technologique. Donc, vous, vous dites que vous êtes plus une société high-tech qu'un constructeur automobile.» Il montre l'écran derrière lui : « Pourtant, c'est une bagnole de chez bagnole. En quoi vous êtes high-tech alors ?

— Euh, c'est par la façon dont nous, euh, anticipons les désirs des usagers, leurs besoins, euh, quand on se projette dans le futur. De quoi on parle sur ce salon ? D'électronique grand public, de notre vie digitale et connectée.» Burns regarde son bloc-notes et le recale sur son genou. Dans le public, un spectateur se lève pour partir. « Or, à l'heure actuelle, enchaîne Nick Sampson, l'industrie automobile ne répond pas à ces besoins. Certains constructeurs prétendent offrir un peu de connectivité, mais elle est très limitée et ne s'insère pas de manière fluide dans le quotidien.» Il ajoute que la plupart des gens préfèrent les applis de leur smartphone aux systèmes de navigation par satellite et que très peu peuvent lire leurs e-mails en voiture sans sortir leur appareil. Les systèmes audio sont inamovibles.

«Mais ce n'est qu'un tout petit aspect d'une voiture, insiste Matt Burns. Vous parlez d'expérience utilisateur et d'écran infoludique, alors qu'un véhicule, ce sont des systèmes de direction, de suspension, de freinage, de sécurité, la conception d'un châssis… Et, là-dessus, les châssis, vous en connaissez un rayon ! (*Burns se souvient qu'il s'adresse à l'ex-ingénieur en chef de Lotus.*) Donc, ce qui vous intéresse, c'est cette minuscule partie d'une voiture. C'est ça, votre priorité ? Ça que vous voulez vendre ? Rien d'autre ?»

Réponse de Sampson : «C'est pourquoi nous insistons sur le fait que nous sommes une société high-tech et que notre point de vue est celui de l'électronique grand public.

— Ce sera notre conclusion », dit Burns. Au moins, il n'est pas parti avant la fin.

Un mois et demi plus tard, *The Guardian* révélait que Faraday avait eu l'intention de présenter un prototype fonctionnel au CES mais que, faute de temps, il s'était rabattu sur une version roulante de la FFZero1, puis sur «la voiture à concepts» immobile qui, selon le quotidien, aurait coûté 2 millions de dollars.

L'origine de cette fortune se trouvait dans une ville du Shanxi, province rurale du nord de la Chine. Pour lancer Faraday, Jia Yueting avait d'abord dû s'enrichir.

Comme de nombreux entrepreneurs autodidactes chinois, Jia est d'origine modeste. Troisième enfant d'un enseignant et d'une mère au foyer, il a décroché un master de gestion à l'université du Shanxi avant d'entrer à 22 ans au bureau des impôts local où il a travaillé pendant un an comme agent technique. Puis, il a créé sa société de conseil et, selon la presse chinoise, s'est lancé dans plusieurs affaires : charbon, restaurants, écoles privées et commercialisation de batteries pour les antennes relais des opérateurs de téléphonie mobile.

Il a remporté son premier succès en 2002 avec le groupe Sinotel, un équipementier télécoms qui a commencé par la vente de téléphones portables en Chine, puis s'est développé dans la conception, l'installation et la maintenance d'infrastructures réseaux pour les opérateurs China Mobile, China Telecom et China Unicom, notamment. Jia a fondé LeTV en 2004, mais est resté président exécutif de Sinotel Technologies (qu'il a introduit en Bourse en 2007) jusqu'à son déclin dans les années 2010. Une photo pleine page du rapport annuel 2014 du groupe montre un Jia souriant, en costume sombre, les mains enfoncées dans les poches. Les nouvelles sont mauvaises : « Notre activité principale continue de subir un ralentissement, aggravé par l'augmentation des délais de paiement des opérateurs. » En février 2016, Sinotel annonçait son retrait de la Bourse.

Les perspectives étaient meilleures pour LeTV, coté à la Bourse de Shenzhen en 2010 sous le nom de Leshi, une holding également créée par Jia Yueting. La plate-forme de streaming avait acquis les droits d'émissions de télé et de films populaires et était devenue l'un des sites de vidéos en ligne les plus fréquentés du pays. Leshi s'est aussi lancée dans la production de films avec LeVision Pictures qui a cofinancé et distribué *Expendables 2 : Unité spéciale*, entre autres productions hollywoodiennes. Puis en 2014 et 2015, le groupe s'est attaqué à la distribution de télévisions connectées et de smartphones. En 2016, l'entrepreneur a réorganisé l'ensemble, valorisé à environ 14 milliards de dollars, sous deux bannières : Le.com coiffant les médias et LeEco, les produits électroniques (qui accueillerait aussi les voitures électriques), cette marque reflétant son nouveau positionnement d'« écosystème » de produits connectés. Au CES de 2016, la fortune personnelle de Jia était évaluée à 4 milliards de dollars.

Au salon, Nick Sampson explique à Matt Burns que la construction de voitures n'est qu'un point de départ. «Sur ce plan, nous devons simplement faire aussi bien que les autres, dit-il, naturellement. Pour un pro comme moi, c'est la partie facile. Mais le consommateur, lui, que veut-il?» Lui, personnellement, s'intéresse aux performances de vitesse et d'accélération mais, vieux routier du secteur, il se dit client atypique.

«Vos questions s'adressent aux fans de voitures, poursuit-il, mais nous sommes au Consumer Electronics Show. Vous ne voulez pas connaître sa vitesse de téléchargement? Savoir si elle est connectée en 4G ou en 5G?»

Burns réagit sans équivoque: «Non!

— Ah bon. Mais je pense que les générations à venir se poseront…»

Burns le coupe, se tournant vers le public: «Qui veut connaître la vitesse à laquelle elle roule ou savoir si elle a la 4G? La vitesse, levez la main.» Des douzaines se lèvent.

«4G, levez la main!» Une poignée seulement.

C'est une curieuse façon de présenter les choses. La 4G fait partie du paysage depuis longtemps déjà et s'est banalisée. En revanche, la 5G qui s'annonce pour 2020 sera bien plus qu'une montée en gamme: un grand saut technologique pour l'automobile, lui assurant une connectivité continue là où elle sera déployée, ainsi qu'une vitesse et une fiabilité telles que les voitures en mouvement pourront communiquer entre elles et avec le réseau. Le système de transports deviendra un Internet en soi et les voitures, des bornes Wi-Fi mobiles.

Sampson compte les mains levées. «Pas mal, dit-il, l'air ravi.

— Mmouais, quatre au plus», le douche Burns.

Burns demande également si la voiture de série reprendra des éléments de la FFZero1. Oui, certains éléments de style, répond Sampson, importants pour l'identité de la marque. Il y aura notamment ce creux autour du cockpit. «On l'appelle la, euh…» Le mot lui échappe. Un petit rire le secoue. Un de ses collègues assis au premier rang souffle: «La ligne Ovni!»

«Oui. Tout un symbole, reprend-il. On sait tous que les ovni n'existent pas. Personne ne sait et ne comprend ce que c'est. C'est ce que nous sommes.»

Deux ans plus tôt, le 26 novembre 2014, Jia annonçait sur son compte Weibo, le Twitter chinois, qu'il se relevait d'une opération à Hong Kong (la presse locale a évoqué un thymome, tumeur relativement rare) et d'une hospitalisation à Pékin pour la suite des traitements. Il s'expliquait sur son absence de plusieurs mois de l'espace public : «Quelles que soient les épreuves que j'ai traversées, je ne renoncerai pas à mon rêve de contribuer au progrès de l'humanité.» Il publiait aussi une vue de sa fenêtre montrant un soleil flou perdu dans un ciel d'encre, accompagnée de la promesse d'«une nouvelle révolution industrielle pour améliorer l'environnement, afin que chaque Chinois respire un air pur.»

La même semaine, l'hebdomadaire économique *Caixin* révélait que Jia était impliqué dans l'enquête sur les présomptions de corruption de Ling Zhengce, un cadre de haut rang du Parti communiste du Shanxi dont il était lui-même issu. Jia était un ami de Ling Wancheng, frère cadet du premier, arrêté lui aussi. L'enquête, qui tournait au scandale national, avait mené à l'arrestation d'un autre frère, Ling Jihua, ex-secrétaire général de l'ex-président Hu Jintao, condamné à la prison à vie pour pots-de-vin, extorsion de secrets d'État et abus de pouvoir.

Les faits ne plaidaient pas en faveur de Jia Yueting. Son ami Ling Wancheng avait créé Huijin Lifang, un fonds d'investissement devenu en 2008 le deuxième plus gros actionnaire de LeTV. Selon *Caixin*, l'un des investisseurs du fonds était Beijing Jieweisen Technology, une entreprise détenue par un certain Jia Yunlong, enseignant de collège au Shanxi, qui reconnaissait avoir fait office de prête-nom pour son ami Jia Yueting.

Les problèmes ne s'arrêtaient pas là. Toujours selon *Caixin*, lors de son entrée en Bourse en 2010, LeTV aurait reçu une aide précieuse (sans plus de précision) de la part du très bien introduit Ling Wancheng. Parallèlement, Li Jun, le beau-frère de l'investisseur, avait été nommé directeur général adjoint de LeTV. Le fonds avait cédé sa participation en 2011 avec un bénéfice d'au moins 45 millions de dollars, selon les estimations les plus basses, et Li Jun quitté la société début 2013.

Jia s'était défendu de toute corruption avec la plus grande énergie : « Le succès de LeTV n'est en aucune façon fondé sur des relations privilégiées avec les pouvoirs publics. Je refuse tout lien avec la politique. » Huijin Lifang était « un investisseur normal » qui n'avait accordé aucun avantage à l'entreprise. « Même si Huijin Lifang nous a apporté un soutien financier au début de notre activité, je ne choisirais plus ce genre de société pour actionnaire si je devais recommencer. »

Plus tard, Jia a expliqué à Reuters son absence prolongée de Chine, en disant qu'il était en Californie pour se renseigner sur Tesla et recruter une équipe en vue de créer une entreprise de voitures électriques : « C'était une période difficile pour moi, parce que j'affrontais beaucoup de rumeurs à l'extérieur et d'agitation en interne. » Leshi tentait de se développer dans plusieurs domaines, comme les téléphones portables et les télés connectées, et l'échec de l'une de ces activités aurait pu entraîner tout le groupe dans sa chute. Selon un site d'information chinois, Jia avait été aperçu à plusieurs réunions dans la Silicon Valley, dont une en compagnie du président de BAIC (Beijing Automotive Industry Corporation). En août 2014, Jia déclarait sur Weibo qu'il avait visité Stuttgart, la ville de Mercedes-Benz et de Porsche.

Jia avait raison de s'inquiéter de la structure financière complexe de Leshi. En mai 2016, le *Wall Street Journal* a relaté en détail ses méthodes de financement « peu orthodoxes ». Jia avait apporté en garantie 85 % des actions du groupe afin de prêter des fonds en son nom propre à ses nouvelles activités, dont les smartphones et la voiture électrique. En 2015, il avait cédé pour plus de 30 millions de dollars d'actions de la société pour les lui prêter en retour à 0 %. Il préférait gager ses actions plutôt que de faire entrer de nouveaux investisseurs, parce qu'il souhaitait que l'entreprise se concentre sur sa croissance à long terme. Ces manœuvres risquées exposaient le groupe aux à-coups de la Bourse. La moindre chute du cours de Leshi pouvait en effet déclencher un appel de marge. Jia aurait été alors contraint de vendre ses parts ou de trouver des fonds pour rembourser ses emprunts, fragilisant ainsi sa structure financière et toutes les sociétés qui en relevaient, si ses paris continuaient à mal tourner.

Début 2015, Leshi avait concrétisé son projet de lutte contre la pollution de l'air en Chine par l'annonce de la construction d'une voiture électrique et connectée, et la présence de 260 ingénieurs travaillant déjà dessus en Californie. En août de la même année, il révélait le nom de la voiture : LeSupercar et comptait 600 personnes sur le projet. En réalité, l'entrepreneur consacrait l'essentiel de son énergie sur Faraday Future.

Au CES de 2016, le journaliste de *TechCrunch* revient sans cesse à la future voiture de série. Il cite un confrère qui a vu et décrit le véhicule comme étant plus fabuleux, cool et futuriste que la Model X, «plus audacieux et révolutionnaire que tout ce qu'on pouvait imaginer».

«Si c'est aussi génial qu'il le dit, continue Burns, pourquoi vous nous montrez ça et pas le vrai produit?»

Sampson reste muet. Burns insiste. «Je suis sérieux là. C'est censé être votre grand jour. Ça fait des mois qu'on ne parle que de vous. Une vraie campagne de blockbuster.»

Sampson lève son poignet pour montrer son Apple Watch. «Combien en avez-vous vu avant leur lancement commercial?

— Attendez, c'est l'entreprise la plus puissante du monde!

— Et ils ne montrent pas ce qu'ils font jusqu'au jour où vous pouvez l'acheter en magasin», insiste Sampson (en fait, Apple dévoile généralement ses nouveaux produits quelques semaines avant leur disponibilité en magasin).

«Mais vous êtes totalement inconnus», réplique Burns.

Sampson l'ignore. «Alors pourquoi voulez-vous qu'on montre quoi que ce soit?»

Quand, lancée à 200 à l'heure, une Formule E amorce un virage en épingle à cheveux, on croirait entendre un avion atterrir. La voiture est électrique, ce n'est donc pas le moteur, mais le déchirement de l'air et le raffut des pneus sur la piste. Chaque voiture, assemblage d'aluminium, d'acier, de carbone et de kevlar en nid d'abeilles, contient 200 kilos de batteries ; elles se vident si rapidement que le pilote doit changer de monture à mi-course. Les voitures sont rechargées sous tente, aux bons soins de générateurs nourris au glycérol, un dérivé décarboné du biodiesel, produit par Aquafuel. On est loin de la F1, mais pour une voiture propre, ce n'est pas si mal.

Faraday Future était le sponsor en titre du ePrix de Long Beach 2016 organisé début avril sur un circuit urbain, calqué à quelques variations près sur celui du beaucoup plus connu Grand Prix de Long Beach, un événement à haute teneur en octane qui attire chaque année quelque 200 000 drogués à la vitesse. C'est ma première grande course automobile, si j'oublie un *demolition derby* poussiéreux à Tauranga, une petite ville néo-zélandaise. J'ai donc passé ma première heure à visiter les lieux.

Pour l'occasion, la ville a bouclé un circuit sur deux kilomètres de rues en bordure d'océan. Les tribunes érigées le long de la piste, encore vides à cette heure, sont équipées d'écrans géants pour que les spectateurs puissent suivre la course de loin. Gratte-ciel et hôtels surplombent la scène. Des bannières accrochées au grillage et aux passerelles promettent aux visiteurs un saut dans l'avenir : LA FORMULE E DU FUTUR : NOUVEAU CHAMPIONNAT DE MONOPLACES 100 % ÉLECTRIQUE. À proximité du Palais des congrès de Long Beach, les constructeurs de voitures présentent leurs modèles électriques sur un parking transformé en « eVillage ». Des haut-parleurs déversent du Justin Bieber tandis que le soleil descend dans un ciel sans nuages et que les fans, des hommes en majorité, flânent sans but, un gobelet de bière à la main.

La FFZero1 est là aussi, garée sur un stand près de l'entrée du eVillage. Une douzaine d'employés de Faraday s'affairent, vêtus de tee-shirts blancs frappés du logo de l'entreprise : deux F majuscules basculés à 45° pour figurer la silhouette d'un avion de combat furtif. Les visiteurs se pressent autour de la voiture pour se faire prendre en photo avec. En début d'après-midi, Nick Sampson apparaît, derrière des lunettes noires et coiffé d'une casquette de base-ball de même couleur, pour offrir aux journalistes des platitudes sur la « Batmobile ».

Mais je ne suis pas venu ici pour Faraday ou Sampson. Je suis là pour rencontrer un autre Britannique, Martin Leach, un pro de l'industrie automobile qui a fondé NextEV (il est malheureusement décédé fin 2016).

Comme Faraday, NextEV (devenu Nio par la suite) voyait dans le ePrix l'occasion de se montrer. Comme Faraday, Nio était financé par des capitaux chinois (Lenovo, Joy Capital, Tencent et Sequoia Capital China). Comme Faraday, l'entreprise avait un établissement en Californie. Mais à la différence de Faraday, elle avait engagé une voiture dans la course.

Je retrouve Martin Leach près du stand de Nio après le second essai de la journée. Pendant qu'on les recharge, les deux voitures sont équipées de nouveaux nez. Les deux jeunes pilotes étonnamment beaux, les cheveux ébouriffés et le corps sculpté, ont défait le haut de leur combinaison pour enfiler de longs maillots. Leach, quinquagénaire avancé aux cheveux blanchissants et aux traits usés, fait moins belle figure. Il est coiffé d'une casquette de base-ball et vêtu d'une veste fripée assortie à un jean noir. Après une poignée de main, nous quittons le garage trop bruyant et traversons la piste pour gagner une tente dressée au sommet d'un parking où un buffet sera bientôt servi aux équipes.

Leach s'enquiert avec son accent britannique décontracté du sujet de mon livre. La conversion de la planète au transport électrique, je réponds, et la possibilité que cette transition engendre un écosystème d'énergie propre. « Ouais, bien vu, approuve-t-il. La voiture occupe une telle place dans la vie des gens que le jour où l'électrification gagnera le secteur, ils penseront différemment. L'impact sera profond, poursuit-il. C'est le changement le plus fondamental que le secteur connaît depuis que Ford a inventé la ligne de montage mobile. »

Martin Leach sait de quoi il parle. Il s'est mis au karting à l'âge de 11 ans, est devenu pro à 13. Avant ses 18 ans, il remporte l'Europa Cup et arrive troisième au championnat du monde. Il entame sa première saison en Formule 4 quand une crise de polyarthrite rhumatoïde le cloue au lit, le contraignant à changer de cap. Originaire d'Essex, siège de Ford Europe, il demande au constructeur de lui financer ses études d'ingénieur en mécanique à l'école polytechnique de Hatfield (devenue l'université du Herfordshire en 1992). Diplôme en poche, il est embauché chez Ford, reprend le karting, remonte en Formule 4 mais, à 26 ans, est rattrapé par la maladie. Contraint de choisir entre la course et Ford, il opte pour le second où il gravit les échelons pour devenir président de Ford Europe. Sa carrière le mène également à la tête de la R&D mondiale de Mazda, puis chez Fiat où il tente pendant un an de redresser Maserati avant que le groupe ne décide de détacher la marque de luxe de Ferrari pour la rapprocher d'Alfa Roméo.

En 2004, le magazine *Automobile* lui décerne son titre d'«Homme de l'année» alors qu'il n'a pas encore retrouvé d'emploi après son départ de Ford causé «par un ping-pong politique déclenché au siège mondial». (En 2003, il a attaqué avec succès son ancien employeur qui voulait lui imposer une clause de non-concurrence.) «C'est un dingue de voitures patenté, un des très rares visionnaires du secteur, un excellent ingénieur et pilote, un collègue pragmatique et un type vraiment sympa», disait de lui le magazine.

À Long Beach, par-dessus la musique des haut-parleurs, une voix tente d'arracher des applaudissements à la foule de l'eVillage, qui ne les accorde que mollement. Des centaines de personnes récupérant de leur cuite de la veille franchissent les grilles pour assister aux premières courses de la journée. Dans l'après-midi, Leonardo DiCaprio, coiffé d'une casquette grise, champagne à la main, fera une apparition aux stands. Propriétaire d'une Tesla, il a été nommé président du comité développement durable de la Formule E, institué pour promouvoir la diffusion des véhicules électriques auprès du grand public.

Dans le décor nettement moins glamour du parking, Leach me raconte la naissance de Nio. Il dirigeait Magma International, sa société de conseil à l'industrie automobile, quand un ami commun l'a présenté à William Bin Li. Celui-ci était le PDG fondateur de Bitauto, un site commercial automobile chinois qui se présentait comme un cars.com, Autotrader et *Consumer Reports* tout en un. En 2016, l'entreprise cotée en Bourse était valorisée 2 milliards de dollars environ.

Leach et Li se sont rencontrés pour la première fois en octobre 2014 au Salon de l'automobile de Paris où ils se sont découvert une vision commune de l'avenir du secteur. Li voulait créer un constructeur de voitures électriques centré sur le consommateur mais, issu de l'Internet, il lui fallait un partenaire du métier. Leach lui a parlé de Fiat Click, une expérience qu'il avait menée en 2011 à Birmingham pour Fiat. Le site permettait aux clients de visualiser les modèles, de configurer leur voiture et de l'acheter en ligne. Pour voir la voiture grandeur nature, ils pouvaient se rendre dans un centre commercial haut de gamme où Fiat avait ouvert un magasin dans le style des Apple Store. C'était peu ou prou le modèle que Tesla proposait au même moment aux États-Unis.

En 2009, la Chine était devenue le premier marché des voitures de tourisme devant les États-Unis et n'allait pas s'arrêter en si bon chemin. Pékin encourageait aussi le développement de véhicules à «énergie nouvelle» et les constructeurs occidentaux étaient instamment priés de réduire les émissions de carbone de leurs flottes. Comme les fondateurs de Faraday, Martin Leach voit dans la convergence de l'électrification, de la connectivité, de l'autopartage et de la voiture autonome l'occasion de jouer sa partie. «C'est sans aucun doute le moment le plus excitant pour être dans ce secteur», assure-t-il en avalant une gorgée d'eau.

Leach a quitté Li confiant qu'ils créeraient une entreprise ensemble. «J'avais trouvé un partenaire qui avait la même vision que moi et les moyens de la réaliser, car ça coûte énormément d'argent et demande beaucoup de patience. J'avais suivi le développement de plus de 250 programmes et dirigé cinq équipementiers. Je voulais me lancer avant de ne plus rien faire du tout.» (Leach a tenu sa promesse. À son décès, Li a salué en lui «un vrai combattant de la plus haute exigence» que l'entreprise n'oublierait jamais. «Même durant les dernières minutes de sa vie, il pensait à l'avenir de NextEV», ajoutait le communiqué.)

En mars 2015, Leach renonçait à toutes ses responsabilités pour se consacrer entièrement à Nio. La start-up ne comptait que dix personnes, mais n'allait pas tarder à s'étoffer, en Chine notamment, à la faveur d'une campagne de recrutement intense. À la fin de l'année, elle employait près de 800 salariés et annonçait en décembre la prise d'un gros poisson en la personne de Pasmaree Warrior. L'ex-directeur de la technologie et de la stratégie de Cisco acceptait de prendre la direction de Nio US et de son développement informatique. Cette légende de la Silicon Valley, qui avait été aussi directeur de la technologie de Motorola à la grande époque du Razr, son mobile à clapet, a informé la presse que Nio développerait des voitures électriques bon marché avant de s'attaquer à d'autres segments. Martin Leach me précise que l'entreprise vise une voiture de tourisme à moins de 50 000 dollars. Nio Eve, la concept-car à l'allure de SUV allongé, a été présentée en 2017, le lancement de la version de série pour le marché chinois programmé pour 2018 et la mise en vente aux États-Unis d'une version totalement autonome pour 2020. Conçue dans cette perspective, la voiture aurait des sièges inclinables à l'horizontale et une table dépliable.

Il y a un absent de marque à l'ePrix de Long Beach : Tesla a décliné l'invitation, mais son aura s'y fait sentir. Nio et Faraday Future lui doivent en partie leur existence. « Ce que Musk a fait avec Tesla a influencé tout le monde, dit Leach. C'est le seul qui a réussi à pérenniser un nouveau constructeur automobile de taille conséquente ces dernières décennies. » Leach me confie aussi que Musk l'a approché en 2006 pour diriger Tesla : « Il m'a raconté la création et la vente de PayPal et son projet de construire des voitures électriques, puis il m'a demandé si je serais intéressé par le poste de PDG. » Mais Leach venait d'être nommé président du fabricant de camionnettes britannique LDV : « Je lui ai souhaité bonne chance en lui disant que ce n'était pas possible. »

À la différence de Faraday, Nio a choisi la discrétion, malgré une croissance phénoménale. Fin 2016, l'entreprise approchait les 1 000 salariés et s'était engagée auprès de la municipalité de Nankin à investir 500 millions de dollars dans une usine capable de produire 280 000 groupes motopropulseurs par an. Si le siège restait à Shanghai et le studio de design à Munich, il était prévu d'ouvrir un établissement à San José employant 900 salariés à l'horizon de 2020 et d'investir 138 millions de dollars en Californie qui accordait un crédit d'impôt de 10 millions de dollars à l'entreprise. Fin 2016, Nio dévoilait une supercar à un million de dollars et 1 360 chevaux qui « surpassait toutes les supercars à combustion du monde ». En mars 2017, le géant internet chinois Baidu annonçait son entrée dans l'entreprise. Puis en décembre, celle-ci lançait la Nio ES8, réactualisation de l'Eve, un SUV à sept sièges doté de 350 kilomètres d'autonomie, au prix de 83 000 dollars. Mais quand j'en discute avec Leach, il n'est pas question de vidéos hyperboliques, de promesses de battre Tesla à son propre jeu, ni de mises en scène tapageuses. «On n'aime pas parler de nos projets. On ne parle que de ce qu'on a réalisé.»

Faisant écho à une interview que son partenaire Li venait d'accorder à Bloomberg, il ajoute : «Avoir une grande gueule ne sert à rien.»

La présence de Faraday Future et de Nio en Californie s'explique. Nulle part ailleurs sur la planète on ne trouve de meilleures conditions pour donner naissance à un constructeur automobile.

D'abord, il y a le marché. La Californie est le plus grand marché automobile des États-Unis et, grâce à des normes d'émissions drastiques, c'est aussi le plus important pour les voitures à carburants alternatifs. La Prius hybride de Toyota a été en tête des ventes de cet État écologiste en 2012 et 2013 avant d'être dépassée par les Honda Civic et Accord. C'est aussi le plus gros débouché de Tesla. Enfin, Los Angeles, San Francisco et Sacramento ont été parmi les rares villes américaines à commercialiser l'éphémère EV1 de General Motors dans les années 1990.

Ensuite, il y a la réglementation. La Californie a été pionnière dans l'introduction de normes d'émissions très strictes. En 1990, l'État a imposé que 10 % des véhicules vendus sur son territoire soient décarbonés à l'horizon de 2003. Pour accueillir les hybrides, l'Agence pour la qualité de l'air (CARB) a ensuite accordé des crédits pour «zéro émission» partiels et mis en place un marché des crédits permettant aux constructeurs de respecter leurs obligations (un mécanisme qui représente aujourd'hui une importante source de revenus pour Tesla). Après avoir été attaquée en justice par des constructeurs, la CARB a réduit ses objectifs à 2,7 % de véhicules décarbonés en 2015. Mais le quota devrait progressivement augmenter pour atteindre 22 % en 2025.

Neuf autres États, dont New York, le New Jersey, le Maryland et le Massachusetts, ont adopté la réglementation californienne. En 2016, ces marchés représentaient 28% des nouvelles immatriculations. Selon Dan Sperling, membre de la CARB et directeur de l'Institut des études sur le transport de l'université de Californie à Davis, l'effet des normes a été au-delà. «Les voitures du monde entier sont bien plus propres depuis que la Californie a édicté des normes au début des années 1960. Elles sont toutes dotées de systèmes de contrôle des émissions dont l'origine remonte à la Californie.» Les constructeurs sont moins enthousiastes : «Nous sommes en faveur d'une politique nationale forte et cohérente en vue d'alléger les pesanteurs administratives et logistiques», affirmait Mercedes-Benz USA dans un communiqué en 2016. Traduction : «Si ça ne vous ennuie pas, on préférerait que les goinfres de diesel qui nous enrichissent ne soient pas handicapés au niveau des États.»

Mais l'atout principal de la Californie réside surtout dans son esprit d'entreprise.

Le 23 septembre 1997, Steve Jobs apparaît sur scène sous les applaudissements des dirigeants et cadres d'Apple. Il est revenu dans l'entreprise deux mois plus tôt en tant que PDG par intérim, bien décidé à changer les choses. En sandales, short et ce col roulé noir qui deviendrait mondialement célèbre, il a l'air détendu alors qu'il est debout depuis 3 heures du matin à travailler sur une campagne de publicité dont il espère qu'elle relancera Apple. La marque avait été négligée depuis qu'il avait quitté l'entreprise en 1985. Jobs ne le dit pas ce jour-là, mais Apple souffrait d'autres maux. En 1997, elle ne détenait plus que 4% du marché des ordinateurs et s'apprêtait à perdre plus d'un milliard de dollars. L'entreprise était au bord de la faillite. Jobs commence par rappeler les valeurs principales d'Apple. «Nos clients veulent savoir qui est Apple et ce que nous représentons, dit-il en arpentant la scène. Où nous situons-nous dans ce monde ?»

Pour sa campagne, il s'est de nouveau associé à l'agence Chiat\Day qui a conçu le célèbre clip *1984* réalisé par Ridley Scott pour le lancement du Macintosh. «Apple à la base, sa valeur fondamentale, c'est que nous croyons que les gens passionnés peuvent changer le monde pour le mieux», assène Jobs. Il joint les mains comme en prière. «Les gens assez fous pour penser qu'ils peuvent changer le monde sont ceux qui y parviennent !» Son discours semble spontané, il parle sans note. «Le thème de la campagne est "Pensez différemment".

Elle célèbre les gens qui pensent différemment et font progresser le monde.»

Une vidéo apparaît à l'écran placé sur le côté de la scène. Le film s'ouvre sur des images en noir et blanc d'Einstein fumant la pipe et la voix off de l'acteur Richard Dreyfuss : «Aux fous…» Plan bref sur Dylan de profil, piano et violoncelle jouant en arrière-plan. «Aux marginaux, aux rebelles, aux anticonformistes, aux dissidents… aux têtes rondes dans les trous carrés» (Richard Branson). «À tous ceux qui voient les choses différemment» (John Lennon). «Qui ne respectent pas les règles et se moquent du *statu quo*» (Thomas Edison). «Vous pouvez les admirer, ou les désapprouver» (Mohamed Ali). «Les glorifier ou les dénigrer» (Maria Callas). «Mais vous ne pouvez pas les ignorer» (Gandhi). «Car ils changent les choses» (Amelia Earhart). «Ils font avancer l'humanité» (Alfred Hitchcock). «Là où certains ne voient que folie…» (Jim Henson). «Nous voyons du génie» (Frank Lloyd Wright). «Car seuls ceux qui sont assez fous pour penser qu'ils peuvent changer le monde…» (Pablo Picasso) «… y parviennent». Le film se termine par un gros plan sur une jeune fille, les yeux grands ouverts fixés sur l'œil de la caméra.

La campagne a donné le signal du redressement spectaculaire d'Apple, qui deviendrait l'entreprise la plus riche du monde. Au cours des vingt ans qui ont suivi, Apple a sorti l'iMac, l'iPod, l'iPhone et l'iPad. Sa capitalisation boursière a bondi de 3 milliards à 700 milliards de dollars[*]. Mais la publicité exprimait et entretenait aussi la conviction que les Californiens, la Silicon Valley en particulier, pouvaient changer le monde.

Il est facile de tourner en dérision cette prétention de la Silicon Valley à vouloir «changer le monde» et ils sont nombreux à s'en être fait une spécialité. La *Silicon Valley* de HBO en est un des exemples les plus percutants («Je ne veux pas vivre dans un monde qu'un autre rend meilleur que nous», dit un PDG gourou dans la deuxième saison). Même si elle exprime une autosatisfaction inconsciente, cette mentalité n'est pas totalement délirante ; à tout le moins, c'est un article de foi utile. La Silicon Valley a industrialisé un nombre incalculable de produits et de services qui ont changé le monde. Le

---

[*] Et a atteint 1 000 milliards le 3 août 2018. (NdT.)

semi-conducteur. Le PC. L'interface utilisateur. Le navigateur internet. Le moteur de recherche Google. Le smartphone tactile. Les réseaux sociaux. S'ils n'ont pas tous été inventés dans la Silicon Valley, tous ces produits y ont été au moins perfectionnés. Il en sera probablement de même pour la réalité virtuelle, l'intelligence artificielle et les voitures autonomes : autant d'innovations qui ont un potentiel de changement sismique sur la façon de vivre de l'humanité.

Une autre idée au cœur de l'innovation dans la Silicon Valley est que chacun peut apporter « sa petite marque à l'univers », disait Steve Jobs à *Playboy* en 1985. Même si ces croyances tombent souvent à plat, elles contribuent à l'affluence des cerveaux qui font de la Vallée un lieu hors du commun. Nourris des discours inspirants de leurs héros (« Se rappeler qu'on est mortel est la meilleure façon d'éviter le piège de croire qu'on a quelque chose à perdre », disait Jobs), les meilleurs développeurs et entrepreneurs du numérique se pressent dans la région pour changer les choses, voir l'histoire en train de se faire, gagner beaucoup d'argent ou les trois à la fois. Et ça marche.

La Silicon Valley a pour mentalité de prendre des risques et de ne pas avoir peur de l'échec. (« Dans un monde qui change très vite, la seule stratégie vouée à l'échec est de ne pas prendre de risques », dit Mark Zuckerberg.) Les jeunes sont imprégnés de ces mantras, ils les connaissent par cœur et sont animés par eux, pour le meilleur ou pour le pire. Selon une étude de la Harvard Business School de 2012, 75 % des start-up échouent, soit par manque de fonds, soit parce qu'elles explosent en vol avant d'être devenues rentables. Mais dans la Silicon Valley, ce n'est pas un problème. C'est même plutôt encouragé. « Si vous n'échouez pas, c'est que vous n'innovez pas assez », affirme Musk. Comme Hollywood, la high-tech est un secteur à blockbusters. Un capital-risqueur parie sur un certain nombre de start-up prometteuses sachant que la plupart ne donneront rien, mais avec l'espoir que l'une d'elles deviendra un Google ou un Facebook. Il vaut mieux échouer en tentant le coup que de ne rien tenter du tout.

Même l'échec le plus cuisant qu'a connu la Silicon Valley (le krach internet de 2000) a eu en fin de compte des effets positifs. On pourrait même dire que la bulle internet a contribué à l'avènement des voitures électriques. Si la période 1997-2000 a servi de leçon douloureuse contre l'exubérance irrationnelle, elle a néanmoins fourni au jeune Elon Musk l'infrastructure lui permettant de céder sa start-up de cartographie Zip2 à Compaq en février 1999, pas loin du sommet de la bulle, pour 300 millions de dollars, puis de financer PayPal dont la cession a permis à son tour de financer SpaceX et Tesla.

L'essor de Tesla a catalysé le développement d'un nouvel écosystème automobile en Californie. Depuis que le constructeur a repris en 2010 l'usine de NUMMI à Fremont, les équipementiers se sont installés dans la région ou ont agrandi leurs installations pour répondre à ses besoins.

Le tour des parcs d'activités de Fremont et des environs en voiture prend moins d'une demi-heure. Je l'ai fait au volant de la Honda Civic de ma femme par une belle journée ensoleillée de juin 2016, pour avoir un aperçu des fournisseurs de Tesla. À Newark, j'ai vu le siège nord-américain de Futuris, une société australienne qui, se trouvant à l'étroit à Fremont, a reconverti un centre de distribution d'un hectare et demi, repris à Staples, pour y produire des sièges auto. L'usine est au fond d'un cul-de-sac, juste après de nouvelles zones d'activités affichant des panneaux « à louer ». Depuis que Tesla a décidé en 2015 de reprendre la fabrication des sièges, ses liens avec Futuris ont été réduits.

Plus au sud, en longeant la Baie bordée à l'est par des collines à l'herbe sèche, j'ai fait un arrêt chez Toyota Tsusho America (TAI), un producteur de métaux et d'électronique qui occupe un des nombreux parallélépipèdes beiges alignés le long d'une autoroute à deux voies. En 2014, il a signé un bail de cinq ans pour un entrepôt, après avoir dû quitter l'usine de Tesla, lui aussi. À quelques centaines de mètres de là, des ouvriers étalaient du bitume à l'entrée d'un nouveau parc d'activités.

À proximité du rivage, non loin de l'ancienne piste de dragsters de Fremont, j'ai vu Asteelflash qui fabrique des circuits imprimés pour Tesla. L'industriel venait d'investir plusieurs millions de dollars dans l'augmentation de ses capacités de production et l'acquisition de robots pour suivre la croissance du constructeur. De l'autre côté de l'autoroute, je pouvais apercevoir les murs couleur perle de l'usine Tesla. Les lettres chromées de l'entreprise, chacune faisant la taille d'un bâtiment, s'affichaient sur le côté, visibles des kilomètres à la ronde.

Après ma tournée des merveilles industrielles de Fremont, j'ai déjeuné en ville dans un restaurant thaï bondé. Il faisait face à un chantier et un panneau proclamant : ICI S'ÉLÈVE FREMONT CENTRE. La banlieue-dortoir était en pleine transformation high-tech industrielle. À 10 kilomètres de là, derrière l'usine Tesla, se dressait la nouvelle gare South Fremont du réseau Bay Area Rapid Transit qui quadrille la région. À proximité, le Warm Springs Innovation District convertissait 350 hectares de terrain en quartier de logements, magasins et loisirs offrant parcs, hôtels et centres de conférences. Le terrain devait auparavant accueillir de l'industrie lourde. Six ans après la fermeture de NUMMI et la disparition de 5 000 emplois, Fremont repartait de l'avant.

Tesla est également en partie responsable de l'émergence d'un écosystème automobile dans la Silicon Valley, de l'autre côté de la Baie. Là-bas, les entreprises appartiennent toutes ou presque à l'industrie du logiciel.

« Pendant un siècle, le génie mécanique a régné sur l'automobile. Aujourd'hui, le centre de gravité se déplace vers le logiciel et La Mecque du logiciel se trouve dans la Silicon Valley », déclarait au *Los Angeles Times* Drago Maciuca, directeur du centre de recherche d'innovation de Ford à Palo Alto, fin 2015. Ford, Toyota, Honda, Hyundai, Volkswagen, BMW, Mercedes-Benz, GM, Nissan y ont ouvert des centres de recherche pour travailler sur la conduite autonome et la connectivité. Les équipementiers Continental, Delphi et Denso ont également des bureaux dans la région. Les entreprises locales, quant à elles, se développent dans l'automobile. Ces dernières années, le fabricant de puces Nvidia basé à Santa Clara a étoffé ses équipes de centaines d'ingénieurs. « À l'origine, nous n'étions pas dans l'automobile, a expliqué Danny Shapiro, le patron de la division concernée, au *Times*. Mais aujourd'hui les changements qui affectent la voiture n'ont plus rien à voir avec le secteur d'autrefois. »

Les start-up ont évidemment flairé l'aubaine. Uber et Lyft, toutes les deux basées à San Francisco, accaparent les premiers bénéfices du marché de l'autopartage. D'autres plus récentes, comme Smart-car à Moutain View (infrastructures pour les voitures connectées), Reviver à San Francisco (immatriculation numérique) et Nauto à Palo Alto (conduite pilotée par une intelligence artificielle) sont sur des créneaux connexes. Enfin, les fabricants de groupes moto-propulseurs comme Wrightspeed (poids lourds), Zero (motos) et Proterra (bus) sont également dans la région et ont collectivement levé plusieurs centaines de millions de dollars de fonds.

Côté conduite autonome, Alphabet (maison mère de Google), qui a plusieurs millions de kilomètres au compteur, continue de mener la course en tête. Fin 2016, elle a filialisé cette activité sous le nom de Waymo. En mai 2017, Waymo et Lyft ont annoncé leur inten-tion de développer la technologie ensemble, et Alphabet y a investi un milliard de dollars. D'autres, comme Cruise Automation (ache-tée par GM pour un milliard de dollars) et Comm.ai qui propose des logiciels de conduite autonome en open source dans la même veine qu'Android, le système d'exploitation mobile de Google, sont à leurs basques. Baidu, le premier moteur de recherche chinois, dis-pose d'un centre de recherche dans ce domaine à Sunnyvale. Byton, financé par les Chinois Tencent, Foxconn et le distributeur automo-bile China Harmony New Energy, a des bureaux à Mountain View, de même que Didi Chuxing, la société d'autopartage dans laquelle Apple a investi un milliard de dollars.

La plupart de ces sociétés ne se sont pas seulement inspirées de Tesla, elles y ont trouvé des talents. L'importance d'un réseau d'innovation tel que la Silicon Valley tient en partie à la circula-tion de la main-d'œuvre intellectuelle d'une maille à l'autre. Pay-Pal est reconnu pour avoir produit un grand nombre de talents qui ont créé ou rejoint des entreprises, ou investi dans d'autres. La « mafia PayPal » compte parmi ses membres : Reid Hoffman, fondateur de LinkedIn ; Max Levchin, dont la plus récente des nombreuses start-up est la société de services financiers Affirm ; Peter Thiel, membre du conseil d'administration de Facebook, soutien financier de Donald Trump, et cofondateur de l'entre-prise de *big data* Palantir ; Jeremy Stopelman, à l'origine du site de recommandations Yelp ; Keith Rabois, qui a rejoint Khosla Ven-tures après avoir été PDG de Square ; David Sacks, qui a vendu

Yammer à Microsoft pour 1,2 milliard de dollars et est devenu PDG de Zenefits ; Jawed Karim, cofondateur de YouTube. Et un certain Elon Musk.

De la même façon, on retrouve de nombreux ex-Tesla dans les entreprises du nouvel écosystème automobile de la Valley. Ian Wright, créateur de Wrightspeed, a été l'un des cinq fondateurs du constructeur qu'il a quitté en 2005. Le PDG de Proterra est Ryan Popple, un ex-directeur financier de Tesla dont il est parti en 2010. Cruise a recruté Andrew Gray, issu de l'équipe d'autopilotage de Tesla. Sterling Anderson, le directeur de cette équipe, l'a quittée pour créer Aurora (voiture autonome), associée depuis à Byton. Celle-ci a elle-même débauché Paul Thomas (ingénierie des véhicules), Mark Duchesne (directeur de la supply chain) et Stephen Ivsan (directeur des achats). Enfin, Comma, autre start-up de voitures autonomes, a séduit Riccardo Biasini, ex-ingénieur système du constructeur.

Et puis, il y a Apple.

« Ils ont embauché des gens qu'on a virés », a déclaré Musk au quotidien allemand *Handelsblatt* en septembre 2015. Des rumeurs selon lesquelles Apple se mettait à la voiture électrique avaient circulé en février à la faveur d'un e-mail qu'un salarié du groupe de Cupertino aurait adressé au site *Business Insider*, l'informant que la firme à la pomme travaillait à un projet qui « donnerait du fil à retordre à Tesla ». Plusieurs ex-salariés du constructeur avaient rejoint l'entreprise. Musk avait son idée sur la question : « Entre nous, on a surnommé "Apple" le cimetière de Tesla. Si tu échoues chez Tesla, tu vas chez Apple. Sans rire. »

Steve Jobs avait plusieurs fois discuté l'idée de construire une voiture en 2008 avec l'ex-vice-président d'Apple Tony Fadell (parti créer le designer d'objets intelligents Nest Labs, racheté ensuite par Google et qu'il a quitté en 2016), a révélé celui-ci en 2015 : « Une voiture est dotée de batteries, d'un ordinateur, d'un moteur et d'une structure mécanique. C'est pareil pour un iPhone. Mais la vraie difficulté, c'est la connectivité et la conduite autonome des voitures. » En réalité, Apple avait envisagé de construire une voiture avant même le lancement de l'iPhone en 2007, a déclaré Phil Schiller, vice-président du marketing en 2012 devant un tribunal.

En 2015, pour un groupe assis sur une trésorerie de 200 milliards de dollars et conscient de la nécessité de se diversifier au-delà d'un marché du smartphone en voie de ralentissement, un projet de voiture devenait réaliste. Après le scoop de *Business Insider*, des informations sont parues selon lesquelles Apple siphonnait des talents du monde automobile et prévoyait de recruter plus de mille personnes pour le projet *Titan*. Parmi ses plus beaux trophées, Apple comptait Chris Porritt, l'ex-directeur de l'ingénierie des véhicules de Tesla, auparavant ingénieur en chef du projet *One*-77 d'Aston Martin. À l'annonce de ce recrutement, Tesla a fait savoir que Porritt avait quitté l'entreprise depuis sept mois.

Apple, l'une des sociétés les plus secrètes au monde, n'ayant jamais communiqué sur ses projets de voiture, la presse en était réduite aux spéculations et aux fuites. À Sunnyvale, les voisins d'une usine grillagée appartenant à la firme ont dit avoir entendu des bruits mystérieux au milieu de la nuit : claquements, coups sourds, bip-bip, sifflements et vrombissements. Selon un quotidien allemand, BMW et Daimler ont abandonné l'idée d'un projet en commun[*]. Selon un autre article, Apple a contacté des sociétés spécialisées en vue d'établir une infrastructure de recharge pour un véhicule électrique autonome. En avril 2016, *Motor Trend* a chargé un jeune diplômé d'imaginer le design d'une Apple Car, puis a réuni un panel pour en débattre. « La partie vitrée serait superbe, bien proportionnée ; il y aurait des éléments de style utiles et sécurisants, pas seulement pour faire joli, disait l'un des participants. On y entrerait comme dans un de ces magasins étonnants de Tokyo ; la porte ne ressemble pas à une porte à poignée, mais à un toit qui se soulève et par lequel on entre. »

Fin 2016, Apple a semblé réduire ses ambitions, licenciant des centaines de participants au projet *Titan*. Bob Mansfield, qui avait supervisé la conception de l'iPad, en a pris la direction et l'a recentré sur la partie logicielle, la firme se laissant ainsi le choix de produire ou non sa propre voiture.

----

[*] Mais, selon le *New York Times*, Apple s'était associé fin 2017 à Volkswagen pour construire un van autonome. (NdT.)

La diaspora Tesla compte encore un constructeur automobile dans la SiliconValley. Curieusement, il a un point en commun avec Faraday Future : un investisseur du nom de Jia Yueting.

Lucid Motors a été créé à Mountain View le 31 décembre 2007, sous le nom d'Atieva (acronyme d'Advanced Technologies in Electric Vehicule Applications ou technologies de pointe appliquées aux véhicules électriques) par Bernard Tse, qui était vice-président de Tesla avant le lancement du Roadster.

Né à Hong Kong, Tse a fait des études d'ingénierie à l'université de l'Illinois où il a rencontré sa femme, Grace. Au début des années 1980, le couple avait créé Wyse, un fabricant d'ordinateurs qui a réalisé près d'un demi-milliard de dollars de chiffre d'affaires la décennie suivante. Le dirigeant est devenu administrateur de Tesla en 2003 à la demande expresse de son ami Martin Eberhard, alors PDG en exercice du constructeur qui souhaitait son expertise en ingénierie, industrialisation et approvisionnement. Il a ensuite dirigé une entité du groupe baptisée Tesla Energy Group, créée dans la perspective de construire des groupes motopropulseurs pour le compte d'autres constructeurs se lançant dans la voiture électrique.

Bernard Tse, qui n'a pas souhaité répondre à mes questions, a quitté Tesla à peu près en même temps qu'Eberhard pour fonder Atieva dans l'intention de se consacrer d'abord aux moteurs, avant d'envisager la fabrication d'une voiture complète. En quelques années, l'entreprise a remporté des contrats d'équipement de bus en Chine, levé quelque 40 millions auprès de Venrock, un fonds de capital-risque de la Valley, pour améliorer sa technologie et embauché près d'une trentaine d'ingénieurs aux États-Unis et autant d'ouvriers en Asie.

En 2014, elle s'apprêtait à lancer la fabrication d'une berline pour les marchés américain et chinois. Cette année-là elle a levé 200 millions de dollars environ, pour moitié auprès de Beijing Auto (BAIC) par l'intermédiaire de sa filiale Beijing Electric Vehicule Company, détenant ainsi un quart du capital de la start-up, et pour l'autre, essentiellement auprès de Leshi, l'entreprise de Jia Yueting.

Dans la foulée, Atieva a attiré quelques talents de choix dont, après un joli tour du monde, Martin Eberhard et Derek Jenkins, une star du design qui avait grimpé les échelons chez Audi, Volkswagen et Mazda au côté de Franz von Hozhausen, le designer en chef de Tesla. Entre autres modèles phares de Mazda, Jenkins avait dessiné la MX-5 Miata 2016 et la CX-9.

Mais deux ans après l'investissement de BAIC, les relations avec le constructeur chinois se sont détériorées. Celui-ci souhaitait qu'Atieva construise pour la Chine exclusivement, tandis que Tse et l'entreprise préféraient commencer par les États-Unis afin d'y établir la marque. BAIC l'a emporté auprès du conseil d'administration. Lassé des querelles politiques, Tse a claqué la porte. Martin Eberhard l'avait précédé en se plaignant que l'entreprise était gérée « à la hong-kongaise ». Il n'avait tenu que six mois. (En 2017, il est entré chez SF Motors, la filiale américaine d'un constructeur chinois.)

Après le départ de plusieurs autres dirigeants, l'entreprise a continué à s'opposer aux projets de BAIC qui, de guerre lasse, a fini par céder sa participation à la Bourse de Hong Kong en 2016. C'est la société Blitz Technology Hong Kong qui l'a rachetée, dont le patron Yi Hao affichait plusieurs liens avec Leshi. Il avait ainsi créé deux entreprises avec l'aide de Leshi Investment Management dont une appli de e-commerce baptisée Jiuai (Amour d'antan) où l'on retrouvait également le diamantaire Meikelamei. Yi, apparemment fort occupé, cumulait les présidences de ses deux sociétés précédentes, celle de Blitz et celle de Meikelamei.

Yi et un autre associé proche de Jia Yueting ont également été les principaux bénéficiaires de la vente en 2014 de Meikelamei à Haoningda Meters Company. Yi en détenait 11,2 %. L'autre actionnaire était Beijing Guangmo Investment Company, nouveau nom de Beijing Jieweisen Technology. Cette société détenait une participation dans LeTV par le truchement de Huijin Lifang, le fonds d'investissement rattrapé par le scandale de corruption qui a fait tomber les hauts dignitaires du PC du Shanxi. Le patron de Beijing Guangmo était Jia Yunlong, l'enseignant qui avait révélé à *Caixin* que Jia Yueting l'avait utilisé comme prête-nom pour immatriculer sa société.

Autrement dit, en plus de l'investissement initial de Leshi dans Atieva lui donnant environ 20 % de l'entreprise, Jia Yueting était à tout le moins très proche de la mystérieuse société qui a racheté en mars 2016 la part que BAIC détenait dans Atieva (25 %). Atieva s'est ainsi retrouvée extrêmement dépendante d'une structure dont les montages financiers sont d'une complexité inquiétante. Le besoin de diversifier les sources de financement explique peut-être l'urgence à communiquer dont l'entreprise a fait montre en juin 2016. Le constructeur a annoncé son intention de mettre sur le marché une berline électrique haut de gamme en 2018, suivie de deux utilitaires *crossover* de luxe en 2020 et 2021. Il testait aussi un groupe motopropulseur à deux moteurs sur un van Vito de Mercedes-Benz, avec une puissance d'accélération de 0 à 100 km/h en 3,1 secondes (puis 2,69 secondes), stupéfiante pour un véhicule de cette taille.

Enfin, il indiquait disposer de plusieurs millions de dollars de financement, le responsable du design Derek Jenkins ajoutant que grâce à son « état d'esprit californien », la ligne se démarquerait des concurrents émergents chinois.

Quatre mois plus tard, Atieva se rebaptisait Lucid Motors. En décembre, elle dévoilait un prototype (Air) dont une version serait dotée d'une batterie de 130 kWh. La voiture affichait une autonomie de 650 kilomètres par charge et était équipée d'un moteur sur chaque essieu dégageant une puissance de 1 000 chevaux, avec une pointe d'accélération de 0 à 100 km/h en 2,5 secondes. Elle se présentait avec un toit en verre et quatre capteurs laser pour la conduite autonome. Le constructeur prévoyait un habitacle luxueux équipé de deux sièges arrière volumineux, à la façon d'une première classe en avion. En volume, l'extérieur s'apparentait à une voiture de taille moyenne du type BMW Série 7, mais l'intérieur était spacieux comme celui des grandes berlines du type Série 5, un exploit permis par le groupe motopropulseur électrique moins encombrant qu'un moteur thermique traditionnel. L'élégante berline serait enfin habillée d'ambiances intérieures californiennes : aube à Santa Monica, zénith à Santa Cruz et minuit dans le désert de Mojave. Pour tenir la qualité, 8 000 à 10 000 exemplaires seraient produits la première année dans une usine en Arizona, à partir de la fin 2018. Puis la cadence augmenterait à 50 000-60 000 unités. En version de base, l'Air serait vendue 60 000 dollars, les versions de luxe (batterie plus importante, 4×4, toit en verre) dépassant les 100 000 dollars.

Les prestations médiatiques de Lucid Motors ont révélé un détail intriguant supplémentaire. Son directeur de la technologie et PDG de fait était un certain Peter Rawlison, qui avait discrètement rejoint l'entreprise en 2013. L'ingénieur britannique était connu de tous ceux qui suivaient attentivement Tesla depuis la dernière décennie. Ex-Jaguar et Lotus, il avait été le premier directeur de programme de la Model S.

Peter Rawlison a quitté Tesla en janvier 2012, en même temps que son compatriote Nick Sampson, en charge du châssis, soit quelques mois avant la commercialisation de la Model S. Le constructeur a mis le départ du premier sur le compte de « raisons personnelles l'appelant au Royaume-Uni ». Rawlison n'a pas souhaité répondre à mes questions, mais Sampson m'a confié qu'il était rentré chez lui pour les vacances et n'était jamais revenu. Quant à celui-ci, Tesla a été encore plus avare de détails, disant seulement qu'il « avait entièrement passé la main » sur le projet Model S avant de partir. Lui m'a avoué en riant qu'à la suite du départ injustifié de Rawlison, Musk avait pris les Britanniques en grippe et « l'avait prié » de s'en aller.

Le cours Tesla a perdu 19 % à l'annonce du départ des deux ingénieurs.

Je me suis accroupi le plus bas possible pour regarder le dessous du pare-chocs avant de la DF 91, nom de code de la première voiture de Faraday Future (rebaptisée ensuite FF 91). Noir et brillant. Je me relève et fais un pas de côté pour examiner les passages de roue, ils ont la courbure appétissante d'un fessier rebondi. Je recule afin d'avoir une vue grand angle du véhicule. Pour un SUV, c'est une splendeur, une machine aussi belle qu'une balle de mitrailleuse enceinte de jumeaux (*sic* !) Il a l'allure *arty* d'une sculpture de science-fiction propre à susciter une émeute sur le parking d'un supermarché. La voiture est posée sur une estrade tournante au milieu d'un showroom minimaliste. Levant la tête, j'aperçois par un puits de lumière les pics déchiquetés d'une chaîne de montagnes arides. Puis, je baisse les yeux sur mes mains. Plus de mains.

Où sont passées mes mains ?

Il me revient alors que je me trouve dans un bureau à Gardena, coiffé d'un casque de réalité virtuelle. La voiture hyperréaliste sous mes yeux n'existe pas. C'est une image en 3D produite pour faciliter le travail de design des équipes de Faraday. Mes mains n'apparaissent pas car elles n'ont pas été numérisées pour être incorporées à ce monde virtuel. Il n'y a pas non plus de montagnes ni de puits de lumière. La moquette, qui se rappelle à moi lorsque je retire mon casque, est hideuse.

À part ça, c'était trop cool.

Cette expérience virtuelle était fortuite. Un jeune du service de communication de l'entreprise me faisait la visite des lieux quand nous sommes entrés dans une pièce équipée pour le design des interfaces utilisateurs. J'ai d'abord vu, exposés au mur, des concepts hyper avant-gardistes : une sorte de robot Roomba qui se fixe sous la voiture pour la recharger ; un texte lumineux qui s'affiche sur la portière pour saluer les passagers par leur nom à leur arrivée, et un revêtement de vitres intérieures qui les transforme en écrans interactifs à réalité augmentée. En me retournant, j'ai aperçu sous un bureau, dans un coin de la pièce, un énorme ordinateur et posé dessus un casque HTC Vive. J'ai eu à peine besoin de demander.

Faraday occupe l'ancien siège de Nissan USA, qui a quitté les lieux en 2006 après un demi-siècle de présence pour installer ses usines et ses 1 300 emplois au Tennessee. L'édifice principal est un long bâtiment jaune ; de profil, il ressemble à une commode de style edwardien. Le comble de la modernité, en 1960. De l'autre côté du parking, une annexe informe abrite la réception et les bureaux des dirigeants.

La majorité des ingénieurs, designers et managers s'entassent au premier étage du grand bâtiment, au coude à coude, rangée par rangée, sans le moindre souci esthétique. Il règne une ambiance effervescente. Des designers en tee-shirt sont penchés sur le bureau d'un collègue. Une réunion ponctuelle se tient dans un coin, à côté d'un écran. On entend des rires. Une voix interpelle quelqu'un par son surnom. Un collègue de mon guide l'alpague au passage : « Tu bosses pas aujourd'hui ? » Des salles de réunion s'ouvrent sur les côtés, occupées pour la plupart. Chacune est équipée d'un grand écran LeTV, histoire de rappeler aux occupants l'origine des fonds.

Au rez-de-chaussée se trouve une cafétéria meublée de petites tables et de chaises en plastique. Un tableau noir couvre tout un côté de la salle. Un artiste y a dessiné à la craie les personnages et les voitures de la franchise *Fast & Furious*. La FFZero1 semble avoir été candidate pour le huitième film, mais l'idée a été abandonnée pour des raisons que mon hôte ne souhaite pas me donner. Dehors, des parasols colorés ombragent quelques tables.

Au sous-sol, nous traversons un atelier au plancher reluisant où des ingénieurs bricolent des moteurs électriques, enveloppent des faisceaux de câbles et testent des batteries et des onduleurs dans des box au vitrage sécurisé qu'on dirait conçus pour résister à une explosion nucléaire. Des minivans et des SUV sont équipés de capteurs et de caméras pour nourrir le système de conduite automatisé. De l'autre côté du couloir, une lourde porte grise donne sur une pièce où des ingénieurs sculptent des maquettes d'argile, à moitié peintes, de la DF91. L'une d'elles est recouverte d'une toile. Des panneaux interdisent formellement de prendre des photos.

L'équipe fondatrice de Faraday est très proche de Tesla avec laquelle l'entreprise partage des similarités culturelles, ainsi que des différences soigneusement cultivées. Nick Sampson, qui l'a fondée avec son ex-collègue de Lotus Tony Nie, s'est empressé de recruter des copains de son époque Tesla : le DRH Alan Cherry, le directeur industriel Dag Reckhorn et le patron de la supply chain Tom Wessner ont tous travaillé auprès de Musk. Lors de son grand show médiatique de juillet 2015, Faraday a reconnu avoir embauché plusieurs ingénieurs et designers clés passés par Tesla.

Quand j'entre dans le bureau de Nick Sampson, six mois se sont écoulés depuis que le journaliste de *TechCrunch* l'a cuisiné sur la scène du CES. Il est assis à son bureau en chemise bleue à manches longues, un cordon orange autour du cou. Par la fenêtre, j'aperçois un *food truck* sur le parking. Sampson a une barbe de trois jours grise et le crâne dégarni, encadré de cheveux coupés court sur les tempes.

Nick Sampson est entré chez Tesla en 2009, après avoir été contacté par un recruteur sur LinkedIn. Il a su qu'un ex-collègue de Jaguar et Lotus, Peter Rawlinson, s'y trouvait déjà. Celui-ci l'ayant convaincu que la boîte en valait la peine, il a rencontré Musk. À l'époque, les principaux ingénieurs et designers travaillaient chez SpaceX à Los Angeles, dans un espace réservé. Sampson, qui a ce talent séducteur de ne pas pouvoir s'empêcher de sourire quand il parle, n'a pas gardé de souvenirs précis de son premier entretien avec Musk, mais il se rappelle d'un homme charismatique, à la vision claire et mû par l'envie de réussir. C'est le projet de Musk d'en finir avec l'organisation traditionnelle des constructeurs automobiles qui l'a séduit.

La Model S ne ressemblait à rien quand Nick Sampson est arrivé chez Tesla, même si une voiture de démonstration calquée sur la Mercedes CLS avait été dévoilée à la presse en mars de cette année-là. « Ça n'était qu'une CLS équipée d'un moteur de Roadster et des batteries fourrées dans tous les coins », se rappelle Sampson dans un éclat de rire. Franz von Holzhausen, le patron du design, avait dessiné une ligne, mais côté ingénierie, rien n'avait vraiment avancé. À l'époque, Sampson partageait un bureau avec le directeur industriel Dag Reckhorn et le gourou de la supply chain Tom Wessner. Il sourit à cette évocation. « L'ambiance était stimulante, dit-il. On ne peut pas le nier. »

Nick Sampson a tenté de reproduire cette atmosphère chez Faraday en mettant ensemble gens des achats et de la production, designers et ingénieurs, marketeurs, ressources humaines, etc. Les constructeurs traditionnels ne travaillent pas comme ça. Ils aiment les frontières tirées au cordeau.

Sampson a quitté Tesla avec des sentiments mitigés. Il était à 100 % pour sa mission et jugeait la stratégie impeccable. Mais il a des réserves. « Ce n'était pas une culture positive », dit-il, son sourire perpétuel s'affaissant un peu. Sans vouloir entrer dans les détails, il tente une métaphore :

« Le type qui bat le record du monde du cent mètres ne réussit pas parce que son entraîneur lui hurle dessus ou trouve un truc pour le faire courir plus vite. Au bout du bout, il bat le record parce qu'il veut le battre. » Un bon entraîneur peut améliorer la technique du sprinteur et le motiver pour aller chercher cette fraction de pourcentage supplémentaire qui lui fera gagner le centième de seconde nécessaire. C'est la méthode que Sampson tente d'instiller chez Faraday et dont il laisse entendre qu'elle manquait chez Tesla. « Nous cherchons à libérer les gens, à les encourager à se propulser plus loin, plutôt que d'y être poussés. On est toujours plus dur avec soi-même qu'avec quiconque.»

Après avoir quitté Tesla, Sampson a repris contact avec son ex-collègue Tom Nie, qui avait ouvert Lotus Engineering en Chine, puis créé une société de conseil sur les véhicules à énergies nouvelles. Tesla avait ouvert son premier magasin à Pékin et suscitait un certain engouement. Il redorait l'image des véhicules électriques et prouvait que des start-up pouvaient émerger dans le secteur automobile. Sampson et Nie ont pensé que cet intérêt soudain de la Chine pour les voitures électriques et l'aide publique qui leur était apportée ouvraient des opportunités. Ils n'étaient pas les seuls. Les deux hommes ont été approchés par plusieurs groupes chinois dont un consortium d'équipementiers et un fabricant de boissons, mais un homme se détachait du lot : Jia Yueting. Il voulait savoir comment créer un constructeur qui surpasserait Tesla.

Nick Sampson l'a rencontré pour la première fois quand il est venu en Chine assister au lancement des nouveaux appareils de LeEco, en avril 2014. Il n'avait pas trouvé grand-chose sur lui sur Internet. Jia était encore relativement inconnu, même en Chine. Sampson s'attendait à subir le PowerPoint sinistre d'un PDG en costume derrière le pupitre d'une salle de conférences. Au lieu de quoi, il est entré dans un immense auditorium plein à craquer. Jia est apparu en jean et tee-shirt noir, des écrans immenses derrière lui. «Tiens, un Steve Jobs chinois», s'est dit Sampson. Jia a parlé pendant une heure, en mandarin ; même si Sampson n'en comprenait pas un seul mot, il se rendait compte que le public était en transe. « Même dans sa façon d'être, son style était californien, et pas pékinois.»

Sampson et Nie ont passé plusieurs jours à Pékin avec Jia qui leur a expliqué comment il entendait digitaliser l'univers de l'automobile.

Ces échanges ont structuré le modèle économique de Faraday Future. L'entreprise vendrait d'abord des voitures haut de gamme en Chine et aux États-Unis, et leur design serait conçu de A à Z en fonction de l'expérience utilisateur. Les voitures seraient totalement autonomes afin que le jour où la technologie et la réglementation l'autoriseront, les passagers pourraient lâcher le volant et apprécier leur trajet dans des sièges inclinables, entourés d'écrans tactiles diffusant les vidéos de LeEco. Un jour les voitures seraient vendues bon marché, voire en dessous du prix de production, avec un abonnement incluant les services de LeEco (qui avait adopté le même modèle pour ses smartphones et ses télés). De même, les voitures seraient disponibles en autopartage façon Uber (sans qu'il soit besoin d'en être propriétaire). Et, bien entendu, elles seraient électriques. Au cours d'une de ces réunions, Jia a regardé par la fenêtre de son bureau perché au seizième étage et dit : « Je veux faire ça proprement. Je ne veux pas mettre ma technologie dans des voitures à essence. »

Sampson était convaincu qu'il avait trouvé son associé ; d'abord Jia n'avait pas hésité une seconde à créer la société en Californie, pour obtenir un succès mondial. Surtout, il partageait certains traits avec Musk. Les deux hommes étaient passionnés et totalement au service de leur mission.

Comme Musk, Jia avait sa façon à lui d'envisager l'innovation.

Pour réaliser de grandes choses, croyait-il, il ne fallait pas regarder l'avenir en se demandant comment y arriver. Mais au contraire, partir de l'avenir et se demander comment on y était arrivé. On y entendait l'écho des propos de Musk : « La première étape est de décider que c'est possible, puis l'occasion se présentera. »

Comme pour se prouver son pouvoir de changer le monde, l'entrepreneur chinois avait aussi son mantra valley-siliconesque : « On doit imaginer l'avenir du point de vue de l'avenir. »

Aucun doute là-dessus : Jia Yueting était de la famille des grands fous.

9

Bâtis tes rêves

« De quoi a besoin le vrai client chinois ? »

Lei Ding, chef de la division automobile de LeEco, est debout sur la scène d'un stade assez grand pour accueillir un concert de U2. On est le 20 avril 2016 ; il porte un blazer noir et des lunettes siglées. Derrière lui trône un écran de la taille d'un demi-court de basket, devant lui s'étend une longue passerelle flanquée de rangées d'hommes brandissant des smartphones aux écrans qui clignotent comme des vers luisants au fond d'une cave. Il passe des slides avec sa télécommande. Auparavant, LeEco a dévoilé sa dernière gamme de smartphones et de télés connectées devant 10 000 fans, journalistes et autres invités. Mais à présent, dans la salle omnisports de Pékin, propriété du groupe, l'heure est venue de la surprise principale.

Lei affiche une image de la LeSee, la concept-car censée promouvoir le futur de l'automobile selon LeEco. Scintillant à l'écran dans toute sa gloire, la berline blanche est digne de James Bond, avec son toit coiffé d'un dôme de verre façon demi-ballon de volley. « C'est une combinaison de tradition et de modernité », déclare Lei. Dans la salle, jeunes femmes en robe de soirée et hommes en smoking côtoient millennials en tee-shirt et salariés en tenue décontractée.

Lei attire leur attention sur la ligne contemporaine de la voiture et son toit de verre. À l'avant, au lieu des phares, la voiture arbore un fin sourire en LED. Une image en 3D révèle un intérieur postmoderne doté d'un volant rétractable quand le véhicule passe en mode autonome et d'une banquette arrière en mousse blanche qui se moule au corps du passager. Puis, arrivent des images d'écrans tactiles LCD : chaque passager aura sa stéréo personnelle pour voir ou écouter ce qu'il veut sans déranger ses voisins. On se croirait dans un cinéma privé ambulant.

« Mais les mots sont faibles au regard des actes », dit Lei. Il est temps de montrer la vidéo de l'hypothétique voiture en action. Des animations réalistes dansent à l'écran sur une bande-son électro mixant beat industriel au synthé et chœur de cordes méditatif. La caméra déploie des panoramiques somptueux sur les détails du design : rainures et ceinture de caisse, enjoliveur en gros plan, logo LE illuminé sur le volant ; puis elle suit le véhicule en accélération sur une route déserte dans un décor urbain de science-fiction. Le film s'achève sur la voiture qui se gare dans un astroport à la *Star Trek* (ou bien un aéroport désert des années 2050), à la rencontre d'un homme en tee-shirt noir à manches longues. Le public le salue par une salve d'applaudissements.

Jia Yueting réapparaît avec un sourire géant. Il est habillé comme l'homme du film, un smartphone LeEco surdimensionné dans la main droite. La LeSee, annonce-t-il, incarne le rêve de l'entreprise d'améliorer l'environnement et la vie des gens. « Je suis sûr que vous avez tous très envie de la voir en vrai, n'est-ce pas ? » Aux acclamations, le sourire de Jia s'élargit. « Je ne vous entends pas bien ! » La foule braille encore plus fort. « OK, dit Jia, vous n'allez pas être déçus ! »

Ces scènes de transes technophiles sont encore relativement nouvelles en Chine. Si, depuis une dizaine d'années, les groupes internet à l'instar d'Alibaba ou de Tencent mettent en scène de grands événements dans des stades, avec karaoké et chorégraphies élaborées, les entreprises locales découvrent depuis peu l'art du lancement de produit. Et on dirait qu'elles ont pris leurs leçons chez Apple. Jia applique le style jobsien de la vente de smartphones : arpenter la scène en magnifiant les produits de l'entreprise et leurs pouvoirs magiques.

«Comment on amène cette voiture ici?», demande-t-il à la foule. Il regarde son téléphone qu'il brandit comme un trophée. «Je vais l'appeler avec ce téléphone.» Il parle à l'appareil et une carte apparaît à l'écran, indiquant où se trouve le véhicule. L'instant d'après, Jia reçoit un message. Il le lit à la foule : « Un chauffeur du nom de Ding a accepté ma commande ! »

Le martèlement lourd de tambours se surimpose à un thème orchestral digne du *Titanic*. Jia se tourne vers un conteneur au bout de la passerelle. Les portes s'ouvrent libérant des nuages de neige carbonique. Puis, telle le char des dieux, la LeSee surgit lentement de l'obscurité. Lei Ding est au volant de la voiture qui avance à 5 km/h. Des lumières colorées stroboscopiques balaient la salle. «Waouh! s'exclame Jia enthousiaste. Waouh!» La voiture se gare sur un socle tournant qui l'exhibe sous tous les angles. (Huit mois plus tard, *BuzzFeed* a révélé que la voiture était en fait télécommandée depuis les coulisses, mais le public l'ignorait.) Les spectateurs se lèvent comme un seul homme, le smartphone à bout de bras pour photographier la machine étincelante.

«C'est un grand moment d'émotion, dit Jia. Alors que tout le monde doute de notre capacité à développer une voiture pareille et se moque de nous, nous vous la présentons ici.»

Jia et Lei posent avec leur bébé pour la photo avant de conclure la cérémonie. À l'heure de renvoyer la voiture dans sa boîte, Jia parle de nouveau au téléphone. Alors que la LeSee s'éloigne sans chauffeur, de son poing droit levé il frappe doucement le ciel.

En Chine, il n'y a pas à chercher très loin pour voir le changement à l'œuvre, mais le dynamisme n'est sans doute nulle part ailleurs plus palpable que dans la ville frontière de Shenzhen. Dans les années 1970, ce n'était qu'un modeste village de pêcheurs au bout du chemin de fer Kowloon-Canton. Depuis qu'en 1980, dans le cadre de sa politique d'ouverture, Deng Xiaoping en a fait une Zone économique spéciale, Shenzhen connaît une croissance économique accélérée ; sa population a dépassé les 12 millions d'habitants. C'est aujourd'hui une mégalopole prospère, débordante d'énergie et d'optimisme ; un aimant puissant pour les jeunes qui veulent se lancer dans les affaires ou se faire embaucher dans l'un de ses groupes de technologie comme l'industriel Huawei, le géant de l'Internet Tencent ou le fabricant d'iPhones Foxconn. Les migrants chinois représentent 80 % de sa population.

Shenzhen s'étire sur 56 kilomètres jusqu'aux Nouveaux Territoires de Hong Kong. La traverser en voiture, c'est longer gratte-ciel flambant neufs, centres commerciaux ou de congrès, salles de spectacles et palais omnisports à la géométrie radicale, chaque bâtiment rivalisant dans l'ostentation, jouant des coudes à force de dômes réfléchissants, treillis raffinés, épis structurels, nids d'abeilles, lames de rasoir, corniches suspendues… Plus qu'une fête architecturale des sens, c'est un déchaînement orgiaque.

La ville est grise, une clameur sale d'immeubles, de rues et de ciel, compensée çà et là par des pelouses verdoyantes qui s'ensauvagent sous le climat tropical en se nourrissant de gaz carbonique. L'air est rêche de particules et donne l'impression d'expirer de la terre. La rue assaille les piétons de dissonances olfactives : fumet de bœuf bouillonnant sur des étals, légère odeur chimique de pneu brûlé, émanant des usines alentour, remugle d'égouts. Au pied d'abribus affichant des pubs pour l'Apple Watch, des seaux recueillent les fuites des passages souterrains. Les klaxons retentissent à tout-va. De la pop chinoise se déverse hurlante par les portes ouvertes des boutiques. Des jeunes affairés vont et viennent en jeans ajustés et jolies robes d'été. Impossible de se rappeler le village de pêcheurs somnolent d'autrefois et il est probable que personne ne s'y essaie. À Shenzhen, tout le monde va de l'avant.

« Bâtis tes rêves ». Le slogan se prête idéalement à cette ville, à cette époque. Mais c'est celui de BYD Auto, l'un des plus grands vendeurs de voitures électriques au monde, le plus grand si on ajoute les hybrides. La division automobile de BYD Company est à Shenzhen depuis 2003, date du rachat de Tsinchuan Automobile Company, un constructeur local en faillite. Sa première voiture, la F3, une berline à essence vendue 10 000 dollars, est sortie d'usine en 2005.

Pour se rendre au siège de BYD Auto, il faut compter 40 kilomètres du centre-ville jusqu'à la banlieue industrielle de Pingshan, en longeant un continuum morne d'usines, d'immeubles lugubres exhibant du linge pendu aux fenêtres et de glissières d'autoroute où s'alignent des vendeurs de housses de siège de voiture. Sur le trajet, une grue a laissé échapper un conteneur maritime. Mon taxi slalome entre les caisses en carton contenant des bouteilles d'huile de moteur qui jonchent la chaussée.

Le campus de BYD Auto s'étend derrière une arche coiffée de tubes d'acier et d'aluminium, tentative de grandeur industrielle défraîchie. Les murs de l'hexagone grand comme un terrain de football qui héberge le siège mondial du constructeur sont peints du même bleu que les chemises d'uniforme des salariés. Ma guide pour la journée, une jeune femme du marketing, est fière d'être chez BYD, une des rares entreprises chinoises pouvant prétendre à une présence mondiale. Elle possède des bureaux et des usines aux États-Unis, au Canada, au Japon, en Corée, en Inde, au Mexique et en Europe. Tout compris, le groupe a réalisé 11 milliards de dollars de chiffre d'affaires en 2015.

Wang Chuanfu, ingénieur et chimiste, a cofondé BYD en 1995 à l'âge de 29 ans, avec 300 000 dollars collectés auprès de sa famille. L'entreprise a gagné ses premiers millions en fabriquant des batteries rechargeables pour téléphones portables et comptait Motorola, Nokia, Sony Ericsson et Samsung parmi ses clients. Après l'entrée à la Bourse de Hong Kong et le rachat de Tsinchuan, Wang a voulu devenir un des leaders de la voiture électrique et de l'énergie solaire. Ce qui l'a mis sur la route de Warren Buffet. Une filiale de Berkshire Hathaway a pris 10 % du capital de la société pour 230 millions de dollars sur la recommandation de Charlie Munger, l'associé de « l'oracle d'Omaha », à qui il a soufflé que Wang « tient de Thomas Edison pour la résolution des problèmes techniques et de Jack Welch pour la mise en œuvre ».

En parcourant l'hexagone (un précurseur style Tetris du « vaisseau spatial » d'Apple), ma guide me dit qu'elle adore la vie à Shenzhen. Le climat y est agréable et les nouveaux arrivants trouvent à s'y loger, alors qu'à Pékin ou à Shanghai, les politiques antispéculatives de la municipalité compliquent l'accession à la propriété des non-résidents. Après tout, Shenzhen est une ville d'étrangers : huit habitants sur dix sont des migrants, de même que huit acheteurs de logement sur dix.

BYD rêve d'un monde décarboné. Nous achevons notre tour du bâtiment en longeant des parkings bondés de voitures du groupe et de douzaines de Denza, un utilitaire électrique produit en partenariat avec Daimler. L'intérieur fait l'effet d'un hôpital semi-abandonné avec ses sols en faux marbre et son absence quasi totale de lumière naturelle.

Après un tour rapide du showroom musée exhibant les batteries et produits électroniques best-sellers du groupe, ma guide me conduit à un diorama qui présente la vision de l'entreprise : des panneaux solaires et des éoliennes implantés dans un désert fictif alimentent les batteries d'une antenne relais en bordure d'une zone d'habitation verdoyante. Des camions électriques circulent dans les rues miniaturisées, une voiture stationne dans le garage en rez-de-chaussée d'une maison luxueuse. Des stations de recharge sont disséminées un peu partout comme le seraient des pompes à essence.

BYD a adopté une double stratégie selon qu'il s'adresse aux particuliers ou aux professionnels. Pour les premiers, il ne mise pas sur le 100 % électrique à court terme. Ses SUV et berlines seront encore en majorité hybrides pour les années à venir. L'entreprise estime que les infrastructures de recharge chinoises ne sont pas encore accessibles à la majorité des automobilistes. Rares sont les citadins (55 % de la population) qui résident dans des maisons individuelles disposant de leur propre garage ; la plupart vivent dans des gratte-ciel avec ou sans parking collectif. Se brancher est un problème.

Les hybrides de BYD, équipés à la fois d'une batterie et d'un réservoir à essence, répondent aux critères des aides publiques permettant de déduire jusqu'à 8 000 dollars du prix de vente. Surtout, ils dispensent leurs propriétaires de la loterie ou des ventes aux enchères de plaques d'immatriculation imposées par les grandes villes aux acquéreurs de véhicules conventionnels, afin de lutter contre la pollution, de contrôler le nombre de véhicules sur les routes et d'encourager l'achat de véhicules propres. Les chances d'un acheteur de voiture classique de voir son nom tiré sont extrêmement faibles. Par exemple, à Pékin en janvier 2016, elles étaient de 0,15 %. Ailleurs, les plaques mises aux enchères s'arrachent pour 14 000 dollars, soit un coût parfois supérieur au prix de la voiture. Malheureusement, souligne Shaun Rein, directeur du China Market Research Group basé à Shanghai, les gens achètent une hybride BYD pour obtenir leur plaque, mais s'embarrassent rarement de la brancher, préférant recharger leurs batteries en roulant… à l'essence.

En revanche, BYD concentre tous ses efforts électriques sur les taxis et les bus qui représenteraient, selon l'entreprise, 20 % de la consommation de carburant du pays. Les bus électriques du groupe sont déjà en circulation dans le centre de Shenzhen et plusieurs États américains comme Washington et la Californie. Ses taxis électriques circulent au Chili, en Uruguay, à Hong Kong, au Royaume-Uni et aux Pays-Bas. Le constructeur produit également en motorisation électrique des chariots élévateurs, bennes à ordures, tombereaux et bétonnières commercialisés dans le monde entier auprès d'entreprises et d'organisations sensibles à l'environnement. La Californian Air Resources Board (CARB), par exemple, subventionne les entreprises qui électrifient leur flotte industrielle. En juin 2016, le comté de San Bernardino, l'un des plus pollués de Californie, a reçu 9,1 millions de dollars pour l'achat de 27 camions électriques BYD. Et c'est dans cet État, à Lancaster, que le groupe chinois fabrique ses poids lourds pour le marché américain.

Si ma guide m'assure aimer les voitures fabriquées par son employeur, d'autres interlocuteurs ne sont pas aussi convaincus. Un jeune Pékinois travaillant pour une de ces start-up qui rêvent de supplanter BYD les trouve « *cheap* et vilaines » et leurs fonctionnalités dépassées «inadaptées aux besoins de la jeunesse urbaine».

De fait, les voitures de BYD n'ont rien de sexy. Trapues à l'extérieur, elles font toc à l'intérieur. Le constructeur projette une image aussi guindée que les chemises d'uniforme qu'il impose à ses salariés. Il semble en avoir conscience. En avril 2016, un dirigeant lorgnant avec envie sur Tesla a déclaré que la marque serait la priorité numéro un des deux à trois prochaines années. «On ne sait pas vendre des dizaines de milliers de voitures avant d'en avoir produit une seule », a déclaré la vice-présidente Stella Li à Bloomberg, faisant allusion à la Model 3 de Tesla qui avait enregistré plusieurs centaines de milliers de précommandes plus d'un an avant la première livraison. «Nous saurons le faire quand notre marque sera installée.» BYD a recruté un cabinet de conseil en marques et procédé à un changement de taille à l'occasion d'une manifestation commerciale en prélude à l'édition 2016 du Salon de l'automobile de Pékin. Pour son discours, le PDG Wang a arpenté la scène de long en large, vantant la mission de l'entreprise de nettoyer l'atmosphère et de rendre les routes plus sûres. On aurait cru Jia Yueting, voire Elon Musk. L'année précédente, il avait lu son discours debout à un pupitre.

Mais tandis que BYD tente de s'acheter une aura marketing, une nouvelle génération de constructeurs automobiles électriques chinois espère la conquérir sur le terrain en empruntant à la Silicon Valley un peu de son effervescence.

Par une journée ensoleillée de mai 2016, je remonte une ruelle en ciment poussiéreuse d'une zone industrielle au nord-est de Pékin, en compagnie de Li Xiang. Il n'y a pas grand-chose à part quelques ateliers de réparation et le centre de recherche de Che He Jia, l'une des start-up automobiles les plus intrigantes du pays. Li, qui a été aussi un des premiers investisseurs de Nio, a créé l'entreprise en 2015, à 34 ans. Quand je le rencontre, il a déjà levé 300 millions de dollars de capitaux auprès de l'équipe fondatrice, de capital-risqueurs et de LEO Group, investi notamment dans l'approvisionnement en eau potable, la construction de centrales électriques et l'ingénierie pétrochimique.

Les bureaux loués par Che He Jia faisant face à l'un de ces ateliers de réparation, nous longeons des garages ouverts et des Volkswagen froissées avant de contourner le bâtiment en ciment pour y entrer par l'arrière. Li marche d'un pas léger en Nike et jean. Alors que nous approchons de la porte, il agite les mains : « Pas de photos. » Nous entrons. La première chose que je vois est une Renault Twizy, voiturette biplace à une vitesse et moteur électrique de dix-sept chevaux, et un scooter électrique lui aussi. J'imagine qu'ils servent de points de comparaison.

À ma gauche, j'avise trois maquettes en argile grandeur nature de mini-voitures au pare-brise vertical et à l'arrière abrupt. Identiques à quelques détails près, elles font chacune 2,50 mètres de long sur un mètre de large, assez grandes pour deux passagers assis l'un derrière l'autre. De couleur noir et argent, elles ressemblent à des escargots mécaniques sortis tout droit d'un clip de Daft Punk. Leur nez carré ajoute une touche macho à un physique sinon fragile, même si l'idée n'est pas d'en faire des *muscle cars*. L'entreprise les appelle «véhicules électriques intelligents» (VEI) et les a conçus pour la ville uniquement. Ils sont donc bridés à 40 km/h pour une autonomie de 80 kilomètres. Leur taille permet d'en garer quatre sur une place normale. L'entreprise comptait les mettre sur le marché à la fin de 2017.

Che He Jia est une des nombreuses start-up automobiles que compte la Chine et Li, fondateur du site Autohome, coté en Bourse, un des nombreux entrepreneurs issus de l'Internet chinois qui entendent créer un constructeur automobile pour le XXIe siècle. Li et compagnie sont aiguillonnés par les premiers succès de Tesla, enhardis par les aides publiques au transport propre et convaincus que la convergence de la motorisation électrique, de la connectivité et des technologies de conduite autonome offre à de nouveaux acteurs une occasion, comme il n'y en a qu'une par siècle, d'entrer sur le marché.

Outre Nio et Byton, ces start-up auto issues de l'Internet chinois comptent dans leurs rangs : Xiaopeng, soutenue entre autres par Alibaba, Foxconn et le milliardaire russe Yuri Milner ; Sokon qui a racheté Inevit, la start-up de batteries créée par Martin Eberhard et l'a nommé patron de l'innovation de sa filiale américaine SF Motors ; WM Motor, fondée par un ancien dirigeant de Geely, la maison mère de Volvo ; Singulato Motors créée par un ex-patron de Qihoo 360 ; un partenariat entre Alibaba et l'entreprise publique SAIC. Des constructeurs déjà installés tels CH-Auto et Changan Automobile fabriquent aussi des véhicules électriques. À ce rythme, une douzaine de sociétés auront probablement fait leur apparition depuis la publication de ce livre. En fait, selon une étude de 2016 du Centre de recherches et de technologies automobiles de Chine (CATARC), le pays abrite plus de deux cents fabricants de véhicules à énergie nouvelle. La plupart sont loin des normes mondiales en termes de qualité, de sécurité et de technologie. Les pouvoirs publics ont envisagé d'imposer des contraintes strictes afin de remonter le niveau, mais un quotidien proche du Parti communiste chinois a laissé entendre que cette initiative balaierait 90 % des start-up.

Le pouvoir central joue un rôle énorme en Chine où les obligations, les incitations et les contraintes sont souvent énoncées sous forme de plans à cinq ans, de déclarations de politique publique et de communiqués à la presse. Une entreprise ne peut espérer réussir sans au moins l'accord tacite des autorités (son existence est subordonnée à des licences d'exploitation et autres autorisations) et l'entretien de bonnes relations avec le régulateur (*guanxi* en chinois) facilite les choses. Au niveau macroéconomique, le pouvoir contrôle les taux d'intérêt, les taux de change et le prix de l'énergie, entre autres leviers économiques. Il contrôle également les secteurs considérés comme stratégiques par le truchement d'oligopoles publics dans la banque, l'énergie et les télécommunications, par exemple.

Les véhicules électriques se situent au carrefour idéal d'un secteur stratégique (l'énergie) et d'une industrie (l'automobile) déjà riche de conglomérats publics tels BAIC et SAIC. L'essor mondial de la voiture électrique se produit aussi à un moment où les problèmes de qualité de l'air mettent les autorités en mode crise. La pollution à Pékin est telle qu'en respirer l'atmosphère est aussi dommageable pour les poumons que de fumer deux paquets de cigarettes par jour. Les manifestations contre cet état de fait se multiplient. Parallèlement, le pouvoir tente de sevrer l'économie de sa dépendance aux ressources naturelles (charbon, acier et fer notamment) et de mettre l'accent sur l'innovation. En 2011, la stratégie nationale chinoise en matière de propriété intellectuelle comprenait sept secteurs pour les dix années à venir : biotechnologies, équipements industriels haut de gamme, infrastructures haut débit, semi-conducteurs haut de gamme, stockage de l'énergie, énergies nouvelles et véhicules à énergie propre. En 2017, on y a ajouté l'intelligence artificielle.

Les véhicules à énergie nouvelle ont fait l'objet d'une attention particulière. Lors de son dernier plan quinquennal, le pouvoir central s'est donné pour objectif d'en mettre 5 millions en circulation en 2020. Il a promis des aides financières aux entreprises qui dépassaient les objectifs de ventes de voitures électriques et de capacité des batteries, et il investit dans les infrastructures en incitant parallèlement les municipalités à subventionner le prix de la recharge. Il a imposé aux ministères l'achat de véhicules propres *made in China* et propose des incitations financières à l'investissement dans la location de voitures, le recyclage des batteries et l'exploitation des stations de recharge, etc. Pour l'avenir, les autorités ont également exprimé leur soutien à la conduite autonome. La Chine voudrait que la moitié des véhicules en circulation soit équipée de logiciels de sécurité avancés en 2020, qu'un sur cinq soit très autonome en 2025 et qu'un sur dix le soit en totalité en 2030. Elle prévoit de fixer une date au-delà de laquelle les constructeurs devront cesser la vente de véhicules à essence.

À l'atelier de Che He Jia, Li fait demi-tour pour me montrer «la peau» de la voiturette, une coque en polystyrène qui habille une maquette de l'habitacle. Je me glisse sur le siège et me crois à bord d'une voiture de course de jeu d'arcade. Le volant est un rectangle aux coins arrondis. Le tableau de bord est surmonté d'un écran tactile qui remonte un peu sur le pare-brise. À l'écran apparaît une image de la chanteuse Taylor Swift, comme si une appli diffusait un de ses albums. Je note les aérateurs d'air conditionné, la fermeture automatique des portes et les boutons de contrôle audio sur le volant. J'appuie sur les pédales, m'imaginant en train de me faufiler sur les périphériques engorgés de Pékin. Je n'aimerais pas être percuté par un autre véhicule (ni même une pastèque égarée) dans cette voiture, mais il est peu probable qu'elle roule à une vitesse susceptible de provoquer des blessures graves.

Le VEI sera proposé aux jeunes Chinois des grandes villes (Pékin, Shanghai, Shenzhen, Guangzhou) pour 7 000 dollars. Première voiture pour de nombreux acheteurs, ce serait aussi une montée en gamme après les vélos électriques que ces jeunes urbains utilisent depuis une vingtaine d'années. Li veut les remplacer en offrant aux gens la possibilité d'acquérir une voiture bon marché. «Nous ne cherchons pas à concurrencer Tesla ou quelque autre grand constructeur, a-t-il écrit en octobre 2015, à ses 600 000 *followers* sur Sina Weibo, le Twitter chinois. Nous voulons juste construire des voitures intelligentes, compactes et accessibles à tous.»

Li est un multimillionnaire autodidacte, élevé par sa grand-mère à Shijiazhuang, la capitale du Hebei, province du nord de la Chine. Passionné de technologie, il en a toujours été un utilisateur précoce. Adolescent dans les années 1990, il chroniquait les gadgets pour des sites high-tech et, à 18 ans, a créé le sien, PCpop.com. Véritable succès, l'entreprise a acquis une grande audience dans le pays, rapportant des millions de dollars de chiffre d'affaires. Mais Li avait d'autres ambitions. À 23 ans, il a filialisé la rubrique voiture du site pour créer Autohome. D'abord simple support de chroniques, le site est devenu une véritable place de marché qui diffuse information indépendante et tests, et fournit aux constructeurs et distributeurs des mines de données sur les consommateurs. Très vite Autohome est devenu la référence en matière d'information automobile et connaît une activité extrêmement rentable. En décembre 2013, son entrée à la Bourse de New York, où elle a levé 133 millions de dollars, ce qui la valorisait à 3,2 milliards, a fait la fortune de Li. Il vit désormais à Shunyi, une banlieue chic de Pékin où villas élégantes et Tesla abondent.

Li a d'ailleurs été l'un des neuf premiers acquéreurs de Model S en Chine. Devant un parterre de journalistes et de fans réunis pour le lancement du véhicule à Pékin en avril 2014, Elon Musk en costume, accompagné de Talulah Riley, sa femme d'alors, a tendu les clés de la Model S à Li. Interviewé ensuite par la télévision, celui-ci s'est félicité tout sourires de son achat, avec une pointe de scepticisme : « Elle a la ligne d'une voiture à un million de dollars et les sensations au volant d'une voiture à plus de 200 000 dollars. Mais la banquette arrière est celle d'une caisse à 15 000 ou 20 000 dollars. »

L'article qu'il a écrit ensuite était encore plus accablant. S'il applaudissait la conduite et l'accélération tout en souplesse, il attaquait le toit ouvrant fuyard, les essuie-glaces qui salissaient le pare-brise, la dureté d'une banquette arrière cauchemardesque et un habitacle médiocre qu'il comparait à celui d'une Honda Accord. « Il n'y a même pas de porte-gobelet », m'a-t-il dit plus tard en riant, rejoignant l'agacement des premiers acheteurs américains (Tesla en équipe désormais tous ses modèles).

Comme Musk, Li est un patron interventionniste. Chez Autohome, il testait lui-même de nombreux véhicules et rédigeait les articles. Son service de presse m'a répété inlassablement qu'il connaît ses affaires dans leur moindre détail et, de fait, il répond minutieusement aux questions. C'est un tycoon modèle Silicon Valley, geek d'abord, businessman ensuite, adulé par les millennials chinois qui voient en lui la réussite d'un autodidacte capable de refuser le carcan éducatif de son pays pour réaliser ses rêves. À la différence de nombreux dirigeants d'entreprises chinoises en vue, Li s'habille décontracté et fait profil bas, fuyant l'autopromotion tapageuse d'un Jia Yueting ou d'un Zhou Hongyi, le cofondateur controversé de l'éditeur d'anti-viraux internet Qihoo 360.

Li et son groupe s'enorgueillissent de la connaissance intime, façon Amazon, qu'ils ont de leurs clients. «De quoi a besoin le véritable consommateur chinois?», se demande le PDG. Les véhicules élec-triques construits jusqu'ici n'ont pas en tête le consommateur chinois moyen, poursuit-il. Les Tesla sont des produits californiens, pensés pour de grandes autoroutes, de longs trajets travail-domicile, des maisons équipées de garages où l'on peut recharger. Avec ses 150 kilomètres d'autonomie, la compacte i3 de BMW, quant à elle, est un produit européen, adapté à un urbanisme dense et à des dis-tances relativement courtes entre les villes. En Chine, en revanche, la population est concentrée dans plusieurs centaines de villes très éloignées les unes des autres, mais surpeuplées. La Chine compte 41 métropoles de plus de 2 millions d'habitants, plus d'une douzaine de plus de 5 millions et 5 mégalopoles de plus de 10 millions. Les VEI de Che He Jia sont parfaitement adaptées à la circulation en ville, mais le groupe doit imaginer autre chose pour en sortir.

De retour à l'atelier, après que je me suis extirpé de la maquette, Li s'approche de deux tableaux. Tout sourires, il me montre les esquisses de son deuxième véhicule: un SUV à grande autono-mie dont la sortie est prévue pour 2018. L'allure générale est plutôt badass – on retrouve le mufle bouledogue du VEI, mais sportive aussi, avec des arêtes bien nettes qui lui dessinent une jolie croupe. Les portières montent haut à la rencontre de vitres en forme de clin d'œil et le pack de batteries est fixé bas, sous le plancher. Conçu pour la famille et ses bagages, il comporte cinq places et un coffre supplémentaire à l'avant. Et pour renforcer le sentiment de sécurité dans les longs trajets sur autoroute, il sera censé résister aux colli-sions à grande vitesse.

Le SUV ne sera pas 100% électrique, mais doté d'un réservoir à essence portant son autonomie à 600 kilomètres, concession au manque d'infrastructures de recharge en Chine. Le VEI, en revanche, était équipé d'un pack de 10 kilos, qu'on pouvait retirer à la main et brancher sur une prise classique au bureau ou à la maison pour la recharger pendant la nuit (ce que faisaient déjà les quelque 200 millions de cyclistes chinois roulant à l'électrique). Comme Tesla, Che He Jia se fournit en cellules lithium-ion auprès de Panasonic. Il faut six heures pour recharger celle d'un VEI, mais il récupère 20 kilomètres d'autonomie en une demi-heure.

Cela dit, peut-être que les gens ne conduiront plus du tout. C'est l'autre raison qui a convaincu Li que 2015 était le bon moment pour investir dans l'automobile. Lui et sa génération sont persuadés que la voiture autonome est imminente. « L'autonomie viendra peut-être avant l'électricité, estime-t-il. La révolution en cours dans les logiciels est plus rapide que dans les batteries. » Les voitures de Che He Jia sont pensées et construites d'emblée pour l'ère autonome.

Mon dernier séjour en Chine remontait à l'été 2012. Pendant que ma petite amie (devenue ma femme) faisait un stage dans un cabinet d'avocats (chinois), je couvrais le secteur high-tech et ses start-up les plus intéressantes pour « PandoDaily ». Une fois rentré, j'ai écrit un e-book intitulé *Beta China* sur l'émergence d'une culture de l'innovation chez les entreprises de l'Internet chinois. J'avais pour hypothèse que les sociétés high-tech du pays étaient en train de passer du stade de la copie d'idées américaines à celui de l'invention de produits et de modèles économiques. J'y donnais pour exemples de leaders innovants qui montraient le chemin, le fabricant de smartphones Xiaomi et l'appli WeChat de Tencent, devenue *de facto* l'Internet de nombreux utilisateurs de smartphones.

Quatre ans ont passé avant que je ne revienne dans l'empire du Milieu. Même si vous n'avez qu'une vague idée du développement économique de la Chine depuis trente ans, vous vous attendez sans doute à ce que j'évoque l'ampleur des changements. Le cliché sur la transformation accélérée que connaissent les Chinois depuis le début de leur révolution capitaliste est si usé qu'il est aussi lisse que le granite du Yosemite.

Quand même. Tant de choses ont changé.

À Pékin, par la vitre des taxis (mon mode de transport principal pendant ce court séjour), j'ai pu constater l'ajout de nombreux gratte-ciel et de centres commerciaux tape-à-l'œil, l'audace et la liberté nouvelles des architectes, la visibilité plus grande des Starbucks, Burberry et autres marques occidentales, mais aussi de marques chinoises comme Maman Coffee et Li-Ning. Comme à Shenzhen, les publicités pour l'Apple Watch fleurissent partout où le chaland se presse. J'ajouterais que l'atmosphère m'a semblé un peu plus âcre encore.

Mais les changements les plus importants sont invisibles. C'est particulièrement vrai de la high-tech qui fournit le détonateur de l'explosion du transport électrique. En 2012, par exemple, peu d'Américains ont prêté attention au phénomène WeChat. Or, en 2016, Tencent avait déjà intégré un écosystème complet de services à WeChat, l'appli utilisée par plus de 800 millions de personnes par mois en moyenne. Les gens l'utilisent pour discuter avec leurs amis, mais aussi pour payer leurs factures, commander un taxi, acheter des chaussures et virer de l'argent, etc. Au point qu'Evan Spiegel, le fondateur de SnapChat, a dit prendre Tencent pour « modèle ». Stan Chudnovsky chez Facebook a déclaré s'être inspiré de WeChat pour Messenger et Kik, une entreprise pour laquelle j'ai travaillé à mi-temps, a l'intention de devenir le « WeChat de l'Occident ». (Depuis, Tencent a investi dans Kik et SnapChat.)

Parallèlement, Xiaomi a connu une croissance folle. En 2015, il vendait plus de 70 millions de smartphones et a été, brièvement (avant Uber), la start-up la mieux valorisée au monde, avant de perdre du terrain en raison de l'exacerbation de la concurrence sur le marché des mobiles. Pendant ce temps, en mai 2016, le réseau social de vidéos Musical.ly, basé à Shanghai, se hissait en tête de l'App Store d'Apple, une première pour une start-up chinoise, tandis que le moteur de recherche Baidu annonçait qu'il faisait rouler une voiture autonome sur le cinquième périphérique de Pékin depuis décembre 2015.

En octobre 2014, Shaun Rein, patron du China Market Research Group, publiait *The End of Copycat China*, où il reprenait sous l'angle économique la thèse que je présentais dans *Beta China*. La Chine, écrit-il, a progressé en matière d'innovation, passant du stade de la copie à celui « d'innovation pour le marché chinois », puis d'innovation sur le plan mondial. Ce progrès « est impulsé par les consommateurs chinois qui veulent les meilleurs produits et services conçus d'abord pour eux, et par des entreprises ambitieuses et bien capitalisées qui cherchent à compenser un marché intérieur plus concurrentiel et en voie de ralentissement en devenant des acteurs mondiaux ».

La veille de ma visite au centre de R&D de Che He Jia avec Li Xiang, j'ai déjeuné cantonais avec une de ses nouvelles recrues à la communication qui arrivait de Mercedes-Benz. Le restaurant haut de gamme se trouvait dans un centre commercial, à proximité d'immeubles de bureaux du quartier Wangjing. Entre deux bouchées de *congee* (gruau de riz), mon hôte trentenaire a conforté mon impression d'un changement culturel récent : « Les gens sont plus discrets dans leur consommation. Ils cherchent moins à en mettre plein la vue. » Plusieurs facteurs expliquent cette mutation : d'abord la campagne des autorités contre la corruption, puis le ralentissement de l'économie et l'élargissement de la classe moyenne. Au lieu de se jeter sur les produits de luxe tapageurs, nombre de consommateurs adoptent le profil des célébrités de la Silicon Valley comme Musk, Jobs ou Zuckerberg qui incarnent pouvoir et prospérité sans avoir besoin de les étaler.

Rein l'évoque aussi dans *The End of Copycat China* : « Au tournant du millénaire, les produits de luxe étaient inabordables, dit-il de la première période. L'étalage de richesses et le bling-bling faisaient partie intégrante de l'accession à un nouveau statut social. » Les marques les plus tape-à-l'œil telles Louis Vuitton, Omega et Montblanc dominaient la scène. « Plus le logo était gros et criard, mieux c'était. » Cependant, les goûts ont très vite changé ; les acheteurs ont privilégié le savoir-faire, la qualité des matériaux, la tradition et la pérennité à l'exhibition et aux étiquettes. « Si le statut reste central dans la culture chinoise, explique Marty Wikstrom, président du chausseur de luxe londonien Harrys, les achats reflètent désormais davantage des styles personnels. » Ces tendances allaient aussi affecter les perspectives des constructeurs automobiles dans le pays.

À son bureau, au centre de R&D de Che He Jia, Li Xiang m'explique cette évolution et ses effets sur l'innovation en termes générationnels. Les Chinois nés dans les années 1950 et 1960 ont connu l'austérité et recherchent la meilleure qualité au meilleur prix. Ceux des années 1960 et 1970 ont grandi avec un meilleur système éducatif et ont vécu l'ouverture économique du pays. Parmi eux, ceux qui ont rejoint le secteur des technologies naissantes ont cherché l'inspiration du côté de la Silicon Valley et appliqué la stratégie « copie pour la Chine » afin de répondre aux besoins de leurs compatriotes (cette stratégie était si répandue qu'elle avait son acronyme : C2C, sur le modèle BtoB). Mais ceux qui sont nés dans les années 1990 ont grandi dans une Chine moderne, avec des perspectives très différentes. Ils ont été bien formés et plongés dans Internet très tôt, ce qui leur a permis de fréquenter la communauté internationale. Ils sont plus indépendants d'esprit, dit Li. Les millennials chinois ont été témoins de l'essor des géants de l'Internet Tencent, Alibaba ou Baidu, ils les ont vus concurrencer leurs rivaux américains, voire les dépasser. Alibaba, par exemple, a su repousser eBay ; la popularité d'Alipay, son service de paiement, a empêché PayPal de prendre pied dans le pays.

Autrefois, les entreprises chinoises imitaient les sites américains, mais à présent continue Li pensant sans doute à WeChat, « ce sont les Américains qui copient les applis chinoises. Les groupes chinois et leurs dirigeants doivent réfléchir à leur propre modèle de croissance. Ils ne peuvent plus être dans la roue des autres ».

Le développement des technologies en Chine est marqué géographiquement. En 2012, leur terrain de décollage à Pékin était le technopôle de Zhongguancun, dans l'arrondissement du Haidian, qui abrite entre autres Lenovo, Microsoft et Sohu. On le surnommait la « Silicon Valley chinoise » en raison de la profusion de revendeurs d'électronique et de sa proximité avec l'Académie des sciences et les universités Tsinghua et de Pékin, les deux plus prestigieuses du pays, qui fournissent en cadres et talents les entreprises du secteur.

Mais en 2016, l'épicentre des start-up s'était déplacé. La plupart des magasins d'électronique du technopôle ont disparu, tués par l'essor du e-commerce. Les sociétés internet les plus recherchées se sont installées plus à l'est, à Wangjing, dans l'orbite de l'immanquable mégacomplexe Galaxy Soho, dessiné par l'architecte Zaha Hadid, dont les trois tours ovoïdes surgissent du sol tels les ailerons de baleines mécatroniques.

Zhongguancun représente la vieille école, Wangjing la nouvelle. Au Soho, on trouve les start-up à la mode comme le géant du shopping discount Meituan, et Ele.me, celui de la livraison de repas. À l'heure du déjeuner, la foule des geeks de 20 ans envahit la place du complexe pour se restaurer. En son centre, des jeux d'eau exubérants émettent de la musique douce par des haut-parleurs invisibles. Je demande à ma guide, une jeune marketeuse de la start-up de voitures électriques Singulato Motors, la raison de cette musique mystérieuse si bruyante à l'heure du déjeuner. Réponse : « Peut-être pour calmer les salariés stressés. »

De l'autre côté de la rue, le bureau de Tiger Shen au siège de Singulato Motors surplombe du seizième étage sa propre oasis : un jardin gazonné et une cour carrelée. Ex-directeur produit chez l'éditeur d'antivirus Qihoo 360, il a créé Singular Motors en octobre 2014 sous le nom chinois de Zhiche Auto qui signifie « véhicule intelligent ». J'ai eu le temps de regarder par la fenêtre car il était retenu par des discussions avec des fonctionnaires. La pièce est étouffante, la climatisation ayant été éteinte une bonne partie de la matinée. Quand il arrive, je suis devant la porte de son bureau à regarder un système de vision artificielle sur un écran. Shen ôte sa gabardine froissée, l'accroche dans une penderie derrière son bureau et s'assied en face de moi. Dans l'open space à côté, quelque quatre-vingts salariés assis à des rangées de longues tables scrutent des écrans.

Shen, vêtu d'un polo bleu Tommy Hilfiger et coiffé d'une tignasse effrangée façon Beatles, a fondé Singulato pour profiter d'un marché dont il attribue l'ouverture à Tesla. « Tesla a construit la première voiture intelligente au monde », dit-il. Éternel premier de la classe, il entre à Jiao Tong, la prestigieuse université de Shanghai, à l'âge de 15 ans et en ressort diplômé en management et robotique quatre ans plus tard. En 2000, après avoir travaillé comme ingénieur au Japon chez l'éditeur de logiciels Open Net, il crée JWord, une solution à un problème d'indexation des Japonais sur Internet (le logiciel remplace les noms de domaine par des mots-clés). En 2005, il cède l'entreprise à Yahoo! Japon dont il devient un des dirigeants, tout en prenant une participation dans Kingsoft Japon, également dans la cybersécurité. Il contribue à la mise en Bourse de l'éditeur, puis rejoint Qihoo 360, à la demande du PDG Zhou Hongyi, où il développe des appareils connectés (routeurs et montres intelligentes pour enfants).

En 2014, à l'arrivée de la Model S en Chine, Shen perçoit aussitôt la puissance transformatrice du phénomène. «C'était un vrai marqueur de changement, dit-il, comme le premier iPhone.» Tesla appliquait les méthodes d'amélioration continue de la programmation logicielle à ses voitures et contrôlait tout numériquement. Le logiciel devenait «le cerveau» du véhicule et pouvait à l'avenir servir de plate-forme à d'autres applis. «C'était une grande nouveauté. Le monde d'après.» Des entreprises chinoises pourraient monter quelque chose de semblable, pense-t-il alors, comme Xiaomi qui a développé une alternative nationale séduisante à Apple. Il souhaitait le faire au sein de Qihoo 360, mais cette diversification étant incompatible avec l'objet principal de la société spécialisée dans la sécurité, il a créé sa propre entreprise et réussi à y attirer plusieurs spécialistes de l'automobile et du logiciel.

Depuis son enfance sur une base navale de la province du Fujian, Shen rêvait de construire une voiture. C'est fait. Singulato Motors a conçu un SUV électrique élaboré, le Singulato IS6, à la ligne futuriste. C'est une bête très stylisée à l'énorme mufle taurin et aux roues dotées d'enjoliveurs orange. Ce sont les fans qui ont choisi son nom, inspiré de la «singularité», terme de science-fiction signifiant la convergence de l'homme et de l'intelligence artificielle. Celui-ci a tellement plu à la direction qu'elle en a fait le nom anglais de l'entreprise.

En réalité, Singulato Motors avait soumis deux concept-cars au vote du public pour qu'il décide lequel produire. L'autre SUV était doté des mêmes portes-papillon que la Model X de Tesla, arborait des bandes à cristaux liquides (LCD) à l'avant comme à l'arrière, pour afficher des messages programmables (par exemple, HELLO à l'avant et STOP à l'arrière en cas de freinage). Certains salariés de l'entreprise ont été déçus que le public ne retienne pas ce modèle.

Comme les autres constructeurs de véhicules intelligents électriques, Singulato entend rendre ses voitures autonomes et ne compte pas faire fortune en vendant des machines. Il espère plutôt générer du chiffre d'affaires avec d'autres services et produits : assurances, maintenance, recharge et parking intelligent (Che He Jia a un projet similaire). La IS6, par exemple, peut en théorie communiquer avec une station de recharge intelligente pour s'y rendre et se recharger elle-même. Le fournisseur se connecterait automatiquement à la voiture pour gérer et personnaliser la prestation et la facturer en conséquence.

Si cette perspective se concrétisait, les constructeurs traditionnels seraient en mauvaise posture car le logiciel n'a jamais été leur compétence principale. C'est le pronostic de Shen. Si l'avenir donne raison à un modèle où les voitures électriques communiquent entre elles et avec les infrastructures, dans vingt ans, les voitures à essence « auront quasiment disparu ». Penché en avant, les mains posées sur la table, formant un triangle, Shen poursuit. La Model S de Tesla a déjà une autonomie de 500 kilomètres et les batteries n'iront qu'en s'améliorant, leur prix baissant en parallèle, jusqu'à multiplier par quatre ou cinq leur autonomie sur vingt ans. Dès lors, les voitures à moteur thermique n'auront plus leur place.

« C'est ce qui se passera, pour sûr », conclut-il.

L'imminence d'une véritable révolution dans l'automobile ne doit pas exclure la probabilité d'un échec de Singulato Motors et de ses semblables. Après tout, aux États-Unis, trois start-up financées par le capital-risque sur quatre ne rapportent rien à leurs investisseurs. En Chine, le ratio n'a pas de raison d'être meilleur. Les données sur la mortalité des start-up sont difficiles à trouver, mais sachant que sept nouvelles entreprises apparaissent chaque minute, les échecs sont inévitables. Peut-être Singulato est-il naïf de penser exploiter un modèle fondé sur le logiciel. Peut-être Che He Jia brûle-t-il les étapes en lançant son VEI deux ans après sa création. Peut-être Nio a-t-il les yeux plus gros que le ventre en voulant lancer ses modèles simultanément dans le monde entier.

Aucune de ces entreprises n'a prouvé une fois pour toutes sa capacité à fusionner en une seule entité les cultures disparates de l'automobile et des technologies de l'information. Aucune n'a encore développé une voiture parfaitement autonome et nul ne sait exactement comment les autorités chinoises réagiront à la perspective de transports autonomes.

Le défi des infrastructures de recharge reste également ouvert. En 2016, les opérateurs chinois étaient encore très loin de leurs objectifs d'installation de stations et n'avaient pas encore trouvé comment les rentabiliser. L'économie du pays, handicapée par le ralentissement de la croissance, est aussi lestée de dettes. Selon une source officielle, celles-ci représentaient 250 % du PIB en 2015, conséquence des plans de relance menés par le Parti communiste pour stimuler la croissance. Combien de temps cela peut-il encore tenir ? La première récession sérieuse balaierait les start-up dépendantes du capital-risque. Et les relations commerciales plus tendues avec les États-Unis depuis l'avènement de Donald Trump ne rendent l'avenir que plus incertain.

Pour Tesla, en grande partie responsable de cette effervescence de start-up automobiles, l'enjeu est moins celui d'un échec imminent que de l'ampleur de son succès.

La Chine est vitale pour l'avenir du constructeur californien et, de fait, pour celui de la voiture électrique. Si la Chine ne se convertit pas à la motorisation électrique, alors l'objectif de Tesla d'accélérer la transition vers des transports écologiques sera fragilisé. Cela dit, au risque d'enfoncer des portes ouvertes, le potentiel commercial du plus grand marché mondial (encore appelé à croître) est énorme et les ventes de véhicules électriques seront soutenues par des subventions publiques. Tesla dit que la Chine pourrait représenter jusqu'à un tiers de ses ventes à long terme. Voire encore plus. Mais les consommateurs chinois n'ont pas encore montré de véritable engouement pour les voitures électriques. Si les ventes ont augmenté de 223 % en 2015, elles ne représentent que 1,4 % du marché, hybrides inclus.

Un moment, le succès de Tesla en Chine a semblé mitigé. Les particularités administratives et culturelles de la Chine en font un pays difficile pour les entreprises technologiques américaines. Elles sont nombreuses à s'y être cassé les dents, à commencer par Google, Yahoo! eBay, Groupon et Uber. Elles doivent cet échec à un mélange d'orgueil, de méconnaissance du contexte économique et de mauvaise appréciation des goûts locaux. Certaines, Google notamment, n'ont pas su travailler avec les autorités chinoises (les rouages du *guanxi* n'ont pas été assez lubrifiés).

Au début, Tesla a semblé commettre les mêmes erreurs. Par exemple, comme le soulignait Li Xiang, la banquette arrière des premières Model S livrées en Chine était inconfortable et aussi dure qu'un banc. Or les Chinois fortunés préfèrent s'asseoir à l'arrière et être conduits par un chauffeur. En 2015, Tesla a réglé le problème en proposant une gamme « executive » où deux sièges remplaçaient la banquette. D'autres fonctionnalités disponibles sur les modèles exportés n'existaient pas sur la version chinoise. Ainsi, le système de navigation à partir des cartes de la voiture n'a été ajouté qu'au début de 2015.

D'autres problèmes imprévus ont surgi : des revendeurs ont tenté d'acheter la voiture en gros pour augmenter leur marge à la revente ; un homme d'affaires douteux a voulu prendre le constructeur en otage en déposant le nom de l'entreprise avant son arrivée en Chine ; des voitures ont été bloquées en douane. Et pour aggraver son cas, à la différence des autres constructeurs, Tesla n'avait pas de partenaire industriel. Ses voitures ne bénéficiaient donc pas des aides publiques.

Selon le *New York Times*, le constructeur a connu « un démarrage chaotique » et Musk a reconnu des ventes « plus faibles que prévu ».

Résultat, Tesla a remplacé le directeur pays en place depuis moins d'un an et licencié un tiers des effectifs. « Ils ont pensé que c'était gagné d'avance », a confié l'ex-vice-président de la communication de Tesla Ricardo Reyes, au magazine *Fortune* en juin 2017.

Mais tout n'était pas perdu. Tesla a pour ainsi dire suivi la voie empruntée par Apple dont les débuts en Chine ont été également houleux. Apple a lancé l'iPhone en Chine en 2009, mais les critiques étaient déjà anciennes, à commencer par les conditions de travail dans l'usine Foxconn de Shenzhen qui assemble les appareils et où plusieurs salariés s'étaient suicidés. Les revendeurs à la sauvette qui poussaient l'audace jusqu'à proposer les téléphones devant les magasins d'Apple ont été un autre problème. La firme a aussi mis du temps à commercialiser les modèles dernier cri en Chine, les clients devant attendre plusieurs mois après le lancement aux États-Unis. Enfin, pendant quatre ans, l'iPhone n'a pas été compatible avec China Mobile qui comptait alors 700 millions de clients.

Depuis, Apple a réglé ces problèmes et la Chine est devenue son plus grand marché devant les États-Unis, ce qu'avait annoncé son PDG Tim Cook en octobre 2015. Cet intérêt pour le pays se voit dans les appareils, notamment avec les grands formats (à partir de l'iPhone 6 +), parfaits pour un pays où les mobiles sont des produits statutaires, de même que la rutilante Apple Watch.

Tesla devrait pouvoir surfer sur le même dynamisme. Le constructeur a œuvré pour doper ses ventes, en s'associant notamment à China Unicom pour installer des points de recharge dans les magasins et s'est engagé à investir des centaines de millions de dollars pour étendre le réseau à travers le pays. Au lancement de la Model X, Musk a insisté sur la qualité de l'air dans l'habitacle de «niveau hospitalier», un critère appréciable dans les villes chinoises polluées. Tesla a également multiplié les ouvertures de magasin et signé un accord avec la ville de Shanghai pour construire une usine, une initiative qui devrait la rendre éligible aux aides publiques en plus de stimuler les ventes.

Suivant l'exemple d'Apple, Tesla s'adapte à l'environnement local.

En juin 2016, Robin Pen, vice-président pour la zone Asie-Pacifique, annonçait que le constructeur avait installé la centième station Supercharger, permettant de couvrir d'une traite les 3 000 kilomètres qui séparent les villes Shenzhen au sud et Harbin au nord. Tesla s'est aussi associé aux compagnies d'électricité régionales pour poser des chargeurs dans les maisons et les parkings et a placé 1 400 prises rapides dans des centres commerciaux, hôtels et immeubles de bureaux.

Fin 2016, Tesla avait triplé ses ventes dans le pays, malgré un an et demi de mauvaise presse, des problèmes de recharge largement commentés, zéro centime de publicité et une présence dans seulement sept villes. La Model 3, quant à elle, pourrait trouver sa place auprès d'une classe moyenne encore en croissance et technophile, qui n'a pas les moyens de s'offrir une voiture de luxe, mais est prête à faire un effort pour monter en gamme. À la veille du lancement de la voiture en mars 2016, la Chine était le deuxième pays en nombre de réservations.

Tous les espoirs sont permis[*].

Pour ma dernière soirée à Pékin, j'ai retrouvé deux amis à dîner autour d'un canard laqué, dans un restaurant de la galerie marchande Parkview Green, une énorme pyramide de verre au centre du quartier des affaires de la capitale. En plus d'être reconnu pour ses qualités écologiques, le site a accueilli le premier magasin Tesla de Chine, ouvert en novembre 2013.

Après avoir dégusté notre canard, un de mes convives et moi avons décidé d'y faire un tour. Nous avons emprunté un hall sombre et longé des magasins de luxe fermés (Van Clef & Arpels, Alfie's Beijing, un restaurant de sushi haut de gamme) avant d'atteindre le magasin, illuminé comme un phare, qui occupe quasiment toute la longueur de la façade sud de la galerie.

«Vous ne pouvez pas entrer, c'est fermé, a prévenu le vigile.

— Pas de souci, nous voulons juste y jeter un œil», a répondu mon ami.

C'était trois jours après le 50e anniversaire de la Révolution culturelle, période qui a traumatisé les élites économiques et intellectuelles du pays. *Le Quotidien du Peuple*, organe du pouvoir, a marqué le coup en la qualifiant « d'erreur […] qui ne peut pas et ne doit pas se répéter ».

La Chine avait compris la leçon de cette décennie de chaos, poursuivait l'article, et était déterminée à éviter toute agitation sociale susceptible de nuire au progrès. «Le peuple chinois n'a jamais été aussi près de réaliser le grand objectif de revitalisation de la nation.»

Dans la vitrine, nous avons vu deux Model S garées sur un sol en résine, entourées d'une collection de tee-shirts et de logos blancs.

---

[*] En mai 2019, Tesla prévoyait que ses ventes en Chine atteindraient entre 360 000 et 400 000, voire 500 000 véhicules à la fin de l'année. https://www.scienceset avenir.fr/high-tech/tesla-baisse-les-prix-de-la-model-3-en-chine-pour-doper-les-ventes_134136. (NdT.)

Nous nous sommes attardés quelques minutes, mon ami, le vigile perplexe et moi, le nez collé à la vitrine du magasin désert. C'était la Chine moderne : intelligente, capitaliste, confiante. Tesla y était encore un pionnier venu de l'étranger, mais c'est aussi là qu'il rencontrerait sans doute bientôt ses plus grands défis.

En attendant, mon ami et moi admirions le symbole le plus célèbre d'un avenir de transports écologiques, en nous demandant quelle trace il laisserait dans les prochaines décennies. Ces voitures, véhicules d'une nouvelle révolution, resplendissaient, mais avaient l'air bien seules.

10

Les manœuvres du supertanker

« Je ne suis pas vraiment fan de disruption »

Simon Sproule, communicant britannique à l'esprit vif, a travaillé chez Tesla pendant huit mois en 2014, avant de s'en aller à une semaine du lancement de la Model S P85D. Il a rejoint son ami et ex-collègue Andy Palmer chez Aston Martin. Celui-ci lui en a confié le marketing et la communication, et l'a installé dans un bureau spacieux du siège, à Gaydon, à 150 kilomètres au nord de Londres par la M40.

L'Anglais à la tête bien faite avait quitté le meilleur des mondes de la Silicon Valley pour l'hyperclassicisme d'une des marques automobiles les plus emblématiques du monde.

Au siège de Tesla, le visiteur doit entrer au parking par Deer Creek Road, juste à la sortie de Palo Alto, remettre les clés à un concierge et, à la réception, signer son passage sur un iPad. Chez Aston Martin, j'ai emprunté une allée privée baptisée Kingsway (chemin du Roi), informé des vigiles dans une guérite que je venais voir Simon Sproule ; puis on m'a envoyé à l'entrée VIP où j'ai appuyé sur un gros bouton à un portail fermé. Après avoir longé un parking privé plein de voitures de millionnaires, je suis entré dans un hall haut de plafond sous lequel plusieurs Aston Martin – la Zagato, la Rapide, la Vulcan – semblaient attendre que 007 fasse son choix pour sa prochaine mission impossible sur le continent.

Simon Sproule, qui se remettait d'une angine et affichait une barbe de trois jours à la Pierce Brosnan, m'a accueilli et conduit à son bureau. Une veste de costume était posée sur la chaise ; lui, portait un pull sur une chemise au col impeccable.

Le chiffre d'affaires d'Aston Martin était en chute libre quand Andy Palmer a été nommé PDG en septembre 2014, et a continué à perdre de l'argent. En octobre 2015, l'entreprise annonçait une perte de 72 millions de livres et le licenciement de 15 % des effectifs. Son PDG a déclaré que la rentabilité ne serait pas au rendez-vous avant 2017. Ce n'était pas inédit. Aston Martin était passé entre de nombreuses mains et avait frôlé plusieurs fois la faillite depuis sa création en 1913 par Lionel Martin et Robert Bamford. Elle avait failli disparaître dans les années 1970, puis avait connu une de ses meilleures périodes sous les auspices de Ford entre 1991 et 2006. Dix ans plus tard, l'entreprise appartenait à un consortium international comprenant Investindustrial en Italie et deux fonds qataris.

Palmer et Sproule tâchaient de redresser Aston en vue de l'introduire en Bourse ou de la céder à un autre constructeur. Grâce à James Bond, la marque avait conservé une partie de son lustre, sans chercher à se promouvoir outre mesure. De façon très britannique, elle avait préféré la discrétion. « Pourquoi pas, dit Simon Sproule, assis en face de moi à une table de réunion en verre. Mais nous étions très élégamment en train de disparaître. » Il ajoute que son nouveau patron sait qu'Aston Martin doit faire partie de la « conversation ». Technique à laquelle Musk excelle. « Tout le monde connaît Tesla maintenant », dit-il, un peu incrédule qu'une petite start-up attire autant l'attention. « Des voitures électriques ! Merde quoi, qu'est-ce qui se passe ? »

La mission de Sproule consiste à maintenir Aston Martin dans l'actualité et l'intéressé se débrouille plutôt bien. Sur son bureau, l'édition du jour du *Financial Times* évoquait une liste d'attente sur-souscrite pour la supervoiture à laquelle Aston travaillait avec les pilotes de l'équipe Red Bull : «La routière la plus chère de toute l'histoire britannique.» Le constructeur faisait aussi parler de lui avec son projet d'investir 200 millions de livres dans la construction d'une usine au pays de Galles pour le DBX, un nouveau *crossover*, première incursion hors des sportives à qui il devait sa réputation. Mais l'actualité qui m'amenait dans ce joli coin de campagne anglaise était l'annonce en février 2016 qu'Aston s'associait à Jia Yueting et LeEco pour construire la RapidE, une version électrique de la Rapide, berline ultraperformante dont la commercialisation était prévue pour 2018.

Avec la RapidE, Aston apprendrait à construire des voitures électriques, explique Simon Sproule. Le projet est un peu biaisé, concède-t-il, puisqu'il s'agit d'une adaptation et non d'«une conception originale», mais il faut bien commencer quelque part. L'ère de l'électrique s'ouvre et Aston doit en être. « La marque représente l'artisanat d'excellence britannique. Elle incarne la beauté. La puissance. Deux qualités qui ne sont pas incompatibles avec l'électrique.»

C'est alors qu'Andy Palmer, costume bleu sans cravate, cheveux cuivrés et menton volontaire, entre et me serre la main. Il me glisse sa carte de visite sur la table. Sur l'épais papier, le logo noir et gaufré d'Aston Martin associe le nom de la société à une paire d'ailes stylisées en hommage au scarabée sacré de l'Égypte antique, incarnation du dieu Khépri poussant devant lui le disque solaire.

Jeune quinqua, Palmer a pris la tête d'Aston Martin après vingt-trois ans passés chez Nissan où il a terminé directeur de la planification et responsable de la marque de luxe Infiniti à l'époque de Carlos Ghosn, président craint mais respecté de l'alliance Renault-Nissan. Il en est parti, comprenant qu'il n'irait pas plus haut. Il rêvait en effet de devenir PDG d'un constructeur depuis ses débuts à 16 ans comme apprenti dans les Midlands de l'Ouest. Le poste chez Aston Martin, à 10 kilomètres à peine de son ancien lycée, semblait fait pour lui. En réalité, son arrivée n'a rien eu d'une coïncidence. À deux reprises, en 2012 et en 2013, il avait tenté de convaincre Ghosn d'entrer au capital du constructeur britannique. Chez Nissan, il avait aussi promis à la presse que le groupe deviendrait «le numéro un absolu de la voiture décarbonée», au vu de l'avance prise par la Leaf.

À présent, il attribue à Nissan le mérite d'avoir donné une réalité commerciale à la voiture électrique moderne et à Mitsubishi, celui d'avoir été le fer de lance de l'ère électrique avec la i-MiEV. «Tesla est arrivé bon troisième », ajoute-t-il, oubliant le Roadster.

Palmer, qui s'est confortablement affalé sur sa chaise, confirme qu'il prépare Aston à la transition électrique. Il est essentiel que les constructeurs traditionnels maîtrisent l'électrique, dit-il, s'ils veulent encore compter en 2025, même si cela implique de perdre de l'argent au départ. Mais il n'est pas convaincu que les nouveaux arrivants (Faraday Future, Nio et Byton, par exemple) soient au niveau : «Ils pensent tous que le secteur est un mammouth idiot et lent. Foutaises ! » Ils sont aussi persuadés, ajoute-t-il, qu'ils vont débarquer, changer le modèle économique, construire des voitures électriques connectées, modifier les circuits de vente et la façon dont on produit des véhicules. « Pures foutaises ! », insiste-t-il.

«Pourquoi ? dis-je.

— On ne peut pas balayer cent vingt-cinq ans d'histoire comme ça. Le secteur n'est pas une page blanche. L'assemblage d'une voiture, c'est surtout de la mécanique. C'est fait par des gens qui ont passé leur vie à mettre au point des suspensions, des fermetures de porte ou des volants. Impossible de se passer de cette expertise. Il faut l'acheter. Et ça s'achète avec des missions de conseil, des recrutements ou des partenariats.» De quoi déstabiliser les nouveaux venus. « La majorité de ces start-up échoueront, car elles ne comprennent pas assez vite qu'elles doivent faire avec le secteur, qu'il est indispensable.»

En quoi Jia Yueting serait-il différent ?

«Il ne l'est pas, laisse tomber Palmer. C'est un type très modeste, mais son rêve est le même. Ces gars-là rêvent de changer le monde, ils rêvent de transposer leur modèle internet à l'automobile. En ça, il n'est pas différent et sa probabilité de réussite est la même.»

Pourquoi travailler avec lui, alors ?

«Parce que le secteur a besoin de ces gars-là pour réussir. Et la Chine est différente des États-Unis en ce qu'elle n'a pas d'industrie auto-mobile performante, ni de grands ingénieurs.» Jia ne sait pas ce qu'il ignore, ajoute-t-il. Aston peut donc lui donner un coup de main.

Et Tesla ? Elle va échouer aussi ?

C'est sans doute celle des start-up qui a le plus de chances de réussir, admet Palmer, ne serait-ce qu'en raison du stade qu'elle a atteint. Mais son assise financière est fragile, elle n'a pas les réserves pour aller au-delà de la Model 3. « C'est l'histoire d'Aston Martin. Pourquoi on n'y arrive pas ? Parce que nous ne gagnons jamais assez d'argent pour investir dans la voiture suivante. C'est exactement la situation de Tesla. » Le défi augmente d'autant que la Model 3 entre sur un marché aux marges minimales et aux coûts d'internationalisation immenses. « Les difficultés ne font que commencer. »

Et puis reste le problème numéro un de Tesla. Son succès a été « assez phénoménal », reconnaît Palmer mais, ajoute-t-il sur le ton de la gouaille : « Sont toujours pas foutus de faire des portières qui ferment, hein ? » À l'époque, la Model X rencontrait des problèmes de fiabilité, ses premiers clients se plaignant entre autres des portes-papillon. « Toujours pas foutus d'aménager l'habitacle sans qu'il tombe en morceaux ou de coller un joint autour d'une porte. »

De tous les reproches faits à Tesla, le plus recevable a été son manque de maîtrise du processus industriel. En 2016, le constructeur a livré 76 000 véhicules, au lieu des 80 000 à 90 000 prévus pour l'année. Outre les problèmes avec les portes, Tesla a dû rappeler des exemplaires en raison d'un risque de rabat de la troisième rangée de sièges en cas d'accident. La Model S a eu aussi son lot de misères : défaillances des poignées autorétractables, pannes de moteur, etc. Au point qu'en octobre 2015, *Consumer Reports* lui a retiré sa mention « recommandée » après qu'un sondage auprès de 1 400 acheteurs a relevé « un éventail de maladies précises et compliquées ». Selon l'article, les problèmes concernaient « la transmission, la motorisation, les batteries, l'iPad géant qui fait office de tableau de bord central, ainsi que la carrosserie et le toit en verre, objets de bruits de ferraille, de grincements et de fuites ». Autrement dit, à peu près tout. L'année suivante, la fiabilité de Tesla étant remontée à « moyenne », *Consumer Reports* lui accordait de nouveau sa recommandation.

Tesla applique la méthode de l'« amélioration continue » à son système de production, à savoir qu'il continue de travailler sur ses voitures après leur mise en vente. Avec quelque succès, semble-t-il : « En conformité avec notre esprit d'amélioration continue, nous n'avons pas cédé sur notre ambition de construire les voitures les plus fiables du monde », insistait l'entreprise dans sa lettre aux actionnaires de février 2016, notant que le coût du service après-vente avait été divisé par deux. Néanmoins, avoir autant de problèmes de qualité, même sur de petits volumes, n'est pas bon signe. À raison de quelques dizaines de milliers de voitures par an seulement, un constructeur est sur une niche en comparaison de géants comme Toyota, General Motors et Volkswagen qui en ont sorti environ 10 millions chacun en 2015. Palmer avait donc raison de douter de la capacité de Tesla à régler ses problèmes de qualité pour atteindre les 500 000 voitures en 2018, et le million et plus au-delà.

Mais à côté d'autres cadors du secteur, le PDG d'Aston s'avérait un véritable fan de Tesla. Ses pairs se sont montrés beaucoup plus sceptiques. « Rien de ce que fait Tesla ne nous est impossible », déclarait le PDG de Fiat Chrysler Sergio Marchionne en juin 2016. Deux ans plus tôt, il avait demandé aux automobilistes de ne pas acheter la Fiat 500e car l'entreprise perdait 14 000 dollars sur chaque exemplaire vendu. Il n'entendait vendre que le strict minimum de voitures électriques requis par les autorités et pas « une de plus ». En marge de l'assemblée générale en 2016 du groupe, il avait réagi de la même façon au prix affiché par la Model 3. Si Musk me prouve que la voiture est rentable à 35 000 dollars, disait-il, je « copierai la formule, lui ajouterai la touche de design italien et la mettrai sur le marché dans les douze mois ». Les constructeurs allemands ont été encore plus durs. En novembre 2015, Edzard Reuter, ex-PDG de Daimler, traitait Tesla de « plaisanterie » et Musk d'« imposteur », laissant entendre que Tesla ne faisait pas le poids « face aux grands constructeurs automobiles allemands ». Daimler, BMW et Volkswagen ont mis du temps à accepter que Tesla puisse un jour menacer leur domination du marché. « Ils n'ont pas voulu voir que les véhicules électriques suscitaient de l'émotion chez les clients, expliquait Arndt Ellinghorst, un analyste du secteur chez Evercore ISI, au *Los Angeles Times* en avril 2016. Ils sont encore nombreux à penser que Tesla est un marginal offrant un produit de niche à des Californiens câlineurs d'arbres et d'excentriques patrons de *hedge funds* américains. »

GM a fait exception. En 2013, Dan Akerson, le PDG de l'époque, a monté une équipe pour étudier Tesla en qui il voyait un disrupteur potentiel sérieux. La Chevrolet Volt du groupe, une berline hybride, dotée de 60 kilomètres d'autonomie en mode électrique, avait remporté le titre de Voiture de l'année de *Motor Trend's* en 2011, mais le constructeur voyait plus loin. Au Salon de l'auto de Detroit 2015, il dévoilait le concept de la Chevy Bolt, une électrique à 320 kilomètres d'autonomie, vendue 30 000 dollars (après déduction d'une aide publique de 7 500 dollars). Elle a été perçue comme une réplique à Tesla et le plus gros pari de Mary Barra, la nouvelle PDG, depuis son arrivée l'année précédente. *Wired* a salué ce lancement imminent en lui consacrant sa couverture en février 2016 pour raconter comment GM avait battu Tesla « dans la course à la construction d'une véritable voiture électrique grand public ». Mary Barra apparaissait en veste de cuir, les bras croisés, posant à côté d'une Bolt, sous le titre : « DETROIT CONTRE-ATTAQUE ».

J'ai rencontré Pam Fletcher, alors ingénieure en chef des véhicules électriques[*], en juillet 2016, pour discuter de la stratégie mobilité électrique du groupe où elle a démarré sa carrière. Après une enfance au côté de son père sur les champs de courses de Sarahsville, une bourgade de l'Ohio, elle a obtenu un master d'ingénierie à la Wayne State University, puis a rejoint GM, est passée chez Ford, puis chez un fabricant de moteurs de course Nascar. Elle est revenue chez GM en 2005 pour travailler avec l'équipe d'ingénierie de la Chevy Volt, où elle s'est distinguée comme ingénieure en chef du système de propulsion, puis comme chef de département de la Bolt. Elle me dit que c'est le moment le plus excitant pour travailler dans le secteur. Le tiercé gagnant de l'électrification, de la conduite autonome et de l'autopartage l'a convaincue que « nous sommes littéralement à l'aube de la plus grande mutation depuis l'invention de l'automobile ».

La Bolt n'est qu'un modèle parmi les deux douzaines que GM propose aux États-Unis ; elle est un élément du déploiement de « la stratégie mobilité » du groupe. En 2016, le géant de l'automobile

---

[*] Pam Fletcher a été promue vice-présidente monde du programme véhicule électrique de GM en octobre 2017. (NdT.)

a acheté Cruise, une start-up de voitures autonomes, pour un milliard de dollars et a investi près de la moitié de cette somme dans la société d'autopartage Lyft, prenant ainsi solidement pied dans les trois domaines dont Pam Fletcher dit qu'ils transforment le secteur. « La Bolt est le point de bascule qui va faire décoller tout ça », ajoute-t-elle.

Comme notre entretien avait lieu bien avant la commercialisation de la Model 3, Pam Fletcher a refusé de comparer la Bolt («Vous m'interrogez sur quelque chose que je ne connais pas »), préférant reprendre de l'altitude.

GM doit servir un large éventail de clients à travers le monde. « La variété des besoins est telle qu'on verra apparaître toutes sortes de solutions. Les motorisations qui les accompagneront évolueront avec le temps.» De même, la transition vers la mobilité électrique sera hétérogène au niveau mondial, chaque continent ayant des problèmes différents à résoudre. Le moteur thermique a donc «encore de beaux jours devant lui ». Certaines régions, en revanche, sont déjà mûres pour le changement. «En observant de plus près certaines mégalopoles, centres-ville ou zones qui ont des problèmes similaires, on voit que par endroits la transformation se produit à un rythme beaucoup plus rapide.»

Voiture pratique, facile à manœuvrer, la Bolt affiche une autonomie de 380 kilomètres, certifiée par l'Agence américaine de protection de l'environnement. En prenant Tesla de vitesse avec une voiture familiale électrique à grande autonomie, GM battait la Silicon Valley à son propre jeu, a estimé Farhad Manjoo, l'éditorialiste high-tech du *New York Times*. Toutefois Musk & Co n'ont pas dû s'en émouvoir.

Tesla affirme en effet depuis longtemps qu'il veut accélérer la transition mondiale vers les transports durables. Et donc encourager les autres constructeurs à s'engager davantage et plus vite dans l'électrique. Musk l'a dit lui-même en 2014 : «Nous espérons vraiment que les grands de l'automobile copient Tesla. Je ne comprends pas que ça leur prenne autant de temps.» À cet égard, l'arrivée de la Bolt est une victoire pour Tesla dans sa campagne en faveur de la mobilité électrique.

Pam Fletcher applaudit d'ailleurs les efforts de la start-up : « De nouveaux entrants ambitieux et davantage de prise de conscience, c'est exactement ce dont le secteur a besoin. »

Comparée aux précédents véhicules électriques grand public, la Bolt est une belle réussite. Elle affiche deux fois plus d'autonomie que la Nissan Leaf 2016 (même si la nouvelle version de cette dernière devait la porter à 320 kilomètres) et fait mieux à tous points de vue ou presque que la Ford Focus Electric et ses 110 kilomètres d'autonomie. Elle est trois fois plus autonome que la BMWi3 pour 6 000 dollars de moins.

J'ai fait un essai de la Bolt sur route en décembre 2017. La conduite était agréable, comme une Toyota Yaris très punchy, mais en plus spacieuse. J'ai vraiment eu la sensation de conduire une électrique quand, ayant mis le levier de vitesse en position L (pour *low*), j'ai ressenti toute la puissance du système de récupération d'énergie au freinage (freinage régénératif). Quand j'ai écrasé l'accélérateur, la Bolt m'a envoyé une légère secousse et propulsé à 100 km/h avant que j'aie eu le temps de compter les secondes. C'est une voiture compacte, dans le style de la Yaris ou de la Honda Fit, avec un plancher plat qui agrandit l'espace pour les passagers et un coffre qui peut accueillir confortablement deux sacs de golf.

Dans la même gamme de prix et d'autonomie, la Model 3 de Tesla, avec sa ligne tronquée à l'arrière et son coffre sous le capot, ressemble davantage à la BMW Série 3 qu'à la Bolt. L'écran tactile et le réseau de points de recharge sont quant à eux hors concours.

Certains critiques, dont l'ancien président de GM, Bob Lutz en personne, se sont demandé si la Bolt n'était pas un moyen de réduire la moyenne des émissions de la flotte du constructeur pour répondre aux nouvelles obligations d'économie d'énergie, davantage qu'un engagement réel dans la mobilité électrique. Cette voiture décarbonée permettrait au constructeur de prolonger, en théorie du moins, la vente de ses SUV et pick-up plus rentables et polluants, comme la Chevy Tahoe ou le Chevy Silverado. Il n'est pas non plus anodin que les dirigeants de GM lui accolent la mention « EV » (véhicule électrique). Autrement dit, ils ciblent exclusivement le marché des électriques. Tesla, en revanche, dit depuis longtemps qu'il ne se bat pas contre les autres voitures électriques, mais contre tous les véhicules à essence.

La réponse est peut-être dans les chiffres. La première année, Chevrolet a vendu un peu plus de 20 000 Bolt, un chiffre correct, mais relativement faible pour un groupe qui a écoulé 9,8 millions de voitures en 2015. C'est peu aussi au regard des projets de Tesla de produire plusieurs centaines de milliers de Model 3.

Confirmant le manque d'enthousiasme relatif de GM pour le véhicule, le directeur marketing de Chevrolet reconnaissait au Salon de l'auto de Los Angeles en novembre 2016 que des marques comme la Bolt « sont importantes pour l'image, mais marginales en termes de volumes ». Le même mois, *The Detroit News* révélait que GM s'attendait à perdre entre 8 000 et 9 000 dollars sur chaque Bolt vendue.

D'autres questions se posent, notamment sur l'attitude des concessionnaires. Pendant les essais, le patron du magasin m'a dit que les voitures partaient si vite qu'elles ne passaient pas la journée sur son parking. Mais nous étions aux portes de San Francisco, l'épicentre de la voiture électrique. Chevrolet avait envoyé l'essentiel des Bolt en Californie du Nord et une poignée en Oregon et en Arizona. La baie de San Francisco étant la seule région du pays où le pick-up Silverado cédait sa première place… à l'hybride Volt. Alors, quand « les costards cravates » ont débarqué de Detroit, a conclu le vendeur, ils avaient le sourire et ont remercié leurs collègues californiens de vendre ces voitures zéro émission qui leur permettaient de continuer d'écouler plein de pick-up, camions et SUV.

On peut également se demander si GM installera un réseau de stations de recharge conséquent. À ma question à propos de la Bolt, on m'a indiqué des points de recharge payants sur les parkings de la chaîne Target et chez les concessionnaires Chevrolet et Cadillac du pays. Par comparaison, fin 2017, Tesla disposait de 8 000 stations Supercharger et de 15 000 stations rapides dans le monde. Pam Fletcher n'a pas évoqué de projet précis d'infrastructures, disant simplement que l'entreprise se pencherait sur les attentes de ses clients, notant que les propriétaires de véhicules électriques GM rechargeaient essentiellement chez eux ou sur leur lieu de travail.

Cela dit, il serait injuste de minimiser l'importance de la Chevy Bolt. Voilà une voiture électrique de qualité à un prix compétitif, proposée par l'un des plus grands constructeurs mondiaux. Grâce à la Bolt, plus de gens entendent parler des véhicules électriques, plus de gens en conduiront et disposeront d'une alternative propre à leur mode de transport polluant. Même les supporters les plus fanatiques de Tesla et les plus endeuillés par la disparition de l'EV1 doivent s'en féliciter.

Les constructeurs abordaient les années 2010 relativement confiants de leur place dans le monde. Après un petit tour, les voitures électriques avaient disparu et les survivantes – Leaf, i-MiEV et Model S – n'avaient conquis qu'une place minuscule sur le marché. 2015 s'annonçait comme une année record de ventes, couronnant la reprise du secteur après le marasme de la récession, et les prix de l'essence étaient bas. Rien ne semblait pouvoir les convaincre de la nécessité d'un changement stratégique total.

Rien, si ce n'est une mégacrise.

Peu avant 16 heures, le 23 septembre 2015, trois hommes grisonnants, portant lunettes, costumes et mines sombres, prennent place devant un panneau Volkswagen au siège de l'entreprise, à Wolfsburg en Allemagne. Le président par intérim du conseil de surveillance, Berthold Huber, sexagénaire, chauve, le visage fermé, est le premier à s'exprimer : « Le conseil de surveillance de Volkswagen a appris avec consternation la manipulation des émissions des moteurs diesel. » Il s'arrête pour tousser dans sa main. À sa gauche se tient Stephan Weil, membre du conseil et ministre-président du Land de Basse-Saxe qui détient 20 % du groupe. À sa droite, Martin Winterkorn, le PDG, âgé de 68 ans, en poste depuis 2007. Alors que le groupe connaît la plus grave crise de son histoire, il a refusé de démissionner. « Nous sommes conscients non seulement du préjudice économique commis, mais surtout de la perte de confiance de nombreux clients de Volkswagen à travers le monde », poursuit Huber. Il lit un papier tandis que les appareils photo crépitent autour de lui. « Nous sommes d'accord sur le fait que la situation doit être clarifiée et toutes les fautes sanctionnées. » Winterkorn, le PDG le mieux payé d'Europe cette année-là, regarde ses pieds. « Dans le même temps, nous sommes résolus à repartir de l'avant sur des bases saines. » Alors qu'Huber annonce la démission de Winterkorn, celui-ci grimace et entrouvre la bouche comme s'il avait du mal à respirer.

Cinq jours plus tôt, l'Agence américaine de protection de l'environnement a exigé de VW le rappel de 482 000 véhicules diesel après la découverte d'un logiciel de trucage des tests d'émissions. Le constructeur a admis plus tard avoir équipé 11 millions de véhicules de ces « dispositifs d'invalidation » qui s'activaient automatiquement afin de limiter les émissions d'oxyde d'azote pendant les tests de l'Agence de l'environnement, réalisés sur des tapis roulants dans des lieux sécurisés. En refaisant les tests en conditions réelles, des chercheurs indépendants se sont aperçus que les émissions toxiques des Volkswagen étaient jusqu'à plus de quarante fois supérieures aux seuils autorisé[*].

Dans la semaine qui a suivi les révélations, VW (également propriétaire des marques Audi, Bentley, Bugatti, Lamborghini, Porsche, SEAT et Skoda) a perdu un tiers de sa valeur. S'est ensuivi un parcours long et douloureux qui a déjà coûté plusieurs milliards de dollars au groupe. En 2016 et 2017, il acceptait de payer une amende de 23 milliards de dollars pour mettre fin aux poursuites judiciaires aux États-Unis et au Canada, dont 10 milliards ont été versés aux clients lésés. Il a aussi créé un fonds de 2 milliards de dollars affecté à la promotion de véhicules décarbonés. En janvier 2017, le FBI a arrêté un dirigeant du groupe aux États-Unis et l'a inculpé de conspiration dans le but de frauder le pays. En 2018, les autorités judiciaires américaines ont mis l'ex-PDG Martin Winterkorn en examen pour fraude.

Depuis, le scandale a éclaboussé GM, Mercedes-Benz, Mazda, Honda, Fiat, Chrysler, Renault et Opel qui ont tous été ou sont encore l'objet d'enquêtes, de plaintes ou de rappels. Mais c'est chez Mitsubishi Motors que l'alarme a retenti le plus fort. En avril 2016, le constructeur japonais admettait avoir utilisé depuis 1991 des méthodes non conformes pour tester les performances énergétiques de ses véhicules. Le mois suivant son président Tetsuro Aikawa et son

---

[*] L'anomalie a été découverte par l'International Council on Clean Transportation, une ONG américaine qui avait commandé une étude en conditions réelles à une équipe de chercheurs de l'université de Virginie-Occidentale. L'étude avait été achevée en 2013 et validée par l'EPA.

adjoint Ryugo Nakao annonçaient leur démission. Pour finir, en 2016, l'Agence californienne pour la qualité de l'air (CARB) détectait sur un modèle récent d'Audi un logiciel masquant la quantité réelle d'émissions de dioxyde de carbone.

Toutefois, il n'est pas exclu que la postérité retienne de la crise déclenchée par Volkswagen, en dépit de ses multiples ramifications, une contribution plus importante à l'Histoire que l'infamie temporaire d'un ex-géant. Les effets collatéraux pour les voitures électriques pourraient être en effet plus significatifs que le fonds de 2 milliards de dollars que VW a été contraint de créer. Comme on dit, il ne faut jamais laisser passer une bonne crise.

Le 16 juin 2016, les médias sont de retour au siège de VW à Wolfsburg pour une autre conférence de presse, menée cette fois par Matthias Müller, le nouveau PDG du groupe qui occupait jusque-là ce poste chez Porsche. Debout derrière une table, un autre panneau Volkswagen dans le dos, Müller, les cheveux blancs et la silhouette svelte, explique que le groupe a entrepris la plus grande transformation de son histoire. VW va se restructurer pour devenir un des premiers prestataires mondiaux de transports durables : « Le mot "évolution" est trop faible pour exprimer ce qui nous attend », dit-il.

Trois semaines plus tôt, après l'annonce de la prise de participation de GM dans Lyft et le même jour que celle du partenariat stratégique entre Toyota et Uber, VW a rendu public un investissement de 300 millions de dollars dans Gett, une application de VTC. Quelques jours plus tard, les médias allemands laissaient entendre que VW envisageait d'investir près de 11 milliards de dollars dans une usine de batteries rivalisant avec la giga-usine de Tesla. (En mars 2018, le groupe a annoncé qu'il investirait 25 milliards de dollars pour approvisionner seize de ses usines en batteries pour ses véhicules électriques[*].)

À Wolfsburg, Müller s'engage à promouvoir une culture de l'innovation avec l'embauche de mille nouveaux informaticiens affectés à la conduite autonome, la connectivité et aux batteries. Au cours des

---

[*] En janvier 2019, le groupe a créé une division spécialisée dans la fabrication de batteries pour voitures électriques. (NdT.)

dix ans à venir, ajoute-t-il, le groupe lancera plus de trente modèles électriques qui représenteront un quart de ses ventes en 2025. À cette échéance, il en produira entre 2 et 3 millions par an. Müller, dont le groupe s'est séparé en avril 2018, conclut par la nécessité de tirer avantage des «énormes opportunités» offertes par cette «transformation révolutionnaire».

Beaucoup de choses ont changé depuis la démission de Winterkorn neuf mois auparavant. GM a exposé les premiers prototypes fonctionnels de la Chevy Bolt, Tesla dévoilé la Model 3 et le numéro un mondial de l'automobile vient de tourner la page du scandale de l'énergie fossile qu'il a lui-même provoqué pour envisager un avenir électrique où logiciels et développement durable seront au cœur du groupe. Les futurs historiens verront peut-être là le point de bascule qui a scellé le sort de la voiture électrique. Mais les mêmes se demanderont aussi pourquoi il a fallu tant de temps à VW et à ses semblables. Big Auto n'aurait pas dû avoir besoin d'une crise pour comprendre que le retour de la voiture électrique représentait un danger mortel pour son activité.

En avril 2015, une parodie d'essai publiée sur le site suédois du Club Tesla rappelait l'absurdité de la voiture à essence, pour ceux qui l'auraient oubliée : «Le moteur de la voiture s'est animé en toussant puis s'est mis à tourner», écrivait Tibor Blomhäll.

«On entend la caisse vibrer comme si quelque chose est cassé, mais le vendeur nous assure que tout est normal. La voiture contient un moteur électrique et une batterie microscopique, mais ils ne servent qu'à démarrer le moteur à essence (ils n'actionnent pas les roues). Le moteur thermique a donc besoin d'un réservoir d'essence (un liquide fossile) pour propulser la voiture en le faisant exploser goutte à goutte. C'est ce qu'on entend et qu'on sent quand le moteur tourne.»

Blomhäll poursuit en notant que le moteur est «constitué de centaines de pièces mobiles, qui nécessitent pour fonctionner une précision au centième de millimètre», que «les voitures à essence n'offrent pas, semble-t-il, la souplesse de conduite des électriques», et que «l'avant est encombré de tuyaux, de raccords, de réservoirs au milieu desquels vibre un gros bloc de fonte où s'encastre le moteur». Pour couronner le tout, le véhicule est équipé d'un pot d'échappement qui rejette des gaz toxiques dans l'atmosphère partout sur son passage.

L'article de Blomhäll soulignait la bizarrerie qui a voulu que le moteur à combustion interne (inventé à peu près en même temps que le téléphone, le phonographe et la machine à écrire) devienne la principale technologie du transport motorisé. Le monde de l'automobile s'est néanmoins évertué à en oublier les faiblesses. Faiblesses qu'il a projetées sur Tesla, en montrant du doigt ses problèmes d'incendie, de financement, de subventions ou de commercialisation. «Tesla échouera car l'entreprise subit des pertes énormes chaque année et la demande est insuffisante», a déclaré le consultant automobile Fritz Indra au *Handelsblatt* en 2015.

Les détracteurs de l'électrique ont raison sur plusieurs points. Il faudra du temps pour convaincre le public de son intérêt. Même si les réseaux de recharge s'étendent de jour en jour, l'angoisse de l'autonomie reste un obstacle dans l'opinion ; le coût aussi, même à 30 000 dollars pour un véhicule de taille moyenne. Tout le monde n'est pas persuadé que la disparition du bruit du moteur à combustion soit une bonne chose et quand les prix à la pompe baissent, la promesse d'une voiture électrique à la consommation meilleur marché séduit moins de gens. L'équation financière est encore incertaine. Les grands constructeurs ne savent toujours pas comment gagner de l'argent avec les voitures électriques et Tesla n'est pas à l'abri du pari de trop.

Toutefois, les mêmes critiques ne prêtent pas assez d'attention aux inconvénients des voitures à essence. Même à un dollar le gallon (3,8 litres), il sera toujours plus coûteux de faire le plein d'une Mercedes-Benz Classe S que de recharger une Model S pour couvrir la même distance, et il faudra toujours se rendre dans une station-service pour le faire[*]. Les moteurs thermiques seront

---

[*] Le réservoir de la Mercedes Classe S (version américaine) a une contenance de 21 gallons (80 litres), soit une autonomie de 420 miles (676 km). Avec une efficacité énergétique de 95 %, la batterie de 85 kWh de la Model S lui donne une autonomie d'environ 300 miles (483 km). Le coût moyen de l'électricité aux États-Unis calculé par le ministère de l'Énergie était de 0,12 dollar en 2015. Parcourir 300 miles à bord d'une Classe S revient donc à 15 dollars, contre 10 dollars au volant d'une Model S.

toujours bruyants, ce dont certains raffolent, mais auquel d'autres renonceraient instantanément pour le silence de l'électrique. Les voitures traditionnelles auront toujours besoin de vidanges et de révisions régulières pour assurer le fonctionnement harmonieux de leurs milliers de pièces (l'ajout de technologies pour réduire les émissions ne fait qu'accroître leur complexité). Enfin, elles seront toujours dépendantes d'une ressource financièrement volatile qui, lorsqu'elle brûle, contribue au réchauffement de la planète.

Par ailleurs, elles n'auront jamais les avantages spécifiques des véhicules électriques comme l'espace libéré par l'absence de moteur et d'arbre de transmission, la puissance de couple instantanée, la souplesse de la conduite résultant de la disparition des changements de rapports. Enfin, l'efficacité énergétique moyenne d'un moteur thermique pour convertir le carburant en propulsion mécanique se situe entre 14 et 30 %. Pour la voiture électrique, elle est de 90 %.

Cela dit, la vraie difficulté pour les défenseurs du moteur à combustion est économique. Nous approchons à grands pas du moment où les voitures traditionnelles ne pourront plus rivaliser avec les électriques en termes de prix.

À ce jour, le principal obstacle qui empêche Tesla de vendre des voitures meilleur marché est le coût unitaire de ses packs de batteries lithium-ion. C'est la raison pour laquelle le constructeur a commencé par le haut de gamme ; le prix premium pouvait absorber le coût de la batterie. Tesla n'a jamais indiqué ce qu'il représentait dans le coût total, mais en 2013, le directeur de la technologie J.B. Straubel a déclaré à la *MIT Technology Review* qu'il n'excédait pas un quart. Ce qui pour une Model S de l'époque équipée d'une batterie de 85 kWh représenterait entre 18 000 et 25 000 dollars, soit un coût du kWh entre 210 et 300 dollars. La bonne nouvelle pour Tesla est que, comme attendu, le prix des batteries lithium-ion ne cesse de baisser. En dépit de la volatilité des prix de certains composants comme le lithium, le cobalt et le nickel, la tendance à la baisse devrait s'accélérer avec la mise en service de la giga-usine du constructeur. À elles seules les économies d'échelle obtenues par la réunion de la production sous un seul toit réduiraient la facture d'un tiers, dit Tesla. Les prix baissent à mesure que les processus deviennent plus efficaces et reproductibles.

C'est là que les choses deviennent intéressantes. Les analystes ont calculé que les voitures électriques atteindront la parité coût avec les voitures thermiques quand le prix des batteries tombera à 100 dollars le kWh. (Précisons que le coût des composants d'un pack de batteries Tesla représente 20 % du coût de production de chaque cellule.) En avril 2016, le vice-président en charge des relations avec les investisseurs a indiqué aux analystes que la version de base de la Model 3 serait dotée d'un pack de batteries inférieur à 60 kWh et que le coût de celui-ci était passé sous la barre des 190 dollars par kWh. Ce prix, largement en avance des prévisions des analystes, permettait à Tesla de proposer des voitures dotées de 320 kilomètres d'autonomie au prix attractif de 35 000 dollars. Mais le coût des batteries est encore très élevé. Bientôt, le kWh à 190 dollars paraîtra trop cher.

Depuis vingt ans, le coût des batteries lithium-ion subit une baisse continue en raison de la prolifération des portables et des smartphones. Quinze ans ont suffi pour que le prix d'une batterie d'ordinateur portable tombe de 2 000 à 250 dollars le kWh, selon la Deutsche Bank, soit une baisse de 14 % par an. Entre 2010 et 2016, ce taux est passé à 16 %, selon les calculs de Tony Seba, un investisseur dans les énergies propres et auteur en 2014 de *Clean Disruption of Energy and Transportation*. Il y a peu de chances que le rythme ralentisse. De fait, le prix d'un pack lithium-ion a perdu 24 % entre 2017 et 2016, selon une enquête de Bloomberg New Energy Finance.

Désormais, à la pression sur les prix, exercée par les fabricants de smartphones et d'ordinateurs, s'est ajoutée celle des constructeurs de voitures électriques et de systèmes de stockage de l'énergie. « Entre la demande pour les voitures et les réseaux et celle pour les téléphones et les portables, on change d'ordre de grandeur », expliquait J.B. Straubel en 2015. Cela va tirer les prix à la baisse beaucoup plus rapidement qu'on ne l'imaginait. » Tesla, ajoutait-il, serait déçu si le coût de ses batteries n'entrait pas dans la zone des 100 dollars le kWh à la fin de la décennie.

Même si les estimations de Straubel s'avèrent trop optimistes, le coût des batteries atteindrait les 100 dollars le kWh en 2023 rien qu'en suivant la baisse de 16 % par an observée dans le monde entre 2010 et 2016. Et c'est encore une estimation prudente ; GM a prédit que ses batteries lithium-ion atteindraient ce seuil en 2021.

N'oublions pas que ces réductions de coûts ne nécessitent pas d'innovation de rupture et n'intègrent pas les améliorations que produiront sans doute l'intensification de la concurrence, les consolidations, économies d'échelle et innovations à mesure que les constructeurs et les producteurs d'énergie investiront le marché. Leurs effets seront spectaculaires. Même en prenant des estimations prudentes[*], une Model 3 pourrait être mise sur le marché à 25 000 dollars en 2023. « À partir de 2025, il sera financièrement absurde d'acheter une voiture à essence neuve où que ce soit dans le monde », estime Tony Seba dans *Clean Disruption*. Le constat de cet ex-cadre dirigeant de Cisco devenu investisseur dans les énergies propres n'est pas désintéressé, mais ses calculs sont sincères et fondés sur des données brutes. « En admettant même que je me trompe de cinq ans dans mes prévisions ou qu'il faille cinq ans de plus pour créer l'infrastructure de production et de transition vers le nouvel ordre mondial du véhicule électrique, en 2030, les voitures à essence seront les voitures à cheval du XXIe siècle. »

Malheureusement pour les constructeurs automobiles traditionnels, il ne s'agit pas seulement de faire « moins cher et mieux ». Mais de revoir de fond en comble leur façon de travailler.

Astreints à des cycles de cinq ans (chaque modèle est revisité tous les cinq ans), comment les constructeurs peuvent-ils suivre le rythme imprimé par une entreprise engagée dans « l'amélioration continue » ? La Model S haut de gamme est sortie en juin 2012 avec un pack de batteries de 85 kWh, une accélération de 0 à 100 km/h en 4,2 secondes, sans station de recharge ultrarapide. Cinq ans plus tard, elle était disponible en version 4×4, double moteur, avec un pack de batteries de 100 kWh, une accélération de 0 à 100 km/h en 2,28 secondes et l'accès à plus de 5 000 Superchargeur dans le monde, plus la technologie logicielle permettant la conduite automatique sur autoroute.

---

[*] Soit un pack de batteries de 50 kWh représentant 20 % du coût de la voiture et un prix du kWh qui passerait de 190 à 100 dollars en sept ans.

Côté batteries, les autres constructeurs ont du retard à combler sur Tesla qui dispose de son propre outil de production et d'une avance d'au moins quatre ans en termes de développement. Il en va de même en ce qui concerne les mises à jour logicielles automatiques. GM a promis d'en équiper toute sa flotte « d'ici à 2020 ». Mais mesure-t-il l'avantage donné à Tesla qui engrange et étudie des données sur ses propres voitures depuis le lancement de la Model S en 2012 ?

Personne n'a produit de 4×4 électrique si ce n'est Tesla. Aucun constructeur ne dispose d'un réseau de recharge approchant celui que Tesla développe depuis 2012. Aux États-Unis, aucun constructeur n'a su vendre en direct, ni créer de magasins sur le modèle des Apple Store. Aucun n'a le savoir-faire en maintenance et après-vente électrique engrangé par Tesla.

Quant aux salariés ? Si vous êtes un ingénieur et qu'à vos yeux la voiture électrique représente l'avenir, irez-vous chez un grand constructeur pour qui l'électrique est une activité marginale, ou bien rejoindrez-vous une entreprise qui se consacre entièrement à cette cause ? Si vous êtes programmeur, voudrez-vous travailler pour une doyenne installée à Detroit ou une société high-tech de la Silicon Valley ? Un grand groupe solidement installé dans ses habitudes peut-il reproduire la culture d'innovation qui irrigue Tesla et les autres start-up ? Quelle marque de voiture peut rivaliser avec l'aura techno de Tesla ? Quel groupe a un patron aussi vénéré qu'Elon Musk ? Y a-t-il dans l'industrie automobile une autre personne capable de mobiliser plusieurs millions de personnes *via* un compte Twitter ?

La question n'est peut-être pas de savoir si Tesla peut faire trembler Big Auto. Mais plutôt si Big Auto lui survivra.

Lors d'un de nos échanges, Martin Leach, cofondateur de NextEV et bon connaisseur du secteur, m'a dit que les constructeurs étaient par nature résistants à la réinvention. « Ils ne peuvent pas vraiment changer. Ils sont structurellement incapables de procéder aux mutations que je leur souhaiterais. » Si vous êtes un nouvel acteur, a-t-il ajouté, vous n'avez pas de problème d'héritage et pouvez donc envisager l'activité différemment.

«On utilise souvent l'analogie du supertanker. Manœuvrer un pétrolier géant, c'est compliqué. Un constructeur automobile, c'est pareil.» Même si un PDG décidait de passer au tout électrique du jour au lendemain, il aurait les plus grandes difficultés. Les batailles politiques internes l'empêcheraient d'agir. «Je ne vois pas comment il pourrait faire, a dit Leach. Ce serait insurmontable.»

Je lui ai demandé un exemple. Il m'a rapporté une anecdote de l'époque où il était président de Ford Europe. Il avait souhaité la mise en place d'un système d'information lui permettant de surveiller des indicateurs sensibles de l'activité. «La première réaction du management a été de refuser de communiquer les informations. "On ne veut pas que l'info remonte brute au patron avant qu'on ait pu la voir et, le cas échéant, la traiter", disaient-ils en substance. La manipuler, autrement dit.» Il lui a fallu cinq mois pour installer le système. Et après son départ de l'entreprise, le responsable du projet lui a dit que le programme avait été abandonné dans le mois suivant.

L'autre défi des groupes en place, selon Martin Leach, est celui des infrastructures affectées à la production de voitures à moteur thermique. BMW gère 30 usines dans 14 pays. Elles ont passé des accords avec les concessionnaires, mis en place des chaînes d'approvisionnement et ont des pratiques et des usages anciens. Il y a des contrats commerciaux à honorer, des relations à entretenir. «Ils ne peuvent pas tout réorganiser d'un seul coup. Imaginez la destruction d'emplois. Et tous ces équipements rendus subitement inutiles.»

Leach ne disait pas que c'en était fini de Big Auto, mais le compte à rebours est enclenché. «D'ici à vingt ou trente ans, le secteur automobile n'aura plus rien à voir avec ce qu'il est aujourd'hui.»

Musk s'assoit dans un de ces fauteuils en similicuir qui semblent la norme dans les conférences. Il a l'air fatigué. «On pense souvent que je suis fan de disruption, mais ce n'est pas le cas.» Il émet un rire bref. «Je suis seulement fan de… ce que les choses aillent mieux.» Ted Craver, président de l'Edison Electric Institut, vient de lui demander si Tesla fait partie des forces de disruption : «Pour beaucoup de gens de notre secteur qui entendent ces expressions – disruption, business plans transformatifs, technologies disruptives – il y a, je pense, au cœur de tout ça, une idée de délogement», constate Craver en tripotant son stylo. On est le 7 juin 2015 et les deux hommes sont sur l'estrade du Hyatt Regency de la Nouvelle-Orléans, en compagnie de J.B. Straubel, à l'occasion de l'assemblée annuelle de l'Institut. « Le public aimerait connaître votre avis sur cette "disruption" et le comportement de ces entreprises les unes avec les autres. »

Musk regarde le plafond avant de répondre. « S'il y a besoin de disrupter quelque chose pour l'avenir de la planète, nous devons le faire, je pense. Disrupter pour disrupter n'est pas utile, sauf si cela doit déboucher sur une amélioration fondamentale pour la société. »

Le monde des affaires en est venu à redouter la disruption en raison du « dilemme de l'innovateur » (*The Innovator's Dilemma*, 1997, non traduit), le livre de Clayton Christensen, professeur à la Harvard Business School, qui a théorisé la notion « d'innovation disruptive ». Le livre, salué par *The Economist* comme un des ouvrages de management les plus importants jamais écrits, montre comment des entreprises leaders de leur secteur passent à côté des nouvelles vagues d'innovation parce que, concentrées sur les besoins de leurs clients actuels pour maximiser leurs profits, elles négligent les technologies nouvelles et meilleur marché ou les modèles économiques dont les clients n'expriment pas encore le besoin. La théorie de la disruption explique pourquoi Kodak est passé du statut de leader à celui de *loser*, pourquoi Amazon a terrassé Barnes & Noble et Netflix a oblitéré Blockbuster.

Le monde des start-up high-tech dont Musk est issu a fait de la disruption un de ses modes opératoires, à l'instigation en partie de l'influent blog *TechCrunch* qui en son honneur a baptisé sa conférence star « TechCrunch Disrupt ». Les capitalistes en herbe de la Silicon Valley sont depuis longtemps incités à utiliser leurs prouesses et processus informatiques pour disrupter les secteurs en place ; c'est ainsi que Facebook a disrupté le monde des médias, Airbnb celui de l'hôtellerie et le *crowdfunding* celui du financement classique. Quand Ted Craver demande à Musk son avis sur la disruption devant un parterre de fournisseurs d'électricité institutionnels, on comprend mieux pourquoi il tripote nerveusement son stylo. Et si Tesla les disruptait avec sa nouvelle activité de stockage d'énergie ?

Que Musk ne se reconnaisse pas en disrupteur aurait pu les rassurer. En réalité, lui et J.B. Straubel étaient probablement là pour les convaincre de travailler avec Tesla sur des projets de stockage d'énergie utiles aux deux parties. Mais la crainte du secteur de se retrouver du mauvais côté de l'Histoire ne s'est sans doute pas dissipée en totalité. Cela s'est vérifié pour un grand patron de l'automobile au moins.

L'homme qui était PDG de la Ford Motor Company jusqu'en mai 2017 s'est avéré un grand adepte de la disruption. Mark Fields, diplômé de Harvard et disciple de Clayton Christensen, avait 53 ans quand il a succédé à Alan Mulally. Il était directeur opérationnel du groupe depuis novembre 2012, après avoir occupé des postes de direction dans la division luxe et chez Mazda quand cette marque était dans le périmètre de Ford au début des années 2000. En 2006, il avait eu pour mission de secouer la culture du groupe qualifiée par les salariés de «toxique», «clanique» et «hiérarchique». Il avait tenté d'y instiller, disait le *Wall Street Journal*, «un sentiment d'urgence, sans panique». En réunion, il répétait souvent la nécessité de «changer ou de mourir».

En avril 2016, le site technologique *The Verge* l'a interpellé sur le risque inédit que posait à l'industrie automobile la conjonction des voitures autonomes, de l'autopartage et de Tesla. En disciple de Christensen, Fields était préparé : la stratégie de Ford «est de nous disrupter nous-mêmes».

«Quand j'ai démarré dans cette entreprise, nous étions un groupe industriel, a-t-il continué. À l'avenir, je veux qu'on nous reconnaisse comme un groupe industriel, de technologie et d'information. À mesure que nos véhicules s'intégreront dans l'Internet des objets et que nos clients choisiront de partager leurs données avec nous, nous voulons être capables de les utiliser pour améliorer leur quotidien.»

À cet égard, ajoutait le PDG, le groupe lançait le FordPass, une solution de mobilité dont il espérait qu'elle «serait à l'automobile ce qu'iTunes avait été à la musique». Le Pass devait permettre aux clients du constructeur de réserver une place de parking, partager des voitures et, avec FordPay, de payer leurs factures. «Imaginez que vous passez au drive-in d'un McDonald's et que votre voiture vous a identifié au volant, vous pourriez alors retirer votre commande et être facturé *via* FordPay sans avoir à sortir votre porte-monnaie.» Malheureusement pour Mark Fields, sa vision ne s'est pas transformée en valeur pour l'actionnaire. Au cours de ses trois années de mandat, le cours de l'action a perdu 40 %. En mai 2017, il a été remplacé par Jim Hackett, chargé jusque-là des investissements du groupe dans la conduite autonome.

Pour concrétiser sa vision du futur et devenir un leader des technologies autonomes, Ford aura besoin des meilleurs programmeurs du monde ; autrement dit, se trouver en concurrence avec les autres constructeurs, mais aussi avec les sociétés les plus courues de la Silicon Valley. Dans la nouvelle ère automobile, le logiciel est roi. Ce déplacement ouvre un espace aux sociétés numériques telles que Tesla. «En général, les grands constructeurs de voitures ou de camions ne sont pas spécialistes du numérique, des capteurs ou des batteries, relevait J.B. Strauble en 2016. Ce qui donne à de nouveaux acteurs l'occasion, comme il y en a rarement eues par le passé, d'innover et de jouer un peu plus à armes égales.

Cela dit, Tesla n'est pas un disrupteur au sens strict, expliquent Clayton Christensen et ses coauteurs Michael Raynor et Rory McDonald dans un article paru en décembre 2015 dans la *Harvard Business Review*. La start-up se positionne en effet sur le segment haut de gamme du marché et son arrivée, avec une technologie qui n'a rien de marginal, a attiré l'attention et les investissements de concurrents établis. «Si la théorie de la disruption est correcte, concluait Christensen, l'avenir réservé à Tesla sera soit d'être racheté par un acteur établi, soit de se battre durement pendant des années pour s'imposer durablement.»

Tesla ne correspond peut-être pas à la définition de la disruption de Christensen, mais ce n'est pas une raison pour que le secteur automobile ne s'inquiète pas. D'ailleurs la théorie a déjà montré ses limites. En 2007, cinq mois après l'annonce de l'iPhone et onze jours après son arrivée en magasins, Christensen prédisait son échec dans une interview : «Ils ont lancé une innovation que les acteurs du secteur entendent absolument combattre.» Comme l'Histoire l'a déjà prouvé, ajoutait-il, leur chance de réussite est limitée.

Tesla ne s'embarrasse pas de querelle de vocabulaire. «Nous ne sommes pas là à nous demander tous les jours comment disrupter ceci ou cela, expliquait J.B. Straubel en novembre 2015. On n'a jamais fait ça chez Tesla, jamais eu de réunion là-dessus.» Tesla, disait-il, ne pense qu'au meilleur usage à faire d'une technologie disponible pour concevoir un produit étonnant : «C'est aussi simple que ça. Nous étudions le client et la techno, nous les réunissons et nous inventons un nouveau produit et de nouvelles fonctionnalités autour de ça.»

Il y a le risque de s'enfermer dans une théorie. Christensen a sa propre définition de la «disruption», mais celle du dictionnaire en élargit le sens. Disrupter : «Provoquer un événement qui empêche le cours normal des choses.» Dès lors, on peut se passer du *Dilemme de l'innovateur* et de ses règles. On n'est peut-être pas loin de voir l'effet iPhone s'appliquer à un secteur lourd de 1 000 milliards de dollars.

Le 31 mars 2016, Elon Musk est debout, chaussé de noir sur une scène au sol noir, dans un costume noir enfilé sur un tee-shirt noir. Ses cheveux, un impeccable toupet brun au-dessus du col de veste relevé. Il est arrivé à 8 h 50, avec seulement vingt minutes de retard. Derrière lui, un écran occupe toute la longueur de la scène qui occupe elle-même toute celle du Tesla Design Studio. Au moment où il aborde les fonctionnalités de la Model 3, Musk a déjà rappelé l'histoire de l'entreprise et comment les véhicules haut de gamme avaient financé la voiture grand public qu'il s'apprêtait à dévoiler. Il parle plus vite et plus fort que lors de ses précédentes apparitions. Il trébuche moins sur les mots.

La sécurité est en général le premier point des conférences de Musk. «La Model 3 n'obtiendra pas seulement cinq étoiles en moyenne, dit-il. Elle décrochera cinq étoiles dans chaque catégorie.» Tandis qu'il parle, une représentation en 3D du châssis de la voiture tourne à l'écran derrière lui. À chaque tour l'image s'enrichit, si bien qu'à la fin de l'animation, le squelette de la voiture est au complet. Après un temps de silence, le public, plusieurs centaines de fans et de propriétaires de Tesla, envoie une salve d'applaudissements et de sifflements.

«Même la version de base de la Model 3 atteindra les 100 km/h en moins de six secondes, dit-il, appuyant sur les cinq derniers mots. Chez Tesla on ne fabrique pas de voitures escargots.» La foule rit. Il promet qu'il y aura évidemment des versions bien plus rapides. «Bravo !», crie un spectateur.

«Elle aura une autonomie certifiée d'au moins 400 kilomètres, continue Musk, provoquant une nouvelle salve d'applaudissements. Je tiens à le souligner, ce sont des chiffres plancher. Nous espérons les dépasser.

— Vas-y, Elon !», crie une voix.

Les réservations sont ouvertes depuis le matin. Les futurs propriétaires doivent lâcher 1 000 dollars (remboursables) pour enregistrer leur commande, alors qu'ils ne savent quasiment rien de la voiture, hormis son prix. Les gens sont arrivés de bonne heure, voire la veille, formant des files qui rappellent les hordes de fans d'Apple agglutinées pour acheter leur iPhone le jour de sa sortie. Les premières livraisons de la Model 3 sont prévues dans dix-huit mois.

À Short Hills, dans le New Jersey, plus de deux cents personnes attendent l'ouverture des portes. Un entraîneur sportif de 27 ans s'est installé à 2 h 30 sur le petit parking où il a dormi. À 7 h 50, il y a 340 personnes à Austin, au Texas, et plusieurs centaines devant le showroom de Bellevue à Washington. À 10 heures ils sont 300 au magasin de Palo Alto. Des scènes semblables se répètent à Denver, Raleigh, Seattle, Zurich et, sous des trombes d'eau, à Montréal.

À Boston, le propriétaire d'une Audi4 a campé sous une tente devant le magasin. «Je suis fan de voitures, a-t-il confié à *Jalopnik*. Mais pour moi, Tesla représente l'avenir.» Un musicien, en attente devant le magasin de Red Hook à Brooklyn, dit qu'il a attendu toute sa vie un tel événement, même s'il n'a jamais raffolé des voitures. Un programmeur s'est récrié quand on lui a proposé une Chevy Bolt : «Jamais de la vie ! C'est l'équivalent d'un PC Compaq. Là, c'est un MacBook. C'est toute la différence.»

Sur scène, Musk poursuit son argumentaire commercial. «Toutes les Model 3 seront équipées de l'Autopilot.» Pas de supplément à payer, donc, pour bénéficier du freinage automatique d'urgence et de la détection des angles morts. «La Model 3 accueille largement cinq passagers», ajoute-t-il. Le profil de la voiture, habitacle nu, apparaît à l'écran. Les gens lèvent leur smartphone pour prendre des photos.

«L'arrière du toit est une vitre d'un seul tenant. C'est génial parce que ça offre un dégagement étonnant et un sentiment d'ouverture.» On croirait entendre Steve Jobs. «C'est de loin la voiture la plus spacieuse dans sa catégorie.» Grâce à ses coffres à l'avant et à l'arrière, «elle a plus de volume de rangement que n'importe quelle voiture à essence aux dimensions extérieures comparables».

La super-recharge? Disponible en série. La foule applaudit frénétiquement. À l'écran derrière lui, des points lumineux luisent à la surface du globe vu de l'espace. Musk promet que Tesla disposera d'un réseau de plus de 7 000 stations Supercharger et de 15 000 stations complémentaires à la fin de 2017. Les systèmes de la voiture s'adapteront automatiquement au voltage de tous les pays.

Les livraisons commenceront fin 2017, affirme-t-il, ajoutant, le sourire penaud : «Je suis assez convaincu que ce sera l'année prochaine.» Le public, connaissant ses problèmes de ponctualité, rit chaleureusement.

Le prix? 35 000 dollars, bien sûr. Même la version de base sera supérieure à toute l'offre du marché sur ce segment, promet le PDG : «Vous ne trouverez pas de meilleure voiture pour 35 000 dollars, ni rien d'approchant, même si vous ne prenez aucune option.» Il ne sourit plus.

«Alors cette voiture, vous voulez la voir ?»

Enivrée, la foule rugit à l'unisson : «OuuuuuuuaiS !! »

«C'est que, dit Musk. On ne l'a pas ici.» Il appuie sur le dernier mot, ouvrant les mains devant lui comme en signe d'excuse. La foule grogne, puis éclate de rire. «Je plaisante, évidemment. Poisson d'avril ! Allez, qu'on les montre ! »

Les lumières s'estompent. Deux secondes et demie de silence précèdent une musique d'orchestre épique, digne d'une scène de combat de *La Guerre des étoiles*. Une vidéo est lancée à l'écran. Elle montre les courbes en gros plan d'une voiture rouge. Le sigle de Tesla sur le capot. Les poignées intégrées aux portières ressemblent à des L majuscules horizontaux. Les plans suivants s'attardent sur le chrome des enjoliveurs, des phares en sourcil de Vulcain et un nez retroussé.

La vidéo cède la place à la réalité. Trois Model 3 s'avancent : rouge, argent et gris mat. Les pare-brise lancent des étincelles. Sur leur perche, les caméras inspectent l'intérieur. Un écran tactile horizontal apparaît dans l'habitacle minimaliste aux sièges de cuir blanc. Des porte-gobelets ! La foule a droit à une minute pour se rassasier du spectacle.

Trois mois plus tard, Musk déclare en Norvège que la Model 3 a été « un véritable coup de semonce » pour le secteur automobile. « Le lancement du Roadster, lui, n'avait dérangé personne. »

Big Auto est en effet bien réveillée à présent. Volvo a annoncé son intention de ne vendre que des hybrides et des électriques à compter de 2019. BMW va produire une version électrique des Séries 3, son best-seller… vers 2020. Son PDG Harald Krüger a affirmé en octobre 2016 que l'entreprise « électrifierait tous ses marques et modèles de série ». En avril 2016, les actionnaires de Daimler se sont inquiétés de n'avoir pas de modèle concurrent à opposer à la Model 3. Le groupe a réagi avec l'annonce d'une sous-marque électrique « EQ » au Salon de l'automobile de Paris 2016, projet qui inclurait le développement d'un réseau de stations de recharge. Il a investi 10,8 milliards de dollars en vue de sortir dix modèles électriques en 2022. VW a déclaré qu'il investirait près de 12 milliards avec des partenaires chinois pour développer des véhicules électriques en Chine d'ici à 2025. Nissan a sorti une nouvelle génération de la Leaf, concurrente de la Model 3 en termes d'autonomie. Ford a dit qu'il investirait 4,5 milliards de dollars d'ici à 2020 pour développer treize véhicules électriques, dont un nouveau SUV doté de 480 kilomètres d'autonomie et une version hybride du pick-up F-150, le premier véhicule vendu aux États-Unis. Même Toyota, qui avait placé tous ses espoirs d'énergie alternative dans la Prius hybride et les piles à hydrogène, se lance dans la production de voitures électriques à grande autonomie, dans le cadre, en partie, d'une coentreprise avec Mazda. Enfin, GM a déclaré qu'il passerait au tout électrique, promettant vingt nouveaux modèles pour 2023.

Le supertanker entame son virage.

Au Tesla Design Studio, Musk revient sur scène après la parade des Model 3. «Alors vous en pensez quoi ? crie-t-il, gonflé à bloc. Est-ce qu'elle vous plaît ? »

Les bras se lèvent, les visages sont extatiques, la foule hystérique. Mais ce n'est pas fini.

« C'est carrément dingue, dit Musk, en se grattant la tête. On vient de me dire que le nombre de commandes de Model 3 prises aujourd'hui a dépassé les 115 000 ! »

À la fin de la semaine, l'afflux de commandes représentait un chiffre d'affaires futur de 14 milliards de dollars. Tesla qualifiait l'événement de « plus grand lancement de produit grand public jamais réalisé ».

PARTIE III

ACCÉLÉRATION

11

Electric Avenue

*« Le monde ne manque pas
de constructeurs automobiles »*

Boyd Danks, 70 ans, est barman à l'USA Tavern, une salle sans fenêtres à l'intérieur d'une station-service voisine de la zone industrielle de Tahoe-Reno, dans le comté de Storey au Nevada. Il y a des machines à sous intégrées au comptoir et, dans un coin, un billard autour duquel trois gros bras en tee-shirt descendent mollement des brocs de Modelo. Il est 13 heures ce mercredi et dehors, dans le désert, la température dépasse les 37 °C, mais je suis en compagnie de Danks dans la pénombre, à siroter une Corona en écoutant les réflexions que lui inspire la Model 3, deux semaines après les premières livraisons.

Danks n'est pas follement emballé.

« Ouais, dit-il, d'une voix rendue un peu rauque par les ans, la version de base n'est qu'à 35 000 dollars, mais si on la veut autrement qu'en noir, il faut rallonger mille. Et si on veut la version avec 310 miles (500 kilomètres) d'autonomie, c'est encore 9 000 de plus, et même avec ça, j'arrive pas à Vegas. » Las Vegas est à 665 kilomètres de Fernley, localité où

Danks habite depuis trente ans et qui se trouve à vingt minutes de voiture de l'USA Tavern. « Et personne n'a encore su me dire combien de temps il faut pour recharger ce bazar. » Heureux de son pick-up Nissan, il n'irait jamais s'embarrasser d'une voiture électrique.

Chauve comme un œuf, Boyd Danks en sait probablement plus long sur la Model 3 que le septuagénaire moyen, mais cela tient surtout à l'emplacement du bar. Celui-ci est situé à l'entrée d'Electric Avenue, la bretelle qui relie l'Interstate 80 à ce qui sera la plus grande usine de batteries lithium-ion au monde. L'USA Tavern est le rade le plus proche de la « Gigafactory » de Tesla.

Le barman, qui a travaillé autrefois sur les gisements de pétrole du Montana et du Wyoming, n'est peut-être pas un fan de la Model 3, mais il peut déjà constater les retombées positives de l'usine pour la région, à trois ans de son achèvement. L'État du Nevada a quasiment terminé la nouvelle quatre-voies qui reliera l'I-80 et la route nationale 50, ouvrant un raccourci entre la zone industrielle et la ville de Silver Springs. Un projet, dit Boyd Danks, qui était dans les tiroirs depuis vingt-cinq ans et que l'arrivée de l'usine a enfin concrétisé. Celle-ci a également créé des milliers de nouveaux emplois aux compétences introuvables sur place, ce qui a attiré des gens de partout (Floride, Missouri, Alaska). Certains fréquentent le bar. D'un autre côté, les loyers augmentent. Un de ses amis a récemment quitté l'appartement qu'il louait 850 dollars par mois. Les nouveaux locataires paient 1 100 dollars.

Plus d'emplois, immobilier en hausse et innovation technologique, c'étaient les promesses du gouverneur Brian Sandoval à ses concitoyens, quand il a conclu avec Tesla la construction du site en partenariat avec Panasonic, pour 5 milliards de dollars. La publication au début de 2014 de la liste des cinq États retenus pour l'installation de l'usine a déclenché une concurrence féroce pour séduire le constructeur. Rick Perry, alors gouverneur du Texas, est venu en Californie au volant d'une Model S, clamant qu'il voulait voir un autocollant « Made in Texas » sur les voitures. L'Arizona a promis d'autoriser la vente directe de voitures sur son territoire. Le Congrès du Nouveau-Mexique était prêt à une session extraordinaire pour adopter des aides spécifiques. Le sénateur de Californie Ted Gaines a déposé en personne une « pelle dorée » au siège de Tesla.

Mais après des mois de lutte, c'est Brian Sandoval qui l'a emporté, grâce à un ensemble d'aides atteignant 1,4 milliard de dollars sur vingt ans. Tesla s'est vu offrir 400 hectares, vingt ans d'exonération de taxes sur l'équipement et les matériaux de construction, dix ans d'exonération de taxe foncière et de charges sur les salaires, 8 millions de dollars de réduction sur la facture d'électricité et 195 millions de crédit d'impôt cessible. En retour, Tesla a promis la création de 6 500 emplois et l'injection de 35 millions de dollars dans le système éducatif de l'État. L'attractivité du site tenait aussi à la relative proximité de l'usine d'assemblage de Tesla à Fremont (380 kilomètres) et du centre de Reno (vingt minutes de trajet), ainsi qu'à l'accès facile aux réseaux routier et ferroviaire. Enfin, au Nevada, les entreprises sont exonérées de l'impôt sur les sociétés.

Musk a évoqué pour la première fois la nécessité d'un « site proprement gargantuesque » pour la production de batteries, sur CNBC, en août 2013. Tesla, disait-il, devait remédier à l'insuffisance de cellules lithium-ion pour répondre à ses besoins à long terme. Le préfixe « giga » accolé à l'usine évoquait l'échelle du milliard, nécessaire à Tesla pour produire un demi-million de voitures électriques par an. À l'origine, le projet était calibré pour une usine de 9,3 millions de mètres carrés produisant une capacité de 35 gigawatt-heures par an en 2020. Puis le constructeur a revu les objectifs à 50 GWh pour 2018. Il ne s'agissait plus seulement de répondre à ses besoins, a expliqué l'entreprise sur son blog, mais de réduire le coût des batteries par l'élimination des gaspillages, la réunion des lignes de production sous un seul toit et les économies d'échelle. À plein régime, l'usine produirait à elle seule plus de batteries que l'ensemble des capacités mondiales existantes en 2013. L'annonce officielle de l'accord le 4 septembre 2014 sur les marches du Capitole à Carson City était solennelle. Le gouverneur a parlé d'un jour « historique et important qui changerait le Nevada pour toujours ». En retour, Musk a loué cet État « qui fait vraiment avancer les choses ».

Trois ans plus tard, les changements promis se manifestent, et pas seulement dans l'environnement immédiat de l'USA Tavern. J'y suis arrivé après avoir déjeuné au Subway du petit centre commercial voisin, bondé de clients arborant un badge de sécurité et des tee-shirts Tesla. Au parking, huit Model S et Model X sont garées devant un discret centre de maintenance Tesla.

L'impact économique de l'usine se fait sentir jusqu'à Reno, ville réputée surtout pour ses casinos clinquants, en perte de vitesse. Je me suis installé dans l'hôtel qui se vante d'être le premier hébergement non fumeur de l'agglomération. Il dispose d'une salle de sport au troisième étage et d'un bistrot chic au rez-de-chaussée. À mon arrivée, j'ai vu un panneau indiquant un séminaire pour les nouveaux salariés de Tesla. Le lendemain, j'ai pris l'ascenseur avec un homme portant casque et badge de Tesla à la ceinture. Au petit déjeuner, un groupe d'employés de Panasonic en veste de travail jaune se pressent au buffet. Un serveur me dit que les deux tiers des 350 chambres de l'hôtel ont été réservés pour les salariés de la Gigafactory.

Quelques rues plus loin, un espace de restauration, inséré dans un projet de réhabilitation urbaine, débite fromage de chèvre et glace au romarin, tacos au kimchi maison, et kava kava dans des noix de coco, à un bar décoré façon îles Fidji. Si le personnel de ces établissements regarde un peu de travers les recrues de Tesla (il trouve limite sectaire leur dévotion à la mission de l'entreprise), il reconnaît que leur arrivée a redonné un peu d'air à ses affaires chancelantes. Le Silver Casino, quant à lui (« Une expérience luxueuse au centre de Reno »), a été saisi par la fièvre Tesla. Au-dessus d'une rangée de machines à sous au rez-de-chaussée de l'établissement trône une Model S 70 offerte en guise de grand prix pour « une roue de la fortune ». « Vois grand », dit la plaque d'immatriculation.

Mon dernier jour à Reno est le premier des Hot August Nights, un festival annuel qui se présente comme la plus grande manifestation au monde de voitures anciennes. J'ai beau être néophyte, j'aime les courbes séduisantes et le grondement rauque des Thunderbird, Corvette et Mustang qui défilent dans la rue principale, sous l'Arche de Reno. La pluie tombant dans le crépuscule, il m'apparaît, dans un élan de poésie adolescente, que la juxtaposition de ces titans du monde de l'énergie fossile et des Tesla garées devant la giga-usine à 35 kilomètres de là, raconte l'avenir et le passé tapageurs de l'automobile : les voitures d'aujourd'hui seront les reliques de demain, les milliers de touristes, venus admirer des moteurs thermiques dans toute leur gloire, sont dépassés en nombre par les milliers de nouveaux arrivants venus bâtir un futur électrique. Mais il est difficile d'imaginer que l'amour de l'amateur pour sa voiture électrique puisse procurer la même sensation animale que celui d'un homme pour sa monture méticuleusement restaurée. La satisfaction apportée par une voiture classique provient dans une large mesure du ronronnement du moteur, réglé et ajusté parfaitement à l'oreille de son propriétaire. Une voiture électrique pourra égaler les courbes de sa rivale à essence, mais elle n'en aura jamais l'âme.

Ces pensées m'ont surpris, sachant que je n'ai aucune sympathie pour les aspirateurs de carburant. Peut-être ai-je eu le sentiment d'une perte imminente à l'idée que ces rassemblements nostalgiques de voitures anciennes seront la seule façon pour mes enfants et petits-enfants d'avoir une vague idée du monde automobile dans lequel j'ai grandi. Même après avoir entrevu l'avenir, je me sentais prisonnier du passé.

Puis une Model T vert foncé s'avance, rappelant comment tout a commencé ; à quel point elle a changé la face du monde : routes, garages, urbanisation, lotissements, mobilité des populations, avènement des mégalopoles, consommation de pétrole, production de masse, nouvelle économie américaine, journée de huit heures. La Model T a une âme et une histoire capitale, celle de la civilisation moderne.

Cette histoire n'aurait pas pu s'écrire sans l'invention de la chaîne d'assemblage mobile par Henry Ford en 1913. L'innovation a fabuleusement accéléré la production de la Model T, réduisant son prix de 850 dollars en 1908 à 360 en 1916, ce qui a contribué à sortir la voiture du cercle fermé des élites pour la faire entrer dans les garages de la classe moyenne. Un siècle plus tard, la Gigafactory de Tesla, indispensable à ses ambitions de marché de masse, s'apprête à jouer le même rôle de catalyseur pour la diffusion des véhicules électriques. Bientôt, une voiture électrique performante serait accessible au consommateur moyen. À quel point la Model 3 changera-t-elle la face du monde ? Peut-être qu'un jour, elle aussi roulera sous l'Arche de Reno, dans cent ans.

Mais l'usine au bout d'Electric Avenue n'est pas qu'une affaire de voitures. Elle est le point d'ancrage d'une révolution dont l'importance dépasse le remplacement d'un carburant. La Gigafactory est l'inverse des puits de pétrole sur lesquels Danks a travaillé. Ce n'est pas un outil destiné à forer le sol en profondeur afin d'en extraire des énergies fossiles, mais un bâtiment posé dessus pour supprimer le besoin de ces combustibles. C'est le cœur d'une nouvelle économie énergétique.

Il est 21 h 30, le 30 avril 2015 à l'atelier de design de Tesla à Hawthorne, et Musk entre sur scène au son d'une musique techno, avec près d'une heure de retard sur l'horaire prévu. Il porte un costume gris sur une chemise noire. « *All right* », lance-t-il à la foule, dont il dirige l'attention vers des photos de centrales projetées sur un écran derrière lui ; leurs cheminées crachent des fumées noires. La concentration de gaz carbonique dans l'atmosphère est un danger pour l'humanité, dit-il. Si on n'arrête pas de brûler des énergies fossiles, on aura des concentrations de gaz « à des niveaux qui battront tous les records ». Il montre la courbe de Keeling qui figure l'effrayante escalade. « Sauve-nous, Elon ! », crie un homme dans la foule. Musk hésite, puis éclate de rire. « Je crois que nous devons y remédier collectivement, sans chercher à remporter le prix Darwin. » (Récompense décernée à « ceux qui améliorent l'espèce en s'en retirant accidentellement ».) Puis Musk revient à son message. Il veut parler d'une pièce manquante au puzzle.

On ne produit pas assez d'énergie solaire ou éolienne pour remplacer en totalité les énergies fossiles. Le grand défaut des énergies renouvelables est leur irrégularité et donc leur manque de fiabilité. Le vent ne souffle pas en permanence et le soleil ne brille pas la nuit. « Il y a une solution assez évidente », dit Musk : fabriquer de meilleures batteries.

Tesla produit déjà des packs pour ses voitures ; en conservant l'énergie qu'ils tirent du réseau électrique, ils fonctionnent comme des unités de stockage. Musk explique que Tesla va en produire des variantes à l'attention des particuliers, des entreprises et des fournisseurs d'électricité pour qu'ils y stockent l'énergie produite dans la journée, afin de la réutiliser la nuit, en cas d'urgence ou lorsque le prix de l'électricité du réseau est particulièrement élevé. Les packs résidentiels s'appelleront Powerwall. De la taille d'une porte de réfrigérateur, ils sont assez minces pour être posés contre un mur et seront disponibles en différentes couleurs au prix de 3 500 dollars pour une capacité de 10 kWh (une version à 14 kWh suivra à 5 500 dollars l'unité). Cette solution de stockage nous ferait bénéficier de la principale source d'énergie de la planète, abondante, bon marché et qui ne devrait pas s'épuiser avant quelque cinq milliards d'années. « On a dans le ciel un réacteur à fusion très pratique qu'on appelle le soleil, dit Musk, suscitant les rires de ses fans. Rien à faire, ça marche tout seul. Il se lève tous les matins et produit des quantités astronomiques d'énergie. »

La combinaison de panneaux solaires et de batteries solides permettrait de convertir toute la planète aux énergies durables, a calculé Musk. Il entame sa démonstration. Une image du Powerpack (la version du Powerwall pour l'industrie) apparaît à l'écran. C'est une boîte en métal blanc qui ressemble au cercueil d'un lutteur sumo. Elle contient les packs de batteries fabriquées par le constructeur. Avec 2 milliards de ces boîtes, on pourrait se passer de la totalité des énergies fossiles. Deux milliards, affirme Musk, ce n'est pas si énorme. C'est à peu près le nombre de voitures et de camions en circulation aujourd'hui, et ces flottes de véhicules sont renouvelées tous les vingt ans environ. « L'humanité est parfaitement capable de les produire, insiste Musk doucement. On l'a déjà fait. »

La foule reste silencieuse, comme souvent les foules après une démonstration arithmétique.

Elon Musk explique que Tesla fabriquera les premiers Powerpack et Powerwall dans son usine de Fremont, mais que la production accélérera lorsqu'elle partira à la giga-usine. Puis vient l'annonce-surprise : Tesla a l'intention de bâtir plusieurs « Gigafactory ». « Il faudra aussi que plusieurs entreprises construisent leur propre site et on espère qu'elles le feront. » Tesla fournira gratuitement ses brevets, comme il le fait déjà pour les voitures. La foule applaudit. Pour Musk, la giga-usine est une « machine géante » ; il demande au public de l'imaginer comme un produit. Un produit collé au sol.

Tesla avait pour but initial de prouver que les voitures électriques pouvaient surpasser les voitures à essence. Désormais son fondateur voudrait que les gens s'enthousiasment pour un avenir d'énergie propre. « Nous voulons surtout montrer que c'est possible », dit Musk. La combinaison de l'énergie solaire, des batteries et des voitures électriques est la seule option disponible, à sa connaissance, capable d'arrêter la course mortelle de la courbe de Keeling.

En novembre 2016, Tesla a démontré ce potentiel en rendant publique une expérience d'énergie propre sur l'île de Ta'u, dans les Samoa américaines. Le constructeur avait combiné 5 328 panneaux solaires et 60 Powerpack pour couvrir à peu près tous les besoins en énergie des six cents habitants de l'île, qui dépendaient jusque-là de générateurs au fuel. En janvier 2017, Tesla a dévoilé une installation beaucoup plus importante en Californie du Sud, où quatre cents Powerpack devaient compenser la perte du stock de gaz naturel souterrain d'Aliso Canyon. Les batteries avaient une capacité de stockage suffisante pour alimenter 2 500 foyers pendant une journée. En juillet 2017, l'entreprise a convenu de construire un système de stockage de 100 mégawatts en Australie du Sud, soit trois fois la taille de l'actuel plus grand dispositif lithium-ion. En octobre de la même année, Tesla a installé une centrale à batteries temporaire pour alimenter un hôpital pour enfants de Porto Rico, gravement endommagé par deux ouragans dévastateurs.

Tesla est ce que Chris Dixon, entrepreneur et capital-risqueur chez Andreessen Horowitz, appelle « une start-up *full-stack* ». Le terme *stack* (pile) est emprunté à l'univers de la programmation informatique. Il s'agit de l'ensemble des technologies et langages nécessaires pour développer un produit ou un service de A à Z, de son système d'exploitation à ses applications. Celui qui maîtrise la « pile complète » contrôle entièrement le système. Vu sous cet angle, Tesla a plus en commun avec Apple qu'avec GM ou Toyota. Comme Apple, Tesla veut contrôler tous les aspects de son activité, du design de ses packs de batteries au développement du logiciel, en passant par la production de voitures, la fabrication des composants, la gestion de l'infrastructure et la vente directe de ses produits sur son site web ou dans ses magasins en propre. La première giga-usine est la structure fondamentale qui sous-tend ce système global. Elle produit les briques de base de la vision *full-stack* de Musk.

Cette vision est apparue en pleine lumière le 20 juillet 2016, quand Musk a publié sur son blog la suite de son article de 2006 sur « le plan directeur secret » de Tesla. Dix ans plus tard, l'essentiel de ce projet, qui consistait à partir du haut de gamme pour aller vers le marché grand public, était réalisé, sauf la promesse de « fournir des alternatives de production d'électricité décarbonée ». La mise à jour s'intitulait PLAN DIRECTEUR, 2e PARTIE, un clin d'œil à la suite du film *Hot Shots!* L'article est sorti un mois après l'offre d'achat de Tesla sur SolarCity, le producteur d'énergie solaire présidé par Musk et géré par ses cousins Lyndon et Peter Rive.

Dans « 2e Partie », Musk insiste de nouveau sur la crise des énergies fossiles et la nécessité de passer le plus rapidement possible aux énergies durables. Tesla a modifié la mission inscrite sur son site web. « Accélérer la transition de la planète vers le transport durable » est devenu : « Accélérer la transition de la planète vers l'énergie durable ». Le texte renforce la déclaration faite au lancement du Powerwall : Tesla est désormais une entreprise énergétique innovante. « Le monde ne manque pas de constructeurs automobiles. Il manque de producteurs d'énergie durable », avait déclaré Musk, lors d'une conférence de presse téléphonique après l'annonce du rachat de SolarCity. Il y avait également affirmé que l'association de Tesla et de SolarCity ouvrait la perspective « d'une société valorisée 1 000 milliards de dollars », un record absolu.

Le nouveau Tesla aurait quatre activités, poursuit l'article. L'activité Powerwall serait apportée à SolarCity pour y créer un produit de génération-stockage d'énergie intégré « fonctionnel ». Les foyers deviendraient leur propre fournisseur et bénéficieraient « d'une expérience complète : une seule installation, un seul service après-vente et une seule appli mobile ». Dans les années à venir, Tesla élargirait aussi sa flotte de véhicules, ajoutant à la gamme un SUV compact, un pick-up, un poids lourd et un petit autobus. Ces derniers seraient autonomes ; on les appellerait avec une appli ou en appuyant sur un bouton à l'arrêt du bus. L'avènement de l'autonomie complète, dont Musk dit qu'elle sera plus sûre à tous points de vue que la conduite humaine, ouvrirait la voie à une activité d'autopartage. Les propriétaires de voitures pourraient verser leur véhicule à la flotte de Tesla et en dégager un revenu. Dans les villes où l'offre des particuliers serait insuffisante pour répondre à la demande d'un tel service, Tesla disposerait de sa propre flotte, ce qui mettrait le constructeur en concurrence frontale avec Lyft et Uber.

Bien sûr, il est plus facile de lister les activités qu'on aimerait voir son entreprise réaliser que d'y parvenir. Musk a été critiqué pour son manque de concret. Un éditorialiste de *Bloomberg* a dit qu'il s'agissait « moins d'un plan que d'un manifeste », et Reuters qu'il était « ambitieux dans la vision et pauvre en détails ». Ces attaques sont passées à côté de l'essentiel. Musk connaît le pouvoir du discours et sait que le simple fait d'énoncer des objectifs donne du poids à leur éventuelle réussite. En 2006, la Model S n'était qu'une ligne dans un article de blog (« Le deuxième modèle sera une quatre portes familiale et sportive »), alors que le Roadster n'était pas encore en vente. En 2013, l'Hyperloop n'était que le projet scientifique d'un individu, esquissé en quelques équations dans un livre blanc rédigé au cours d'une nuit blanche. Et la Gigafactory n'était qu'une idée, formulée quand Musk a envisagé à haute voix de construire « une usine gargantuesque ».

À ce jour, la partie giga-usine de la nouvelle histoire de Musk est au moins une réalité. Indispensable à la réalisation des objectifs de la Model 3, elle est également censée consacrer la moitié de ses capacités aux batteries stationnaires. La voilà donc à la base de deux activités (potentiellement) gigantesques. Même en l'état actuel, le projet est si complexe, énorme et coûteux qu'il incarne audace et danger à parts égales. À plus d'un million de mètres carrés et 5 milliards de dollars, l'enjeu donne le tournis. Même avec l'apport de 1,6 milliard de Panasonic, Tesla a dû lever des milliards *via* l'ouverture de lignes de crédit et la vente d'obligations et d'actions. Et rien ne garantit que les coûts n'augmenteront pas d'ici son achèvement prévu en 2020. Tout problème qui retarderait celui-ci n'affecterait pas seulement l'usine, mais toute l'activité du constructeur : la Model 3 comme les batteries stationnaires ; l'avenir du pick-up, du poids lourd, de la flotte autonome. Sans la Gigafactory pour la soutenir, la vision *full-stack* de Musk s'effondrerait.

Mais cette fois-ci, les concurrents potentiels de Tesla n'attendent pas de voir l'issue de ce pari fou. Si les constructeurs traditionnels (dans l'ensemble) ne se sont pas encore engagés dans la construction de leur propre usine à batteries, d'autres groupes avancent leurs pions, et pas seulement en Amérique. En août 2017, un consortium allemand baptisé TerraE a annoncé qu'il entreprenait la construction d'une usine à batteries lithium-ion fin 2019 pour atteindre une capacité de 34 GWh à l'horizon de 2028. Parallèlement, plusieurs PME chinoises ont des projets d'usines représentant plus de 120 GWh de capacités cumulées en 2021.

Avec la Gigafactory, Tesla s'est de nouveau positionné en pionnier d'un secteur de plusieurs milliards de dollars. Quiconque s'intéresse à l'avenir du transport et de l'énergie doit observer avec la plus grande attention le bâtiment qui se dresse au bout de la route de l'USA Tavern.

Le thermomètre frise les 38 °C à midi, en ce mardi 26 juillet 2016. Le vent fouette des tourbillons de poussière autour de la giga-usine, au point que les salariés et les grues sont par moments enveloppés de minitornades. Aucune pollution urbaine en vue, ni canettes de soda, ni sacs en plastique, ni mégots convergeant dans les caniveaux. Les plus proches voisins de l'immense zone industrielle sont des plates-formes logistiques de PetSmart et Toys «R» Us. Le terrain, vague pour l'essentiel, piqué de buissons d'armoise, est encerclé par une chaîne de montagnes aux sommets enneigés l'hiver. Hommes et machines peinent au fond d'une gigantesque dépression, au sol aplani, dont les parcelles portent les indications de leur future affectation à l'usine mammouth qui prend forme autour d'eux. Bulldozers, niveleuses et camions se hâtent comme des fourmis hyperactives entre les conteneurs, les fondations en béton et les buttes de terre rouge. Un millier d'ouvriers du bâtiment sont à pied d'œuvre sept jours sur sept, pour tenir les échéances raccourcies par Tesla à la suite de l'avalanche inattendue de commandes de Model 3.

Phil LeBeau, à qui Musk avait publiquement confié pour la première fois son intention de construire une telle usine trois ans plus tôt, est présent sur le site. Coiffé d'un casque et chaussé de lunettes de sécurité, il filme en direct pour CNBC l'usine en partie achevée : «Voici la Gigafactory de Tesla, le premier coup d'œil à l'intérieur», attaque le journaliste. Les sols sont gris et brillants, des piliers énormes soutiennent les hauts plafonds. En arrière-plan, un tas de tables roulantes et d'étagères attendent d'être mises en place. Des ampoules à LED brillent au bout de suspensions. Quelque « 180 000 mètres carrés de la future usine sont déjà construits ; ce n'est que 14 % de son empreinte totale ». L'espace derrière lui est déjà assez vaste pour abriter un parc de loisirs et l'on en attend encore trois étages, voire quatre, de la même superficie. Les murs sont mobiles afin de faciliter les extensions.

Au final, le bâtiment s'étirera sur 400 mètres de long avec 540 000 mètres carrés de planchers, sur une surface au sol de 1 295 hectares. L'espace est suffisant pour construire son frère jumeau juste à côté. Musk en attend une capacité de 150 GWh en 2020, de quoi équiper 1,2 million de voitures. Cela suppose plus d'emplois que les 6 500 initialement prévus. Dix mille postes pourraient être créés en quatre ans. LeBeau a twitté une photo de maquette montrant des panneaux solaires sur les toits et des robots, semblables à ceux de l'usine de Fremont, préposés à des chaînes d'assemblage, à côté de ceintures de caisse et de conteneurs pour packs de batteries.

Le bâtiment, déjà énorme, représente une masse imposante. À l'avenir, il s'étendra en forme de diamant « orienté plein nord », a promis Musk. Le corps principal est blanc pour l'essentiel, la couleur emblématique des usines Tesla, un ruban rouge courant à hauteur d'épaule et une ligne grise au pied. La moitié de la structure érigée est couverte et fermée. Le reste est à ciel ouvert, squelette d'acier en attente de béton. Le toit-terrasse est nu, sans les panneaux solaires, tel une immense piscine vide. Du ciel, on dirait un circuit imprimé, la surface du futur site étant comme encadrée par la route, les voitures garées, les aciers hérissés et les tracés dans la terre figurant les transistors et les résistances.

Au cours de la conférence de presse tenue l'après-midi dans le hall du bâtiment au coin nord-ouest, Musk souligne de nouveau l'importance de la giga-usine. Encore une fois, il ne s'agit pas que de voitures. À long terme, l'activité de batteries stationnaires sera aussi importante que l'automobile. L'entreprise entrera probablement dans la fourniture d'énergie. Ce qui allongera la liste des concurrents : après Big Oil et Big Auto, les producteurs d'électricité. À mesure qu'il étend les ambitions de Tesla, Musk multiplie les occasions de bras de fer politiques. Il internationalisera aussi la Gigafactory. Il y en aura une en Europe, une autre en Chine et sans doute une troisième en Inde.

Musk vit au milieu des stars à Los Angeles et part travailler avec les inventeurs de la Silicon Valley, mais il est plus en phase avec cet Ouest sauvage où tout est à construire. Devant la presse, perché sur un tabouret micro à la main, il vante le romantisme de son diamant du désert et rappelle que la région compte 10 000 mustangs sauvages. Les chevaux, introduits aux États-Unis par le conquistador Hernán Cortes au XVIe siècle, sont protégés par une loi de 1971 qui les a érigés en «symbole vivant de l'esprit passé et pionnier de l'Ouest». À la giga-usine, sur des terres hostiles aux hommes, les chevaux ont un nouveau voisin insolite. Mais chacun y trouve son compte. Pour ses travaux, Tesla a creusé plusieurs lacs ; les chevaux ont pris l'habitude de s'en approcher. L'aménagement leur convient. Lorsqu'ils ont soif, ils viennent s'y abreuver.

Trois jours plus tard, Tesla inaugurait officiellement la Gigafactory par une fête à tout casser offerte à quelque 2 000 salariés, résidents, fans et journalistes. Elon Musk et J.B. Straubel ont ouvert les réjouissances par un discours et un diaporama, sous une tente érigée pour l'occasion. Anecdote attrapée au vol : la giga-usine peut abriter 93 Boeing 747 ou 50 milliards de hamsters. À la fin du discours, les cofondateurs ont répondu aux questions. Musk et Straubel ont révélé qu'un minibus serait assemblé sur la plate-forme de la Model X, que la prochaine génération du Roadster attendrait et que Tesla recyclerait les batteries sur place. Puis vers la fin, un homme dans la foule a crié : «Et nous, qu'est-ce qu'on peut faire ?»

Musk n'a pas hésité.

«Vous pensez tous que le réchauffement climatique est une réalité, a-t-il dit au bord du fou rire, mais le truc dingue, c'est que des tas de gens n'y croient pas. Ça me sidère.» Il a demandé à ses disciples de passer le mot : «Le monde du pétrole fait une propagande incessante. Ils défendent leurs intérêts, c'est tout. On pouvait s'y attendre (*il hausse les épaules*) mais ça n'arrête jamais et ils ont mille fois plus de moyens que nous.»

Les fêtards ont hué l'ennemi absent. Musk les a enjoints de combattre les discours qui nient les données scientifiques du changement climatique et compliquent l'avènement d'un avenir énergétique durable : «La révolution viendra du peuple.»

12

Ce ne sont pas les pierres qui ont manqué

« Les molécules ne font pas les révolutions.
Ce sont les systèmes. »

Le 7 mai 2016, par une belle journée ensoleillée, la Model S de Joshua Brown filait vers l'est à 120 km/h sur l'US 27 Alternate, une deux-voies près de Williston en Floride. De retour du Walt Disney World d'Orlando, Brown roulait sur la voie de droite. Au vu de ce qui est arrivé, il ne devait pas regarder la route. Il avait activé l'Auto-pilot, le logiciel de conduite assistée de la voiture. Celle-ci était donc programmée pour rester sur cette voie, à vitesse constante et, en cas d'urgence, pour freiner ou dévier afin d'éviter un accident.

Âgé de 40 ans, Joshua Brown était un ex-Seal (membre des forces spéciales de la marine américaine) vivant seul à Canton, dans l'Ohio. Pendant la guerre d'Irak, il avait participé à des opérations de déminage puis, une fois démobilisé, avait créé un fournisseur internet en milieu rural. Il adorait sa Tesla qu'il avait surnommée Tessy ; pendant ses neuf premiers mois, il lui avait fait faire plus de 72 000 kilomètres. Un mois avant sa visite à Disney World, il avait posté une vidéo sur

YouTube montrant sa voiture en pilote automatique en train d'éviter une collision avec un camion qui lui coupait la voie. Musk avait twitté le film qui avait recueilli 2 400 retweets, attirant l'attention des médias. « @elonmusk a remarqué ma vidéo, avait à son tour twitté Brown. Je suis au septième ciel ! » Il pouvait mourir et aller au paradis, avait-il alors confié à un ami.

« La probabilité d'avoir un accident est 50 % plus faible si l'Autopilot est activé », avait déclaré Musk, huit jours après le tweet, ajoutant : « Même la première version est deux fois plus sûre qu'un individu. » Les conducteurs étaient cependant prévenus que le logiciel était en version bêta. À l'activation du pilote automatique, un message apparaissait sur l'écran tactile : « Gardez toujours les mains sur le volant. Soyez prêt à reprendre le contrôle à tout moment. »

Alors que la Tesla approchait d'une intersection, Brown n'a pas remarqué, semble-t-il, qu'un dix-huit tonnes blanc lui coupait la route. Arrivant d'en face, le semi-remorque tournait sur une route secondaire quand la Tesla est allée s'y fracasser de plein fouet, sans ralentir. Sous la violence du choc, la voiture a rebondi sur l'autoroute, le toit déchiré. Elle a enfoncé deux barrières avant de s'écraser contre un pylône électrique qui l'a renvoyée faire un demi-tour et s'échouer à une centaine de mètres du carrefour, devant la porte d'une maison. On aurait cru qu'elle avait été piétinée par un mastodonte. Le chauffeur du camion, âgé de 62 ans, qui avait réussi à maîtriser son véhicule, est sorti indemne. Brown, lui, a été tué sur le coup.

L'opinion n'a eu connaissance du drame que cinquante-cinq jours plus tard, au moment où Tesla a révélé sur son blog que l'Agence fédérale chargée de la sécurité routière (NHTSA) ouvrait une enquête préliminaire sur l'origine de l'accident. Dans l'article, Tesla défendait la fiabilité du système, soulignant qu'il s'agissait du « premier accident mortel connu sur les 210 millions de kilomètres parcourus en Autopilot ».

La presse a retenu qu'il s'agissait du premier mort en « voiture autonome », bien que l'expression surestime les capacités de la technologie en question. Tandis que Tesla se défendait, un flot d'articles spéculatifs a tenté d'expliquer pourquoi l'Autopilot n'y était pour rien (ou le contraire), s'interrogeant sur la responsabilité des deux chauffeurs sur la base d'un rapport de police pour le moins succinct. Des éditorialistes se sont demandé si le crash allait remettre en cause la conduite autonome, d'autres estimant qu'il ne prouvait rien. Comme souvent, le douloureux «procès» public que le chauffeur du camion et la famille de Brown ont dû subir a eu pour effet principal de simplifier à outrance une situation complexe sur laquelle enquêtaient des acteurs mieux qualifiés et moins partisans, en l'occurrence la NHTSA.

Mais les deux mois qu'a mis Tesla pour informer de l'accident soulevaient des questions. Carol Loomis, une des journalistes économiques les plus réputées du pays après soixante ans de carrière au magazine *Fortune*, a passé le 4 juillet, jour de la fête nationale, à demander pourquoi Tesla n'avait pas révélé l'accident avant de procéder à une vente d'actions : «Le 18 mai, soit onze jours après la mort de Brown, Tesla et Elon Musk ont cédé à eux deux (deux tiers l'entreprise, un tiers son PDG) pour plus de 2 milliards de dollars d'actions au prix unitaire de 215 dollars, sans avoir dit un mot de l'accident.»

Carol Loomis soupçonnait Tesla d'avoir enfreint les règles de la Securities and Exchange Commission (SEC), le gendarme de la Bourse : «Pour dire les choses crûment, Tesla et Musk n'ont pas divulgué le fait primordial qu'un homme est mort en utilisant le système de pilotage automatique dont Tesla avait vigoureusement promu la sécurité auprès de ses clients.»

Musk a réagi par e-mail, estimant qu'un demi-million de personnes seraient sauvées chaque année dans le monde si l'Autopilot de Tesla était disponible partout. «Prenez cinq minutes pour faire ces foutus calculs avant d'égarer l'opinion par vos articles»; l'épisode était «insignifiant au regard de la valeur ajoutée de Tesla».

Encore une fois, il s'agissait d'une situation complexe examinée avec des instruments grossiers. D'un côté, Loomis et *Fortune* concluait que la non-divulgation de l'information était «primordiale», de l'autre, Musk et ses supporters défendaient le contraire. La journaliste a relevé que le cours de Tesla était tombé de 212 à 206 dollars au lendemain de la publication de la nouvelle. Mais à la clôture, le cours était repassé au-dessus de 216 dollars. On pourrait penser que d'autres facteurs que l'accident avaient affecté le cours de Tesla le 1ᵉʳ juillet 2016, mais ce n'est pas ainsi que les médias ont couvert l'épisode. (Au final, ce ne sera ni à Musk ni à Loomis de trancher.) *Fortune* a révélé ensuite que le 10 mai, Tesla avait mis à jour un document remis à la SEC, stipulant qu'«une défaillance de nos technologies innovantes, dont le pilote automatique de nos véhicules», pouvait engager la responsabilité du fabricant.

Le même jour, *Electrek*, un site consacré aux voitures électriques (parfois à la limite du militantisme pro-Tesla), montait au créneau : un, *Fortune* modifiait le sens de la phrase de Tesla qui n'était qu'une «déclaration de risque générique» présente dans le document depuis au moins deux ans ; deux, le magazine omettait la partie de la déclaration indiquant que l'industrie automobile connaissait de nombreux engagements de responsabilité du fait de produits défectueux et que Tesla était exposé à ce risque «au cas où un de [ses] véhicules ne fonctionnerait pas comme prévu, entraînant des blessures corporelles ou la mort» ; trois, l'Autopilot n'était pas conçu pour éviter le genre d'accident dont Joshua Brown avait été victime.

Le site concluait sa version des événements en accusant *Fortune* de profiter des millions de dollars de la campagne antivéhicules électriques financée par les frères Charles et David Koch, milliardaires de l'industrie pétrolière qui exploitent quelque 450 000 hectares de sables bitumineux au Canada (soit plus que leurs concurrents Exxon, Chevron ou Cocono réunis) : «Le vrai problème est que *Fortune* est payé par les Koch pour promouvoir leur vision du changement climatique.» *Electrek* rappelait ainsi que le magazine avait publié une tribune de James Mahoney, administrateur de Koch Industries, dans laquelle il protestait contre les aides publiques accordées aux voitures électriques.

Si *Electrek* avait été d'humeur conspirationniste, il aurait pu ajouter que Carol Loomis est une partenaire de bridge et proche amie de Warren Buffet dont elle a rédigé les lettres aux actionnaires pendant de nombreuses années. Elle aurait dû mentionner cette relation dans l'article, sachant que le milliardaire était à l'époque en conflit avec Musk et SolarCity à propos des subventions accordées par le Nevada. Berkshire Hathaway, le fonds d'investissement de Buffet, détient en effet NV Energy, un fournisseur d'énergie (dont l'essentiel de l'électricité provient du gaz naturel) qui fait campagne contre les aides apportées à SolarCity au prétexte qu'elles menaceraient sa rentabilité.

L'accusation d'*Electrek* n'était pas tout à fait fondée. La tribune de Mahoney que *Fortune* a publiée sur son site web faisait partie d'un ensemble de contenus gratuits intitulé « Fortune Insiders » visant à créer du trafic sur le site et à attirer les annonceurs facturés au CPM (coût pour 1 000 affichages). Entre autres, *Forbes*, *BuzzFeed*, *The Guardian* et le *Huffington Post* ont des dispositifs similaires. Malheureusement, ces « réseaux de contributeurs » brouillent la distinction entre le contenu produit et vérifié par les journalistes et les contributions extérieures de militants qui ne sont généralement pas tenus à la déontologie du journalisme. *Fortune* présente son cercle d'Insiders comme un « groupe exclusif de contributeurs qui partagent leurs idées avec [son] auditoire numérique mondial ». Le contenu n'est relu que pour la « grammaire, la lisibilité et la décence ». L'article de Mahoney n'était donc pas une opération financée par les Koch, mais la simple exploitation opportuniste d'une zone grise des médias, susceptible de brouiller chez le lecteur l'origine de l'opinion avancée.

Pour Musk, toutefois, l'idée avancée par *Electrek* que *Fortune* tirait profit de la fortune de Koch a paru suffisamment convaincante. L'entrepreneur a twitté un lien vers l'article accusateur accompagné de deux mots : « Articles sponsorisés… »

Comme il l'avait laissé entendre lors de l'inauguration de la gigausine, Musk était prêt à défendre ses activités contre « la propagande incessante » des pétroliers. En mai 2013, il avait reconnu devant la presse qu'il était difficile de leur demander d'agir contre leurs intérêts. Le système d'incitations économiques actuel n'impose aucune pénalité aux activités qui rejettent du dioxyde de carbone dans les océans et l'atmosphère. Il s'était exprimé en faveur d'une taxe carbone qui inciterait à des comportements plus vertueux, sur le modèle du tabac et de l'alcool, lourdement taxés en raison de leurs effets nocifs sur la santé. « Là où j'ai un problème avec les pétroliers et les gaziers, avait-il enchaîné, c'est quand ils ont recours à des procédés pernicieux ou à des opérations trompeuses, comme le financement d'études scientifiques à qui d'éminents professeurs donnent de la crédibilité par leur signature, alors qu'ils sont payés par l'industrie pétrolière pour les mener.» Ce genre de comportement doit être condamné avec force, disait-il. Il avait également recommandé la lecture des *Marchands de doute* par les historiens des sciences Naomi Oreskes et Erik Conway : «Ils décortiquent les manœuvres, comment il suffit en fait à l'industrie pétrolière de semer le doute. Ce qu'elle a réussi.» Des pétroliers ont même repris les consultants employés par l'industrie du tabac pour mettre en doute les liens entre la cigarette et le cancer du poumon. «Je m'étonne que ces gens soient encore dans le circuit ; depuis le temps, ils ont dû prendre quelques rides», avait-il dit ironiquement.

Les Marchands de doute, publiés en 2010, démontent les campagnes de relations publiques retorses de groupes d'intérêts pour bloquer l'intervention des pouvoirs publics sur plusieurs dossiers écologiques et de santé liés à l'industrie et au commerce. Ces lobbies ont compris qu'il n'était pas nécessaire de contredire les résultats scientifiques allant à l'encontre de leurs intérêts, et qu'instiller le doute était suffisant pour perturber l'opinion et obtenir des élus de ralentir la mise en place de réglementations visant, par exemple, à réduire ou à éliminer les effets du tabagisme, des pluies acides, du trou dans la couche d'ozone, du DDT, etc. La même boîte à outils est utilisée aujourd'hui contre la climatologie. Mais depuis l'arrêt de la Cour suprême *Citizens United contre FEC* autorisant les groupes d'intérêts à financer sans publicité ni limites les activités politiques, ces pratiques sont devenues encore plus opaques.

Les attaques récentes contre la climatologie ont notoirement visé Michael Mann, un scientifique de l'université de Pennsylvanie, qui a mis en évidence une hausse soudaine et brutale des températures depuis les années 1850, après une baisse lente mais régulière au cours des neuf siècles précédents. Le graphique de ces données sur mille ans prend la forme d'une canne de golf, le manche figurant la longue et constante baisse des températures et le fer, leur remontée brutale depuis la révolution industrielle. Même si plus d'une douzaine d'études indépendantes ont conforté depuis les résultats du climatologue, ses travaux ont été mis en doute, notamment par le George C. Marshall Institute, financé par l'industrie pétrolière, et

Fred Singer ; ces deux acteurs avaient joué un rôle clé dans la longue campagne visant à minimiser les liens entre le cancer du poumon et le tabagisme passif. Les travaux de Mann ont été également attaqués par Willie Soon, salarié à mi-temps de la Smithonian Institution, titulaire d'un doctorat en ingénierie spatiale, souvent pris à tort pour un astrophysicien. Il s'est avéré qu'il a reçu en dix ans plus de 1,2 million de dollars du secteur pétrolier, dont au moins 230 000 dollars de la Charles G. Koch Charitable Foundation. Ces détracteurs ont été rejoints par James Inhofe, sénateur républicain de l'Alabama qui, selon OpenSecrets.org, a reçu 100 000 dollars de Koch Industries pour ses campagnes électorales entre 1989 et 2016. Inhofe a régulièrement qualifié le réchauffement climatique de « canular ».

La machine à induire le doute était également au cœur de l'enquête pour fraude ouverte par le procureur général de New York contre ExxonMobil pour mesurer l'écart entre ce que le groupe savait depuis des années sur le changement climatique et le lobbying qu'il a été accusé d'exercer pour donner l'impression que les résultats n'étaient pas concluants. Par exemple, Exxon a soutenu la création d'un groupe propétrolier baptisé la Global Climate Coalition qui a diffusé l'idée selon laquelle le rôle du dioxyde de carbone dans le changement climatique « n'était pas bien compris ». Les propres chercheurs d'Exxon avaient maintes fois mis en évidence que le changement climatique était un véritable problème aux conséquences potentiellement désastreuses. Exxon a nié toute volonté de tromperie, accusé ses détracteurs de complot et répondu à l'enquête en clamant qu'on attaquait sa liberté d'expression.

Les campagnes climatosceptiques sont si nombreuses et omniprésentes qu'il faudra d'autres livres pour en rendre compte. Mais il suffit de savoir qu'elles sont bien réelles et que le dénigrement de la climatologie est devenu une activité à part entière, impliquant tout un réseau d'élus, de scientifiques, de médias, de laboratoires d'idées et autres, financés par l'industrie pétrolière, au nom de l'intérêt de la liberté du marché, sujet cher aux frères Koch. Selon eux le rôle des pouvoirs publics ne doit pas être limité, mais quasiment éliminé. Ils militent notamment pour la privatisation de la Sécurité sociale, l'élimination des subventions, un droit du travail amoindri et une réglementation ultralégère de l'environnement. L'arrêt *Citizens United* a rendu beaucoup plus difficile le suivi des dépenses des grands capitalistes comme les Koch, mais une étude menée en 2013 par l'université Drexel a calculé que les fondations conservatrices avaient distribué environ 7 milliards de dollars aux organisations climatosceptiques entre 2003 et 2010. Les milliardaires à l'origine de ces fondations ont tout loisir de masquer leur implication.

Ce n'est donc pas sans raison que Musk s'est inquiété d'une possible collusion entre les frères Koch et *Fortune*. De fait, le journaliste Peter Stone a révélé en février 2016 qu'un groupe financé par les deux industriels était en cours de constitution avec un budget de 10 millions de dollars par an pour attaquer les aides aux véhicules électriques. Le projet était mené par James Mahoney et Charlie Drevna, un lobbyiste membre de l'Institute for Energy Research financé par les Koch et, jusqu'en 2015, président de l'American Fuel and Petrochemical Manufacturers, poste auquel Mahoney l'avait précédé.

Si vous vous demandez pourquoi les voitures électriques ont de quoi inquiéter les frères Koch alors qu'elles représentent moins de 1 % des véhicules en circulation dans le monde, pensez au chlorure de sodium. Le pétrole domine peut-être notre économie, mais il perd de sa superbe devant le sel. La civilisation est en effet fondée sur ce composant chimique ionique que McDonald's dispense aujourd'hui gratuitement à ses clients.

Le sel est indispensable à l'alimentation des êtres humains : sans cet apport, le corps se viderait de son eau pour maintenir un taux de sodium constant dans le sang, jusqu'à ce que mort s'ensuive, de soif. Il l'a été aussi à la conservation des aliments. Au cours des siècles, les hommes ont récolté le sel de diverses façons, par extraction, par évaporation ou par exploitation des tourbières imprégnées autrefois d'eau de mer. Ces méthodes remontent à 3 500 ans au moins, voire 5 000. Certaines présentent même des similarités avec les techniques actuelles d'extraction du pétrole : vers 400 av. J.-C., les Chinois ont découvert une façon de forer la montagne et d'en extraire de la saumure à l'aide de tuyaux en bambou plongeant jusqu'à 900 mètres de profondeur.

Le sel, comme le pétrole, n'est pas réparti également sur la planète. Des zones de peuplement prospères sont apparues autour des sources salées, près de la mer Morte en Jordanie ; en Afrique du Nord où il suffisait de creuser le sol ; dans les Alpes autrichiennes d'où il était extrait ; en Perse, en Égypte et au Sahara où des marais salants subsistaient dans le désert. Dans les régions d'Afrique où le sel était rare, les gens prenaient leur dose en buvant le sang et l'urine de leur troupeau ou d'animaux sauvages. Ressource la plus importante du monde, le sel est ainsi devenu l'objet de transports, de commerce et de conflits.

«Une sorte de modèle politique s'est dessiné, note le journaliste M.R. Bloch dans un article du *Scientific American* paru en 1963. Là où le sel était abondant, la société tendait à être libre, indépendante et démocratique ; là où il était rare, celui qui en avait le contrôle, contrôlait aussi les gens.» Autour du Nil, à Babylone, en Inde, en Chine, au Mexique et au Pérou, les autocrates contrôlaient leurs sujets en se réservant le monopole du sel et en le taxant.

Si aujourd'hui l'économie mondiale est inextricablement liée à l'industrie pétrolière, les liens entre le sel et l'économie étaient encore plus directs autrefois. Le sel était synonyme d'argent. Au XVIe siècle, les Éthiopiens utilisaient des barres de sel comme monnaie d'échange et ce, jusqu'au début du XXe dans certaines régions reculées. Le mot «salaire» dérive du latin *salarium*, paiement pour travail ou service rendu. Les Romains payaient leurs fonctionnaires en sel et avec celui-ci, les marchands d'esclaves achetaient des êtres humains.

Il y avait des guerres, bien sûr. À l'époque romaine, les tribus de Germains se battaient pour le sel. En France, la gabelle, l'insupportable impôt sur le sel, a été un des facteurs de la Révolution. Pendant la guerre de Sécession aux États-Unis, le sel a été une cible militaire. À la fin de 1864, l'armée de l'Union s'est emparée de Saltville en Virginie, un des plus grands producteurs de sel (comme son nom l'indique), puis s'est adonnée à deux jours de pillages qui, selon l'historien Rick Beard, ont effectivement mis fin à sa production dans le sud du pays.

De nos jours, notre problème est d'en consommer trop plutôt que pas assez, disent les diététiciens. Comment ce produit aussi stratégique il y a encore cent cinquante ans est-il devenu si bon marché ? Réponse : il a été supplanté par une invention qui a changé le cours de l'Histoire.

Les premiers bateaux réfrigérés sont apparus au milieu des années 1870 et General Electric a commercialisé le premier réfrigérateur en 1911. Au lieu de dépendre du sel pour conserver leur nourriture ou de blocs de glace pour la garder au frais, les habitants des pays développés l'ont stockée dans des armoires réfrigérées électriquement. La nourriture est devenue plus saine, s'est conservée plus longtemps et a retrouvé son goût. Cette révolution a contribué à l'essor des grandes villes modernes, à l'ouverture de marchés alimentaires mondiaux et à l'augmentation de la population. Elle a aussi fait chuter la valeur du sel. Il n'y aurait plus de guerre pour le chlorure de sodium. Le règne plurimillénaire de la ressource la plus importante au monde s'achevait.

Le sel n'a pas été supplanté par un meilleur composé iodique, mais par un système différent et meilleur. C'est ce qui est en train de se passer pour le pétrole.

L'industrie pétrolière est probablement le secteur le plus lucratif de l'Histoire et l'idée que la voiture électrique, encore rare, puisse sérieusement la menacer à court terme peut sembler saugrenue. Elle rapporte plusieurs milliers de milliards de dollars par an. La production, l'approvisionnement et la distribution de pétrole sont cause d'une grande partie de l'instabilité géopolitique et de conflits sur tous les continents, du Moyen-Orient au Soudan et à la mer de Chine. Si l'on continue de se battre pour lui et que sa combustion réchauffe dangereusement l'atmosphère de la Terre, il faut cependant reconnaître qu'à l'instar du sel il est essentiel à la vie moderne. Les États-Unis auraient du mal à maintenir leur cohésion sans un approvisionnement généreux en essence pour alimenter les voitures et les camions qui relient des villes et des zones rurales aussi dispersées. Notre qualité de vie, notre liberté de voyager et d'être connectés aux économies du monde dépendent toujours du pétrole. S'il disparaissait du jour au lendemain, la vie prendrait vite un tour déprimant.

Mais cela ne protège pas pour autant l'énergie fossile de ces mêmes forces qui ont transformé le sel en condiment gratuit dans les fast-foods. En 2014, le carburant a représenté près de la moitié (47 %) du pétrole consommé aux États-Unis, selon l'Agence américaine d'information sur l'énergie (EIA). Si le pétrole est utilisé dans de nombreux produits comme le kérosène des avions, les plastiques et les détergents, la prospérité du secteur dépend fondamentalement des voitures, camions et bus. Sans les pleins d'essence ou de diesel des véhicules motorisés, les géants du pétrole seraient des acteurs nettement moins importants de l'économie mondiale.

Il ne faut pas grand-chose pour déclencher une crise pétrolière. Entre juin 2014 et janvier 2015, la surproduction a fait plonger les prix du baril de 116 dollars à 47 dollars, semant la panique dans le secteur. Les compagnies pétrolières petites et grandes ont licencié et annulé des centaines de milliards de dollars de projets d'investissements. Le pic d'offre a été provoqué par la conjugaison de plusieurs facteurs. En 2012 et 2013, le boom du pétrole de schiste a engendré une croissance record de la production de pétrole aux États-Unis. Par ailleurs, l'amélioration du rendement énergétique des moyens de transport américains a entraîné une baisse de 10 % de la consommation de pétrole entre 2007 et 2014, selon l'EIA. La diffusion plus large des voitures électriques continuera de faire baisser la demande de pétrole, affectant davantage les prix et créant davantage de tension dans le secteur. Selon Shell, la demande pourrait culminer d'ici à cinq ans, avant de diminuer.

Le remplacement de 2 millions de barils par jour (soit 2 % de la production mondiale quotidienne) par un autre mode de propulsion suffirait à entraîner une chute des prix équivalente à celle qui a provoqué la crise de 2014, indiquait une étude de Bloomberg New Energy Finance en 2016. Les voitures électriques seraient en mesure de le faire prochainement. Leur nombre a augmenté de 60 % entre 2014 et 2015 ; c'est le taux de croissance que Tesla projetait pour les années à venir. S'il se maintenait, les voitures électriques déstabiliseraient le marché du pétrole en 2023. Selon une estimation plus prudente, fondée sur la baisse du prix des voitures, le seuil des 2 millions de barils serait franchi en 2028.

Les choses pourraient-elles s'accélérer ? Tesla et GM estiment que le prix des batteries baissera assez vite pour rendre les voitures électriques meilleur marché que leurs concurrentes à essence au début des années 2020. La Chevy Bolt est vendue à moins de 35 000 dollars après subventions. Tesla entendait produire la Model 3 à plusieurs centaines de milliers d'exemplaires à compter de 2019. Les autres constructeurs, anciens ou nouveaux, ont également adopté des stratégies agressives.

Prévoir à quel rythme les ventes de voitures électriques dépasseront celles des véhicules à essence est encore difficile. Cela dit, même si tout roule pour Tesla et ses concurrents, cela pourrait prendre des années ou des décennies. Selon Bloomberg, les électriques représenteraient 35 % du marché des voitures neuves en 2040. Cette estimation est calculée sur la base d'une baisse du prix des batteries plus lente que prévu par Tesla et GM. Mais les voitures à essence auront à affronter la concurrence de véhicules à la fois meilleurs et moins chers.

Les technologies disruptives, comme pourraient l'être les voitures électriques, ont pour caractéristique d'entrer lentement sur le marché avant d'accélérer brutalement. En 1900, moins de 10 % des foyers américains avaient accès à l'électricité. En 1960, ils étaient moins de 10 % à être équipés d'une télé couleur. En 1990, moins de 10 % avaient un téléphone mobile. Les premières versions de ces équipements étaient coûteuses, imposantes, peu pratiques, voire les trois à la fois. Mais la technologie s'améliorant, la production étant simplifiée et les économies d'échelle apparaissant, les prix ont chuté et les équipements ont trouvé leur place dans les foyers et les poches des individus. En 1990, on comptait 5,3 millions d'abonnés mobiles aux États-Unis, soit environ 2 % de la population. Vingt-cinq ans plus tard, ils étaient 92 %. Sur un graphique, la courbe d'adoption prend la forme d'un S allongé : elle commence en pente douce, suivie d'un point d'inflexion à partir duquel se déclenche une hausse soudaine et brutale qui finit par se stabiliser quand la technologie atteint son point de saturation. Sur les cent dernières années aux États-Unis, la courbe en S s'est vérifiée pour la voiture, la radio, la télé couleur, le micro-ondes, le magnétoscope, le PC, le téléphone mobile et Internet. Et, j'allais l'oublier, le réfrigérateur.

La voiture électrique suivra-t-elle le même chemin ? Elon Musk y croit dur comme fer. « Début 2015, nous avions 50 000 voitures en circulation dans le monde. Cette année-là nous en avons produit 50 000 autres, déclarait-il en janvier 2016. La flotte totale de Tesla a donc doublé l'an dernier. Elle doublera encore cette année. »

Il ne s'agit pas de prendre Musk au mot, bien sûr. Tesla a manqué son objectif de 16 000 unités en 2016. Mais plusieurs facteurs censés stimuler la demande de véhicules électriques commencent tout juste à produire leur effet. Le principal étant sans doute la baisse du prix des batteries. Mais il y en a d'autres. D'abord, pour des centaines de millions d'individus, la voiture électrique est encore synonyme de voiturette de golf ou d'hybride comme la Prius de Toyota. Ils ignorent probablement tout des avantages de la puissance de couple instantanée et du moteur silencieux, ou qu'il suffit d'une prise de courant pour les recharger. Avec ses magasins à la mode, ses sites web élégants et sa notoriété médiatique, Tesla a conquis un noyau dur de fans, mais son marché potentiel est bien plus vaste.

Les constructeurs traditionnels dépensent chaque année des milliards de dollars en publicité pour inciter les gens à acheter leurs produits. En 2013, à lui seul, GM y a consacré 5,5 milliards de dollars. Tesla, en revanche, n'a pas déboursé un centime ou presque. Les constructeurs investissent dans la publicité parce qu'elle engendre une augmentation de la demande. Que se passera-t-il quand Tesla et les autres commenceront à payer pour promouvoir les avantages de la mobilité électrique ?

Mais quels que soient les montants dépensés, si les clients n'ont pas accès aux voitures, ils ne les achèteront pas. Un Néo-Zélandais n'a pas pu s'offrir de Tesla par les voies normales avant 2017. De nombreuses villes américaines n'ont pas de magasins Tesla et la plupart des Américains ne se sont jamais assis dans une Model S ou X, ni dans aucune autre voiture électrique. À mesure qu'elles se multiplieront sur les routes, plus de gens auront l'occasion de les essayer et de se rendre compte qu'elles n'ont rien à voir avec les voiturettes de golf ou les Prius. Tesla a toujours pensé que la meilleure façon de vendre ses voitures était de faire monter les gens dedans. Un client potentiel qui a fait l'essai est davantage susceptible de l'acheter. De nombreux propriétaires de la Leaf de Nissan affirment qu'ils ne reviendront jamais à la voiture à essence.

Et puis il y a l'inconnue de la réglementation. Les tendances du marché indiquent déjà que les voitures électriques seront bientôt meilleur marché que les voitures à essence, indépendamment des réductions de prix et aides diverses. Mais les pouvoirs publics, aussi prudemment et lentement soit-il, envisagent de mettre fin aux ventes de voitures à essence dans les vingt ans à venir. Tous les pays membres des Nations unies se sont engagés à réduire drastiquement leurs émissions de carbone ; la pression sur les constructeurs pour qu'ils réduisent la consommation de leurs véhicules se maintient (même si les États-Unis se sont retirés de l'accord de Paris sur le climat à l'instigation de Donald Trump). Le contexte économique mondial pourrait se compliquer pour les voitures à essence si le changement climatique attaque plus sévèrement les économies et les modes de vie – surtout si des alternatives décarbonées meilleur marché sont disponibles. La Norvège travaille à un arsenal de mesures fiscales, d'aides et d'infrastructures en vue d'arrêter la vente de véhicules à essence en 2025. En octobre 2016, le Bundesrat allemand (qui représente les 16 Länder) a adopté une résolution non contraignante appelant à l'arrêt des ventes de voitures à moteur thermique en 2030. En mai 2017, le ministre de l'Énergie indien a prévu de n'avoir plus que des voitures électriques et « plus une seule voiture à essence ou diesel » à partir de 2030. Le Royaume-Uni et la France ont fixé cette échéance à 2040. Et même la Chine a prévenu qu'elle fixerait une date (sans la donner) à compter de laquelle les voitures à essence deviendraient indésirables dans le pays.

De tels scénarios pourraient avoir un effet spectaculaire sur le décollage des véhicules électriques et, par ricochet, sur la consommation de pétrole. Même selon les estimations prudentes de Bloomberg New Energy Finance, il y aura assez de voitures électriques sur la route pour provoquer un krach pétrolier à la fin de la décennie 2020. Dès lors, les choses ne feront qu'empirer pour les compagnies pétrolières. Toujours selon Bloomberg, les ventes de voitures électriques bondiront de 462 000 en 2015 à 41 millions en 2040. Chaque nouvelle voiture électrique mise en circulation attaque les bénéfices des pétroliers.

« Il est clair que le secteur traverse une des phases de transformation les plus profondes de son histoire, et que celle-ci en changera la face », pointait le rapport 2016 sur les tendances du gaz et du pétrole de PricewaterhouseCoopers. Il ne s'agira pas seulement de pertes d'emplois, de dépréciations d'actifs ou de réductions de budget. Les rapports de force géopolitiques entre les régions pétrolifères du Moyen-Orient et d'Afrique, et les pays importateurs et dépendants du pétrole seront modifiés. Les priorités de sécurité nationale changeront.

L'Arabie Saoudite, dont les ressources budgétaires dépendent à 90 % du pétrole, est en train de réagir. Le prince héritier Mohamed bin Salman a la haute main sur Saudi Aramco (la compagnie qui détient le monopole du pétrole), la politique économique et le fonds d'investissement souverain. Il a annoncé la création d'un fonds d'investissement doté de 2 000 milliards de dollars, dont le rendement doit pallier la baisse des énergies fossiles au budget du royaume.

Si l'Arabie Saoudite, premier exportateur mondial de pétrole, se sent concernée par la courbe en S, on comprend pourquoi les frères Koch voudraient défendre agressivement leurs intérêts pétroliers et conserver cette source de profit aussi longtemps que possible. Mais l'agressivité même de cette défense conforte l'idée que le pétrole connaîtra le même sort que le sel.

Je retrouve Rich Sears au Tresidder, le bâtiment associatif des étudiants, sur le campus de Stanford à Palo Alto, à 5 kilomètres du siège de Tesla. Comme il fait beau cet après-midi-là, nous nous installons dehors, à une table métallique, sous un arbre dans la cour. Grand et svelte, le nez long et les yeux enfoncés, Sears est professeur consultant à mi-temps au département d'ingénierie des ressources énergétiques. Géophysicien spécialiste de l'exploration, il a travaillé trente ans à la Shell où il a terminé avec le titre de vice-président. Salarié de la compagnie, il a été huit ans professeur invité au Massachusetts Institute of Technology (MIT) et, une fois à la retraite, est entré comme conseiller senior à la commission d'enquête sur la pire catastrophe écologique maritime de l'Histoire : la marée noire provoquée en 2010 par Deepwater Horizon, la plate-forme off shore de BP dans le golfe du Mexique.

La première fois que j'ai entendu parler de Rich Sears, c'est par une conférence TED qu'il a donnée en 2010 sur la nécessité de se préparer à l'après-pétrole, même si les ressources semblent inépuisables (il resterait des centaines de milliards de milliards de barils à exploiter dans le monde) : «Si l'âge de pierre s'est achevé il y a quelques millénaires, disait-il, ce n'est pas parce qu'on a manqué de pierres. Mais parce que les gens ont eu des idées et qu'il y a eu des innovations, des technologies, etc.» Sears paraphrasait une déclaration de l'ex-ministre du Pétrole de l'Arabie Saoudite, le cheik Ahmed Zaki Yamani en 2000 : c'est l'innovation qui mettrait fin à l'âge du pétrole.

Sears a parcouru la planète pour son travail, mais il vit désormais avec sa femme dans une maison posée sur une colline, à Danville en Californie. Il a une MG de 1952, rouge pompier, une machine si belle qu'il a fait construire un garage en bardeaux sur mesure pour l'abriter et l'a décoré de souvenirs de la Shell. Pour notre rendez-vous, il porte l'uniforme décontracté de la Silicon Valley, polo et jean. Il s'exprime lentement et un peu théâtralement, ponctuant son discours de «devinez quoi» et «au fait», comme les gens habitués à argumenter en public.

Pour lui, les grands changements économiques sont provoqués par la technologie et cela se vérifiera encore pour l'économie pétrolière : «Ce ne sont pas les molécules qui font les révolutions. Ce sont les systèmes», insiste-t-il.

C'est lui qui m'a soufflé l'idée du parallèle entre le pétrole et le sel. «Actuellement, les gens qui discutent de la fin du pétrole se demandent quelle molécule va remplacer l'essence dans le moteur thermique.» Mais ce n'est pas une nouvelle molécule plus efficace qui a fait perdre au sel son statut de ressource mondiale stratégique. Le vrai coupable a été la réfrigération qui est comme sortie de nulle part. «Qui l'eût cru ?», s'exclame-t-il, feignant l'incrédulité.

Rich Sears aime bien l'idée que les voitures électriques vont précipiter la fin du pétrole, surtout si on ajoute à l'équation les services d'autopartage comme Uber. Pour finir, nous abordons les facteurs qui pourraient accélérer ou freiner la diffusion des véhicules électriques. On évoque la réglementation. Il est d'avis qu'au vu des millions d'emplois appelés à disparaître sous l'effet de la disruption, les pouvoirs publics voudront ralentir la marche du progrès.

J'aborde le financement de campagnes antivoitures électriques et l'immixtion des frères Koch dans la machine réglementaire. Les Koch utilisent depuis longtemps leur fortune et leur pouvoir pour influencer autorités et politiques publiques. Ils sont farouchement hostiles aux subventions et à l'intervention des pouvoirs publics, surtout en matière d'environnement. Ils se sont ainsi illustrés dans le blocage de mesures climatiques, même lorsqu'elles étaient fondées sur des mécanismes de marché, comme la taxe carbone. Il faut prendre la mesure des activités de Koch Industries et de leurs conflits avec les autorités de régulation, pour comprendre pourquoi les deux frères, pesant chacun 50 milliards de dollars et classés parmi les dix plus grosses fortunes mondiales, s'opposent aux politiques publiques limitant les émissions de carbone et autres polluants.

Si leur conglomérat intervient dans plusieurs secteurs, allant des polymères et fibres aux forêts et élevages, il régit surtout un empire d'infrastructures pétrolières et gazières (raffineries, pipelines, stockage, transport), et profite d'instruments financiers dérivés du pétrole que les frères ont contribué à créer. Avec 13,3 millions de tonnes de produits chimiques rejetés en 2014, Koch Industries pointe au huitième rang du classement des 100 plus gros pollueurs américains de l'atmosphère, mis au point par l'université du Massachusetts à Amherst. Le conglomérat a rétorqué que tous les industriels du pays ou presque y apparaissent et que l'un de ses concepteurs, Michel Ash, est membre de l'Union for Radical Political Economics, une association d'universitaires et de militants anticapitalistes. En 2014, Koch Industries polluait davantage que Valero, Chevron et Shell. En 2000, le groupe s'est acquitté d'une amende record de 30 millions de dollars pour mettre fin aux poursuites engagées par l'EPA en raison d'infractions graves à l'environnement, et notamment de trois cents fuites de pétrole dans six États. La même année la filiale Koch Petroleum a versé 80 millions de dollars pour réduire les émissions de ses raffineries et payé une amende de 4,5 millions à l'EPA.

En 2009, Invista, une autre filiale du groupe, a payé une amende de 1,7 million de dollars et promis d'investir 500 millions pour remédier à 680 infractions aux normes EPA dans ses usines. Koch Industries se targue d'entretenir de bonnes relations avec l'agence et d'avoir reçu des centaines de prix en matière d'environnement, de santé et de sécurité depuis 2009. Il affirme poursuivre l'amélioration de ses performances écologiques. Selon une estimation de 2014, le groupe (qui n'est pas coté en Bourse) générerait environ 115 milliards de dollars de chiffre d'affaires annuel.

David et Charles Koch sont des philanthropes très généreux, en faveur des arts et de la recherche sur le cancer notamment, mais leurs dépenses politiques ont pris des proportions historiques. David a mené campagne (en vain) sur le ticket du Parti libertarien, à la droite de Ronald Reagan, à l'élection présidentielle de 1980. Depuis cet échec, les deux frères préfèrent dépenser des millions de dollars en faveur de laboratoires d'idées, d'instituts de recherche, de groupes de donateurs, de campagnes de relations publiques et d'élus qui soutiennent leur vision de la liberté économique.

En 2015, leur réseau politique comptait plusieurs centaines de donateurs fortunés (la plupart magnats des énergies fossiles), secondés par 1 200 salariés dans 107 bureaux à travers le pays. L'organisation était 3,5 fois plus importante que le siège du Parti républicain, a calculé *Politico,* qui l'a qualifiée de « machine politique privée sans précédent ». Le réseau Koch avait promis d'investir 889 millions de dollars dans les élections américaines de 2016, plus que le Parti démocrate ou le Parti républicain. (Mais quand Donald Trump, dont les frères n'appréciaient pas le populisme des idées économiques, a remporté l'investiture républicaine, ils ont réduit leurs dépenses à 750 millions.) Selon la journaliste du *New Yorker* Jane Mayer, « depuis quarante ans, Charles et David Koch consacrent leur fortune à changer l'opinion des Américains ». Pour le journaliste et militant du climat Bill McKibben, les Koch « sont probablement les personnalités politiques non élues les plus importantes de l'histoire du pays ».

Rich Sears, quant à lui, se demande s'il est vraiment utile de cibler les Koch et si les climatologues ne feraient pas mieux de bâtir une coalition œuvrant au changement de l'opinion publique en matière de politique climatique, « plutôt que de se plaindre des deux industriels ». À son avis, les Koch ne sont qu'un « micropoint sur le radar ».

Le consultant s'est reculé dans sa chaise. Il est près de 17 heures et nous parlons depuis deux bonnes heures. Sa bouteille de Diet Coke est vide. Les étudiants en session d'été s'installent aux tables autour de nous, avec leurs brocs de bière.

Il reproche à tous les acteurs du débat climatique de déformer les résultats scientifiques. «Si j'étais un universitaire désireux de travailler sur le climat et que ma carrière dépendait du financement de mes recherches, je trouverais toutes les ressources nécessaires pour défendre tel ou tel point de vue.»

J'acquiesce, il continue. «Vous me trouvez cynique? Que les frères Koch veuillent préserver leur monde, c'est le jeu normal, après tout. Beaucoup de gens font pareil.»

Je lui oppose l'asymétrie des incitations économiques de part et d'autre: «Il y a sans doute quelques scientifiques qui adaptent leurs travaux au sens du vent pour assurer leur carrière. Mais je ne pense pas qu'ils pèsent bien lourd face à un secteur multimilliardaire qui aurait beaucoup plus à perdre s'il devait se conformer à ces régulations.»

En mai 2016, un site web intitulé WhoIsElonMusk.com a fait son apparition. En bonne place sur la page d'accueil, il présentait une vidéo à défilement automatique s'ouvrant sur une musique prémonitoire et la voix rauque et dramatique des émissions de faits divers réels. Les deux premières minutes voyaient défiler des bouts de *making of* et de clips grappillés dans les documentaires sur Musk; puis venait le titre. *L'Arnaqueur: la véritable histoire d'Elon Musk*, suivi d'un avertissement lugubre: «Le milliardaire étranger Elon Musk. Ses entreprises sont synonymes de technologie et de richesse, et sa vie de jet-setter fait l'envie du monde entier. Mais d'où viennent exactement ses sociétés? Qui Elon Musk a-t-il exploité au passage? Et quel monde est-il vraiment en train de changer? La vérité risque de vous surprendre.»

La vidéo suggérait ensuite que Musk avait utilisé ses «entrées sans précédent dans les allées du pouvoir» pour corrompre les élus afin d'obtenir des milliards de subventions pour Tesla, SpaceX et Solar-City, aux dépens de l'innocent contribuable américain. Au-dessous de la vidéo, le site renvoyait à des articles négatifs sur Musk et son «capitalisme de copinage», rédigés entre autres par Véronique de Rugy, une chargée de recherche du Mercatus Center (université

George-Mason), financé par les Koch, et Bruce Fein, ex-assistant de recherche à l'American Enterprise Institute, fondé par le Donor Trust, association liée aux Koch. Dans son article, Fein proposait aux frères Koch de remettre chaque année «le prix Elon Musk de l'Arnaque publique pour stigmatiser les fortunes gagnées en prenant le gouvernement en otage pour obtenir des sinécures».

Découvrant le site, Keith Cowing, auteur du blog «NASA Watch», s'est dit qu'il y avait anguille sous roche. Pour connaître le propriétaire du nom de domaine, il est allé fouiller dans le code source, où il a trouvé une autre URL enregistrée sous le nom de Brad Summey, directeur de la technologie d'Orange Hat, une agence de publicité politique des environs de Washington DC. Selon OpenSecrets. org, Orange Hat a reçu 220 200 dollars de groupes de soutien à John Kline et Erik Paulsen, représentants républicains du Minnesota, bénéficiaires de longue date de la générosité de Koch Industries et de ses organes de propagande. Durant le 114e Congrès (2015-2016), Americans for Prosperity, le bras politique des deux industriels, a accordé respectivement 87 et 89 % aux deux élus. Ces taux indiquent le niveau de concordance entre les votes des élus au Congrès et l'agenda libertarien des lobbyistes.

Un certain Center for Business and Responsible Government (qui n'apparaît dans aucun registre officiel) a publiquement revendiqué la paternité de WhoIsElonMusk.com. Il se targue d'être une «organisation non partisane visant à dénoncer le népotisme et ses effets sur les contribuables et la politique américaine». Même si rien ne prouve l'existence de liens entre le centre et les Koch, ceux-ci ont l'habitude de financer des groupes opérant sous des noms neutres ou vertueux tels que Citizens for a Sound Economy (Citoyens pour une économie saine), Citizens for the Environment (Citoyens pour l'environnement) et Center for Individual Rights (Centre pour les droits individuels). Parfois les groupes en question se limitent à un carnet de chèques, quelques freelances et une boîte postale.

La vidéo de *L'Arnaqueur* était accompagnée d'une légende mentionnant les 4,9 millions de subventions reçues par Musk, l'information étant attribuée au *Los Angeles Times*. En mai 2015, le quotidien avait publié une enquête de Jerry Hirsch. Celui-ci avait compilé les aides reçues par Tesla, marché des crédits carbone inclus. Il citait également Mark Spiegel, un patron de *hedge fund* qui «shorte» Tesla (spécule sur la baisse du cours de Bourse) disant que le constructeur n'existerait pas sans aides publiques.

Trois jours plus tard, le journal avait publié la réponse de Musk. Celui-ci qualifiait les aides perçues de «misère» en comparaison des sommes versées aux compagnies pétrolières. Selon l'Agence internationale de l'énergie (AIE), le secteur reçoit globalement 550 milliards d'aides publiques chaque année, à comparer aux 120 milliards accordés aux énergies renouvelables. Les États-Unis leur ont accordé pour près de 470 milliards de réductions d'impôts depuis 1916, d'après les calculs de *Mother Jones*. Les militants des énergies renouvelables, quant à eux, estiment que tout ce qui relève de la lutte contre le changement climatique doit évidemment être subventionné. «Si j'étais motivé par les subventions, j'aurais entrepris dans le pétrole», avait répliqué Musk au *Times*.

Une analyse complète des aides reçues par les compagnies pétrolières devrait inclure le bénéfice découlant de l'absence d'obligation de payer pour les dégâts causés à l'atmosphère par les émissions de leurs produits. Une boutique, par exemple, ne peut pas laisser ses ordures sur le trottoir. Les propriétaires doivent payer directement, ou indirectement *via* leurs impôts, pour leur ramassage. Les compagnies pétrolières n'ont jamais eu cette obligation. Elles ont pu polluer l'atmosphère gratuitement pendant plus d'un siècle (certes, au départ, tout le monde ignorait à quel point ces rejets étaient nocifs). Quinze jours avant l'article du *Times*, le Fonds monétaire international (FMI) avait estimé la facture déchets de l'industrie pétrolière à 5,3 mille milliards de dollars pour la seule année 2015, montant qui tenait compte de la pollution et du changement climatique.

En mai 2016, au World Energy Innovation Forum organisé à l'usine de Tesla à Fremont, Musk déclarait, sans citer de noms ni de sources, qu'à la suite du rapport du FMI des représentants du secteur pétrolier avaient fait circuler l'enquête du *Times* auprès des journalistes. «Ils ont appâté le *LA Times* avec une histoire débile et absurde», disait-il. Il n'y avait aucun sens, ajoutait-il, à comparer les aides que percevrait Tesla sur vingt ans pour sa giga-usine à celles, mille fois plus importantes, reçues par l'industrie pétrolière en une seule année.

En novembre 2016, un autre site anti-Musk est apparu dans le cadre d'une campagne menée contre les subventions accordées à Tesla. Le site StopElonFromFailingAgain.com était soutenu par le groupe militant Citizens for the Republic, présidé par Laura Ingraham, animatrice de radio conservatrice et militante pro-Trump. (Elle avait qualifié les critiques du sénateur démocrate Harry Reid contre les frères Koch de diabolisation «immonde».) Siège également au conseil d'administration de Citizens for the Republic, un certain Craig Shirley, ex-lobbyiste au service de Citizens for State Power, qui avait combattu la régulation des fournisseurs d'énergie au tournant du siècle. L'organisme avait par la suite admis qu'il était secrètement financé par les intéressés.

Koch Industries a entrepris de démontrer qu'il n'est pas hostile aux voitures électriques. Le groupe souhaite simplement que les pouvoirs publics cessent de les subventionner parce qu'ils favorisent ainsi une énergie au détriment de l'autre. En août 2016, Charlie Drevna a expliqué que Fueling US Forward, l'organisme militant qu'il a fondé avec James Mahoney, n'avait pas vocation à attaquer les voitures électriques, mais à promouvoir les avantages des énergies fossiles. Un communiqué de Koch Industries, paru dans un numéro spécial du quotidien politique *The Hill* en avril 2016, défendait la coexistence «sur un pied d'égalité» des énergies fossiles et des véhicules électriques. Le texte reprenait les éléments de langage de la tribune de James Mahoney parue sur le site de *Fortune*. Les deux articles critiquaient la politique d'aides du ministère de l'Énergie qui profitait à Tesla et au fabricant de panneaux solaires Solyndra, lequel ayant fait faillite en 2011 était devenu un punching-ball politique apprécié.

Au cours de son audition devant la sous-commission à l'énergie de la Chambre des représentants en 2016, Nicolas Loris a dénoncé les «distorsions» du marché provoquées par les interventions du gouvernement, telles que les prêts accordés par le ministère de l'Énergie. Loris travaille pour la Heritage Foundation, financée par la Charles G. Koch Charitable Foundation dont il a été un des associés. En novembre 2014, le ministère avait annoncé que la politique de prêts en faveur des énergies renouvelables était bénéficiaire et qu'elle afficherait un bénéfice de 6 milliards de dollars une fois les prêts remboursés. L'essentiel des pertes enregistrées par le portefeuille provenait des 528 millions de dollars engloutis par Solyndra.

Les élus, dont la campagne a été en partie financée par les frères Koch, ont aussi tendance à viser Tesla. Le sénateur républicain du Dakota du Sud, John Thune, qui en 2016 présidait la Commission sénatoriale du commerce, des sciences et des transports, a sommé Tesla de venir s'expliquer sur l'accident mortel lié au pilote automatique. Le courrier, où l'élu soulignait que «les industriels doivent avertir leurs clients des avantages qu'ils leur apportent, mais aussi de leurs limites», a atterri chez Reuters avant d'atteindre son destinataire. Selon OpenSecrets.org, le sénateur a reçu durant sa carrière politique plus de 50 000 dollars de la part des frères Koch. Il faisait campagne pour sa réélection à l'époque où il a convoqué Tesla.

Enfin, un lien a été établi entre les élus soignés par les frères Koch et l'enquête de la SEC sur Tesla. Le sénateur républicain de l'Idaho Mike Crapo, qui faisait campagne pour sa réélection en 2016, a présidé l'organe de supervision de la SEC. Crapo a obtenu une note record de 93 % sur l'index d'Americans for Prosperity. Entre 2011 et 2016, il a reçu pour ses campagnes électorales 40 000 dollars de la part de Koch Industries (la National Automobile Dealers Association est un autre de ses grands donateurs). C'est peut-être une coïncidence et rien ne permet d'affirmer le contraire, mais le 11 juillet 2016, une source proche de la SEC a glissé au *Wall Street Journal* que la commission enquêtait sur une éventuelle infraction de Tesla pour n'avoir pas révélé l'accident mortel lié au pilote automatique avant de céder des actions. Le problème avait été soulevé une semaine auparavant par Carol Loomis, la journaliste de *Fortune*. De nouveau, les médias étaient informés avant Tesla. La réactivité de la SEC à l'encontre du constructeur tranchait sur sa réticence à investiguer les soupçons de défaut d'information aux actionnaires pesant sur ExxonMobil. À l'époque, le procureur général de New York enquêtait sur une fraude éventuelle (les fonds de pension de l'État sont actionnaires de la compagnie), mais la SEC avait choisi de ne pas bouger.

À Stanford, Rich Sears plaide que les gens ne sont pas prêts à sacrifier leur qualité de vie en renonçant aux énergies fossiles – «On va pas se les geler tous dans le noir» – et que les écologistes devraient cesser de diaboliser les compagnies pétrolières et les Koch : « On en a encore besoin. »

C'est vrai. On profite tous du pétrole. Une grande partie de notre alimentation est transportée par des véhicules à essence. Chaque fois que nous montons en voiture, nous nous déplaçons grâce à la combustion d'un mélange d'air et d'essence. Nous volons d'un pays à l'autre grâce au pétrole. Les exigences de notre mode de vie sont la cause première de la rentabilité des compagnies pétrolières. Il serait injuste de les condamner pour le seul fait de nous vendre ce que nous réclamons chaque jour ou presque.

« Maintenant, continue Sears, vous voulez que ça change et il est entendu qu'un des problèmes est que personne ne paie pour le carbone, soit. Alors, donnez un prix au carbone. Les compagnies pétrolières sont d'accord, sérieux, donnez un prix au carbone. Allez-y, faites-le !

— Pourquoi on ne l'a pas voté ?

— Pour des raisons de méthode, la façon dont ça s'est engagé. Les écologistes se tirent une balle dans le pied en ciblant les climato-sceptiques, en se plaignant des frères Koch et en attaquant Exxon. Comment peut-on reprocher à Exxon d'avoir supprimé des résultats scientifiques ? Ses labos avaient détecté le problème ! Et comment on le sait ? Parce qu'ils ont publié tous ces articles ! Ils n'ont rien étouffé. »

Le consultant a raison de dire que les compagnies pétrolières ont accepté de donner un prix au carbone. Exxon, BP et Shell ont exprimé leur accord. Une taxe garantirait « un coût du carbone homogène et prévisible et permettrait au marché de dégager des solutions », a déclaré un porte-parole d'Exxon. C'est un point sur lequel la compagnie rejoignait les écologistes. Pourtant, en juin 2016, la Chambre des représentants à majorité républicaine s'est opposée à une telle taxe par une résolution non contraignante. Voici l'explication rapportée par Bloomberg : « Cette mesure symbolique de la Chambre, promue par le coordinateur du groupe parlementaire majoritaire, le républicain de Louisiane Steve Scalise, et soutenue par Koch Industries, visait à garantir des voix contre une taxe sur les émissions carbone jugées responsables du changement climatique. Selon le stratège républicain Mike McKenna, la manœuvre avait pour but de limiter la capacité des prochains présidents et Congrès de lever une telle taxe dans le cadre d'une vaste refonte du code fiscal américain. »

Sears a également raison de dire qu'Exxon a rendu publics ses travaux sur le changement climatique. Les scientifiques de la compagnie ont publié des articles validés par leurs pairs et se sont exprimés dans des conférences sur les effets d'un réchauffement de la planète sur le secteur et l'humanité. Toutefois, les critiques adressées à Exxon ne concernaient pas son goût du secret, mais le rôle que la compagnie a joué dans les campagnes de relations publiques visant à entretenir dans l'opinion le doute sur la climatologie.

Le consultant ajoute que les écologistes ont transformé le réchauffement climatique en idéologie, que de taxer les gens de « climatosceptiques » n'aide personne à changer d'avis et ne contribue pas au rapprochement des opinions antagonistes. Mais il n'appelle pas à l'inaction. Au contraire, il croit qu'il faut se déprendre du pétrole, que le changement climatique soit positif ou négatif, et qu'il soit dû ou non aux activités humaines : « Sur le principe, brûler tout ce carbone fossile, l'extraire du sol en quantités énormes et le larguer dans l'atmosphère sous forme de gaz carbonique est une très mauvaise idée. »

Il adhère à une conviction fondamentale des écologistes : le monde doit cesser, et vite, d'accroître la concentration de gaz carbonique dans l'atmosphère. Mais il rejette les débats politiques ultrasimplificateurs alors qu'il s'agit, dit-il, de « systèmes extrêmement complexes ».

« Les commentateurs refusent de reconnaître cette complexité. Ils veulent une histoire simple qui tienne en une petite phrase choc ou un gros titre, et ils ne veulent pas creuser. C'est comme ça qu'on en arrive à des arguments du type : les frères Koch sont méchants, le changement climatique, c'est mauvais, et Exxon est un méchant. Les gens devraient se manifester en faveur de quelque chose plutôt que contre. On serait plus efficaces en étant pour quelque chose que contre les frères Koch. »

Puis le ton de Sears s'allège. « Quoi qu'on pense de Tesla, Musk n'a pas construit son entreprise en pleurnichant contre le moteur thermique.

— C'est vrai.

— Il y avait de quoi pourtant !

— Certes, mais maintenant il se plaint des Koch.

— OK, et après, soupire Sears. Il perd son temps. Il devrait se concentrer sur des trucs positifs. Mais franchement, ce qu'il a fait, ce qu'il a construit, ce n'est pas en pleurnichant.

— Sa vision est porteuse d'espoir, dis-je.

— Tout juste. Peut-être qu'elle débouchera sur une sorte de révolution énergétique des transports. Les jérémiades n'y changeront rien. Elles ne feront pas disparaître les frères Koch. Un jour, ils mourront, l'État récupérera la plus grande partie de leur fortune et la messe sera dite.»

Certes, un jour les Koch mourront : Charles est octogénaire et son frère le suit de près. Mais la marque qu'ils laisseront pourrait s'avérer plus coûteuse que les sommes qui iront dans les coffres de l'État. Le blocage d'une taxe carbone soutenue à la fois par les écologistes et les compagnies pétrolières en fait partie. De même que l'entretien de la confusion sur les aides aux énergies renouvelables et les freins mis à la transition vers la mobilité électrique.

13

Enfer ou paradis?

*« Nous avons des choses importantes à régler
pour assurer notre avenir »*

J'ai rencontré Carsten Breitfeld à San José en juillet 2016, dans le patio ensoleillé d'un hôtel de Santana Row, un centre commercial piétonnier et pimpant. Nous avons pris place sous un parasol, entre les fontaines et les clients de l'hôtel en débardeur et lunettes de soleil qui bavardaient gaiement en prenant leur petit déjeuner. Breitfeld, en polo et jean, a les cheveux bruns coiffés en brosse, les tempes rasées. On est samedi et il a l'air détendu, même s'il n'a pas dételé depuis six semaines, week-end compris. Vivant à Hong Kong, il est en visite dans la Silicon Valley, à la recherche d'un partenaire pour sa nouvelle entreprise de fabrication de voitures Future Mobility (renommée Byton). Il a surtout regardé du côté de l'intelligence artificielle et trouvé encourageant ce qu'il a vu. « Toutes les briques de base sont en place », dit-il, renversé sur sa chaise, le pied droit posé sur le genou gauche.

Carsten Breitfeld, devenu PDG de Byton après vingt ans de carrière chez BMW, va à contre-courant de l'opinion. Il estime que Tesla est dépassé : « Dans un sens, Tesla est déjà un constructeur traditionnel.»

Il parle avec animation, son accent allemand adouci par des années de voyages à l'étranger. Même la Model 3 le laisse de marbre : « C'est une bonne voiture, mais une voiture somme toute très normale », dit-il en se tapotant un ongle.

L'ingénieur promet que Byton, financé entre autres par le concessionnaire de voitures de luxe China Harmony New Energy Auto, le géant de l'Internet chinois Tencent, le fabricant d'électronique Foxconn et le conglomérat de la distribution Suning, produira un véhicule beaucoup plus futuriste que ceux de Tesla. Celui-ci n'a fait que le premier pas, dit-il. Le suivant consiste à transformer la voiture en objet intelligent. Les voitures de Byton auront une offre numérique pour chaque passager et seront connectées à d'autres services internet afin de personnaliser les déplacements. Votre voiture devrait savoir où se tiendra votre prochaine réunion et se préparer à vous y conduire. Elle devrait vous connaître intimement comme un majordome hyperfûté. La clé pour atteindre ce niveau ? Enregistrer les données à l'aune de Google ou d'Apple. « À part Dieu, sauf si vous n'y croyez pas, ces types sont peut-être ceux qui vous connaissent le mieux sur cette terre. »

Carsten Breitfeld est entré chez BMW après un doctorat en ingénierie mécanique à l'université de Hanovre. Il a travaillé dans plusieurs départements du groupe en grimpant les échelons : châssis, frein, systèmes d'antipatinage, transmission, direction, puis a rejoint les rangs des dirigeants en devenant directeur de la stratégie, des groupes motopropulseurs et de la coopération, reportant directement au PDG de l'époque Norbert Reithofer. Il occupait cette fonction quand le groupe a décidé de concevoir un véhicule électrique hybride en vue de réduire ses émissions de carbone. L'idée était de développer une voiture de sport du niveau de la Porsche 911, en associant un petit moteur à combustion interne de trois cylindres à un puissant moteur électrique.

C'est ainsi qu'est né le *Projet i*, le programme de BMW pour la i8, une sportive hybride à prise électrique, capable de monter à 100 km/h en 4,2 secondes. La i3 compacte 100 % électrique, dotée d'une autonomie de 180 kilomètres, en est issue elle aussi. Nommé directeur du programme, Breitfeld a reçu deux consignes du PDG : sortir la i8 en trois ans, à un niveau de qualité remarquable.

Pour y parvenir, le dirigeant a dû s'écarter du cadre de production habituel du groupe et réunir une équipe ultraperformante travaillant sur un site indépendant du siège de BMW. À mesure que le programme avançait, l'esprit entrepreneurial s'est emparé de l'équipe : « On nous a donné carte blanche. Cela a suscité beaucoup de volonté et d'énergie. » Mais aussi de l'incrédulité. Des collègues lui ont dit qu'il était fou. D'autres ont cru à une punition : « Qu'est-ce que tu as fait ? » D'autres enfin ont tranché : « Ça ne marchera jamais. »

Un an plus tard, l'équipe avait conçu un prototype pour la i8. Il était vilain, mais il roulait, propulsé par 100 kWh fournis par un moteur électrique à l'avant et 170 kWh envoyés par un moteur thermique à l'arrière. « Le prototype, même grossier et vite fait, a donné le sentiment à tout le monde qu'il pouvait déboucher sur quelque chose de grand », se souvient Breitfeld. Le groupe a commencé à s'y intéresser.

L'ingénieur ayant respecté l'échéance, BMW a lancé la i8 en 2014, en invitant pendant une semaine la presse internationale à Santa Monica. La voiture, dont les portes s'ouvraient presque à la verticale comme des ailes de papillon, a aussitôt frappé les esprits. Les premiers critiques l'ont qualifiée de « machine de rêve, aussi efficace que séduisante ». La i8 comme la i3 ont été bien reçues, malgré leur prix relativement élevé (140 000 dollars pour la première, 43 000 pour la seconde) et des ventes faibles au regard des chiffres habituels de BMW. Désormais, tout le monde dans le groupe dit avoir été impliqué d'une manière ou d'une autre dans le *Projet i*. « C'est qu'on a réussi ! », plaisante le dirigeant, en riant à cette idée.

Toutefois, BMW considérait la i3 et la i8 comme des produits de niche, venant après les séries 3, 5 et 7 qui sont la colonne vertébrale du groupe. C'est la mentalité du secteur, constate Carsten Breitfeld : « Les constructeurs font encore trop de voitures à l'ancienne et gagnent beaucoup d'argent avec ; c'est très rentable. Modifier le portefeuille impliquerait d'envoyer les clients sur les nouveaux produits. » Malheureusement, ceux-ci sont plus chers à produire et les profits sont minces. « Les constructeurs ont les plus grandes difficultés à négocier cette transition. »

Le défi est exacerbé par une pensée à courte vue, poursuit-il. Les administrateurs ont des mandats de trois à cinq ans et sont souvent proches de la retraite. Ils pensent à trois ans au lieu de quinze. « Ils s'intéressent surtout à l'activité du moment et du lendemain. »

Avec la i8, Carsten Breitfeld a eu un avant-goût du futur et a voulu y goûter davantage. Il a imaginé une entreprise combinant l'auto-partage d'Uber, la motorisation électrique et la conduite autonome. « Ce sera une machine à cash », dit-il en se fendant d'un grand sourire. Comme cette vision ne pouvait pas se concrétiser chez BMW, il a commencé à regarder ailleurs.

Il a été approché par plusieurs sociétés technologiques de la Silicon Valley, à commencer par Tesla. La proposition était tentante, mais il a considéré que le constructeur manquait cruellement d'expertise industrielle. « Il faut des gens à l'ancienne qui maîtrisent les processus industriels. »

La réunion qui allait le conduire chez Byton a eu lieu alors qu'il prenait ses vacances au lac de Garde en Italie, fin 2015. Changge Feng, président du groupe Harmony, l'a contacté pour savoir si la création d'un fabricant de voitures l'intéresserait. Breitfeld n'avait pas envie d'écourter ses vacances pour aller en Chine, mais il a proposé à Feng de le rencontrer à déjeuner s'il était prêt à faire le déplacement jusqu'au lac de Garde. Quelques jours plus tard, Feng et trois associés se sont présentés à la marina où l'ingénieur avait mouillé son yacht. Les investisseurs, chargés d'une brassée de documents, s'étaient soigneusement renseignés sur son compte. Feng avait carte blanche pour l'embaucher sur-le-champ. Il n'avait qu'à signer en bas de la page.

Carsten Breitfeld ne souhaitait pas aller si vite. Il n'était pas entièrement convaincu par l'argumentaire et n'avait pas non plus très envie de s'installer en Chine. Au premier regard, l'histoire était alléchante, mais elle avait des défauts ; Feng avait l'air extrêmement pressé : « Vous commencez aujourd'hui et nous serons sur le marché dans un an. » Délais impossibles à tenir, a répondu l'Allemand. Mais il a accepté l'invitation à passer un long week-end en Chine pour approfondir la question.

Breitfeld et sa femme habitaient Munich, une ville très agréable, facile à vivre. Son épouse lui a accordé son séjour en Chine, mais l'a prévenu qu'il était hors de question de s'y installer. Elle a changé d'avis à la vue de Hong Kong, ville cosmopolite comparable à Munich.

Les discussions en Chine ont été plus nourries. Breitfeld a réussi à convaincre les investisseurs qu'un projet de voiture exigeait de la patience et beaucoup d'argent. Il leur en coûterait un milliard de dollars avant d'espérer gagner le premier cent. Il leur faudrait aussi revoir le calendrier. « C'est une voiture internet, ont-ils protesté, on doit aller vite.

— Certes, a répliqué l'ingénieur mais ça reste une voiture. » Il faudra un outil de production, des tests, des homologations. Des choses qui prennent du temps.

Finalement, c'est la Chine elle-même qui a séduit Breitfeld. Il y a vu l'émergence d'une culture entrepreneuriale : des foules de jeunes, pleins d'optimisme et rayonnants de la passion d'entreprendre. Surtout, l'ambiance politique s'y prêtait. « C'est le meilleur marché au monde », assure-t-il. Il est immense, la classe moyenne est en plein essor et les pouvoirs publics soutiennent la voiture électrique. Byton ajouterait que la conduite autonome bénéficie à la société : elle réduit le nombre d'accidents, les risques de blessures et de décès, et ouvre des possibilités de locomotion aux personnes âgées. L'entreprise installerait une plate-forme d'essais pour démontrer grandeur nature les capacités techniques des véhicules autonomes. Elle prévoyait de sortir un prototype fonctionnel de SUV haut de gamme, doté d'un écran tactile style iPad intégré au volant, en 2018, et sa version commercialisable en 2019. En 2022, il y aurait trois voitures en circulation, dont une berline et un véhicule multifonctionnel à sept places. Byton visait moins les clients de Tesla que ceux des marques allemandes haut de gamme, BMW, Audi et Mercedes-Benz. Les voitures seraient fabriquées près de Nanjing dans la partie est du pays ; l'entreprise investirait 1,7 milliard de dollars dans sa construction.

Je demande à Breitfeld s'il connaît d'autres gens comme lui dans l'industrie automobile traditionnelle qui voudraient sauter le pas. Il me confie que le noyau dur de son équipe est issu du projet *i8* de BMW. On y trouve notamment Dirk Abendroth pour le groupe motopropulseur électrique ; Benoit Jacob, à la tête du design, et Henrik Wenders en charge du management produit. Byton a également débauché Luca Delgrossi de Mercedes-Benz pour diriger la division conduite autonome, et Mark Duchesne, passé par Toyota et Tesla, pour superviser la partie industrielle. «Au fond, c'est l'adéquation entre l'idée de l'entreprise et ce qu'ils ont vraiment envie de faire», dit Breitfeld. Il se gratte la tête et change de position. «Le secteur est en train de passer à une nouvelle ère. Les bons éléments veulent en être.»

Byton conjugue les principaux traits de la start-up automobile internationale actuelle. Ses bureaux sont en Chine et dans la Silicon Valley, ses investisseurs sont chinois. Elle cumule l'ingénierie allemande et l'expertise du design américain. Elle a pour ambition une voiture connectée autonome qui engendre des activités économiques au-delà des ventes unitaires. Pour elle, Tesla est un précurseur dont les voitures seront bientôt dépassées.

Comme Nio, Faraday Future et Lucid Motors, Byton allie l'insolence de la jeunesse et l'optimisme qui accompagne les nouveaux départs. Mais elle en a aussi les faiblesses.

L'impatience a été mauvaise conseillère pour LeEco de Jia Yueting, déséquilibrant le fragile empire de l'entrepreneur. La gravité des difficultés est apparue fin 2016 à la faveur d'un courrier de Jia à ses salariés où il admettait qu'il était à court de liquidités. Quelques mois plus tôt, il avait annoncé le rachat du groupe de télévision américain Vizio pour 2 milliards de dollars, dernier acte d'une série d'aventures coûteuses menées au cours des derniers dix-huit mois (la transaction a finalement capoté pour des «problèmes de régulation», selon Vizio). LeEco avait également pris 70 % du capital de la société d'autopartage Yidao Yongche (700 millions de dollars), 29 % du fabricant de smartphones Coolpad (450 millions de dollars) et acheté les droits de retransmission du championnat de Chine de football. Quant à Jia, il avait personnellement investi 300 millions de dollars dans Faraday Future et apporté 5 milliards d'actions LeEco en garantie des réductions d'impôts obtenues pour son usine du Nevada.

Une semaine après le courrier de Jia, Faraday a interrompu la construction de son usine, pour l'abandonner complètement en juillet 2017. Les perspectives financières de Lucid Motors se sont également assombries puisque 45 % de l'entreprise étaient directement ou indirectement détenus par Jia et ses activités. (En 2017, le constructeur s'efforçait de diversifier ses ressources[*].) Dans sa lettre aux salariés, Jia reprochait aussi à LeSee, l'activité automobile de LeEco, ses dépenses inconsidérées. Le groupe s'est alors désengagé de son partenariat avec Aston Martin, revoyant à la baisse son projet *RapidE*, dont il a reporté le lancement à 2019, et a annoncé à la place son intention de produire une gamme de voitures électriques dérivée de la Lagonda.

«Aucune entreprise n'a enduré de telles péripéties, le feu et la glace simultanément, écrivait Jia. Nous avons accéléré dans le brouillard et nos besoins en cash ont explosé.» Jia a promis que l'entreprise irait de l'avant «dans la disruption et la douleur». Une semaine plus tard, LeEco annonçait l'injection de 600 millions de dollars d'argent frais et, en janvier 2017, un investissement salvateur de 2,18 milliards de dollars de la part de Sunac, un promoteur immobilier du Shanxi, la province d'origine de Jia. Le groupe a également posé la première pierre d'une usine d'assemblage dans le Zhejiang, sur la côte orientale chinoise, censée produire 400 000 voitures en 2018.

Cependant, Faraday Future n'a pas bénéficié directement du refinancement de LeEco. Alors qu'il s'apprêtait à mettre son premier véhicule en production, le constructeur s'est trouvé en grave difficulté. En 2017, la presse a révélé que ses créanciers le poursuivaient pour défaut de remboursement. En juillet 2016, des auditeurs externes avaient signalé à la direction qu'elle avait sous-évalué l'étendue de ses engagements. Faraday, qui croyait disposer de 100 millions de dollars, en devait en réalité 200 millions, soit un écart de 300 millions. Futuris, son fournisseur de sièges, avait porté plainte pour 10 millions de dollars d'impayés mais, pour des raisons inconnues, avait très vite abandonné les poursuites. Beim Maple Properties, propriétaire des entrepôts loués par l'entreprise, a également porté plainte pour 100 000 dollars de loyers impayés. BuzzFeed, enfin, a publié un courrier daté du 10 octobre adressé à Faraday par l'entreprise de BTP Aecom l'avertissant d'un retard de paiement de 21 millions de

---

[*] En septembre 2018, Lucid Motors a levé un milliard auprès du fonds souverain saoudien Public Investment Fund. https://www.reuters.com/article/us-saudi investment-auto/saudis-pif-invests-more-than-1-billion-in-lucid-motors-idUSKCN1LX1IG. (NdT.)

dollars pour son usine et qu'une échéance de 37 millions arrivait pour les travaux réalisés en octobre et novembre.

L'entreprise a subi un exode de dirigeants. Au second semestre 2016, six cadres de haut niveau sont partis, dont le directeur juridique James Chen (venu de Tesla), le responsable financier David Wisnieski, celui du contrôle de gestion Syed Rahman et le responsable de la stratégie produit Robert Filipovic. Ils ont été suivis en décembre 2016 par le responsable de la marque, Marco Mattiacci, ex-PDG de Ferrari pour l'Amérique du Nord et l'Asie Pacifique, et Joerg Sommer, vice-président en charge du marketing produit et de la croissance, passé par Volkswagen, Daimler, Opel et Renault. D'autres leur ont emboîté le pas, comme le cofondateur et vice-président des ressources humaines Alan Cherry, le directeur administratif et financier Stefan Krause, issu de BMW et Deutsche Bank, le directeur de la technologie Ulrich Kranz, venu de BMW, et le directeur industriel Bill Strickland qui avait supervisé le développement de la Ford Fusion. Depuis, les trois hommes ont créé leur propre entreprise de voitures électriques Evelozcity et ont été rejoints par Richard Kim, ex-chef du design de Faraday.

Espérant peut-être contrer cette mauvaise presse, Jia et Faraday ont fait beaucoup de bruit le 4 janvier 2017 au CES de Las Vegas pour présenter la FF 91, leur premier véhicule en production. Malheureusement, la voiture a raté son entrée en scène et le créneau qu'elle aurait dû réussir en totale autonomie. Elle s'était pourtant bien comportée lors des essais à l'extérieur, mais la déconfiture publique a été la goutte de trop pour une entreprise qui souffrait déjà de lourds problèmes de crédibilité.

Malgré les revers, Faraday a gardé la tête haute. À la suite du CES 2017, le constructeur a déclaré avoir reçu plus de 64 000 réservations de FF 91, même s'il a admis par la suite que seules « les réservations prioritaires » nécessitaient un acompte. N'importe qui sous n'importe quel nom pouvait faire une réservation « standard » gratuitement. Deux semaines après le créneau raté, Jia a tweeté une photo de sa présentation accompagnée du message : « Nous croyons que les chemins faciles ne mènent jamais à la grandeur. C'est l'adversité qui forge le caractère », et des hashtags #Allin et #DreamOn. Néanmoins, Faraday a réduit ses ambitions, passant à deux modèles au lieu de sept et à 10 000 unités par an au lieu de 150 000. Après avoir renoncé à construire une usine dans le Nevada, il a préféré en louer une déjà opérationnelle à Hanford, en Californie.

Pendant cc temps, les choses ont empiré pour Jia. En juillet 2017, un tribunal de Shanghai a gelé ses avoirs après qu'une filiale de LeEco a fait défaut sur sa dette. En décembre de la même année, les autorités chinoises l'ont mis sur liste noire après qu'il n'a pas honoré un commandement à payer 72 millions de dollars au Ping An Securities Group, émis par un tribunal de Pékin.

Devant cette déconfiture, Byton a dû se féliciter d'avoir diversifié ses ressources financières. Le constructeur a été aussi plus discret sur le plan médiatique. Un spectacle pour chanter les louanges d'une voiture imaginaire ne viendrait sans doute pas à l'idée de Carsten Breitfeld. Mais cela n'exonère pas pour autant la société, ni ses homologues, des difficultés que rencontrent les start-up sino-américaines.

Dans toute entreprise, la culture corporate est déterminante pour réussir. On ne dira pas assez l'importance d'un encadrement stable, d'une vision claire et du bon équilibre entre productivité et bien-être. Une enquête de 2013 auprès de 2 200 cadres, réalisée par Booz & Company, a montré que 60 % d'entre eux avaient la conviction que la culture était plus importante pour l'entreprise que la stratégie ou le modèle opérationnel. Quelque 86 % des cadres dirigeants ont déclaré que la culture de leur organisation était indispensable à sa réussite économique, mais 96 % ont estimé qu'elle avait besoin d'être modifiée. Les résultats de l'enquête suggèrent que les questions culturelles sont un défi pour toute entreprise, mais elles prennent plus de relief quand les cultures de deux pays s'entrecroisent. Byton, Nio, Faraday Future et Lucid Motors ont la tâche difficile de conjuguer les façons chinoise et occidentale de faire des affaires.

En Chine, les entreprises sont généralement très hiérarchisées, le pouvoir revenant pour l'essentiel aux patrons. Les subordonnés sont dissuadés de remettre en cause l'autorité et l'on attend d'eux de longues journées de travail aux horaires astreignants, six jours sur sept. Vies privée et professionnelle ne sont pas nettement séparées. Aux États-Unis, en revanche, et dans la technologie en particulier, les relations de pouvoir sont plus fluides et dynamiques, les salariés à tous les niveaux ayant la faculté de prendre des décisions et de les appliquer rapidement. La créativité tend à passer avant la discipline et les progrès s'obtiennent par tâtonnements. En Chine, le système éducatif repose pour une large part sur le par cœur et la réussite d'examens éprouvants où l'étendue des connaissances l'emporte sur tout le reste. Aux États-Unis, le système éducatif dominant est plus ouvert, les étudiants sont censés être débrouillards, avoir l'esprit critique et résoudre les problèmes par l'action. Ces principes se retrouvent dans le monde du travail.

« Ça clashe toujours entre les Américains et les Chinois », dit Shaun Rein, directeur du China Market Research Group. Les PDG chinois ont l'habitude de se mêler de tout, ce qui passe mal auprès de la plupart des Américains. « Quand c'est une entreprise nouvelle, que le type met sa fortune dedans et son nom dessus, il veut tout voir, tout savoir. » Ceci expliquant cela, la Chine manque de cadres intermédiaires. L'économie s'y est développée très vite ces dernières décennies et à partir d'un petit vivier ; les créateurs d'entreprises sont donc généralement jeunes (l'âge moyen des milliardaires est de 53 ans) et les gens deviennent cadres autour de 30 ans. « Il manque toute une génération de dirigeants plus âgés. » Quand les entreprises chinoises font des acquisitions à l'étranger, elles n'achètent pas seulement une marque mais aussi du savoir-faire managérial. Le gouffre entre le PDG micromanager et les cadres intermédiaires est souvent source de problèmes.

De fait, plusieurs ex-salariés de Faraday Future et de Lucid Motors m'ont fait part de conflits culturels, notamment relatifs à l'autorité et l'élaboration de la stratégie. C'est Bernard Tse, le premier PDG de Lucid Motors, qui s'en va après que Beijing Auto, le principal actionnaire, l'a obligé à se recentrer sur la Chine, ou l'ex-PDG de Tesla, Martin Eberhard, quittant Lucid au bout de six semaines parce que le constructeur était géré « comme une boîte traditionnelle de Hong Kong ». On se rappelle aussi les témoignages de dirigeants américains au siège de Faraday à Los Angeles se plaignant que toutes les décisions soient prises en Chine.

Et s'ils savent combler le fossé culturel international ou n'ont pas ce type de problème à régler, les nouveaux constructeurs automobiles affrontent d'autres risques. Conjuguer la mentalité d'une entreprise de technologie avec celle d'un constructeur automobile traditionnel reste difficile, et pas uniquement pour les plus anciens, tels BMW, GM et Ford, mais aussi pour les nouveaux acteurs comme Che He Jia, Singulato Motors et Nio. Les gens de la tech veulent aller vite, avec audace. Ceux de l'automobile préfèrent agir posément, selon des procédures testées et vérifiées. Seul Tesla a su transférer les méthodes de la Silicon Valley à l'automobile et devenir rentable. Pourtant le constructeur est encore loin d'avoir fait ses preuves sur le long terme.

Des défis plus importants l'attendent encore, à la fois connus et inconnus, à commencer par l'incertitude géopolitique. Une grande partie du monde est en proie à des bouleversements politiques qui n'ont pas fini d'agir sur l'économie, l'industrie et le climat. En 2016, Donald Trump, novice en politique aux opinions floues sur le changement climatique et dont les entreprises ont fait plusieurs fois faillite, a été élu à la tête de la première économie mondiale. Des douzaines d'élus, de conseillers et d'exécutants, entretenant des liens étroits avec les frères Koch, ont été nommés à des postes clés du gouvernement, à commencer par le vice-président Mike Pence et le ministre de l'Intérieur Mike Pompeo, le conseiller de la Maison-Blanche Don McGahn et Scott Pruitt, l'administrateur de l'Agence de protection de l'environnement qui a dit ne pas croire à la responsabilité du dioxyde de carbone dans le changement climatique. Leur influence n'a pas été contrebalancée par celle d'un des premiers visiteurs du nouveau président : Elon Musk, en personne. Celui-ci a confié à des journalistes avoir d'abord accepté de conseiller Trump parce que «plus un président entend les voix de la raison, mieux c'est». Mais il a démissionné après que Trump s'est engagé à retirer les États-Unis de l'accord de Paris sur le climat. Cet accord et les politiques environnementales du pays font partie des quelques sujets chers à l'automobile de demain, qui ont été remis en cause sous le mandat de Trump.

En 2016 également, le Royaume-Uni, à l'époque cinquième puissance économique mondiale, a décidé de se retirer de l'Union européenne, créant de nombreux problèmes aux constructeurs automobiles. Ils tentent depuis d'évaluer l'effet de cette décision sur leurs approvisionnements, leurs usines et leurs ventes à court et long terme. L'augmentation de l'instabilité économique dans le monde laisse augurer une nouvelle récession géante (voire pire), événement qui ne menacerait pas seulement la viabilité des nouveaux acteurs, mais également celle des anciens constructeurs dont plusieurs ont failli disparaître en 2008.

Qu'en est-il enfin du porte-drapeau de la révolution électrique ?

Le 28 juillet 2017, lors d'une manifestation organisée pour la livraison des trente premières Model 3 à leurs acquéreurs, Musk pose la question que tous les critiques ont en tête : « Notre principal défi durant les six à neuf prochains mois sera de trouver comment produire beaucoup, beaucoup de voitures. » Tesla produisait des Model S et X au rythme de 2 000 par semaine et en avait vendu plus de 200 000, mais il était toujours un constructeur de niche. Pour devenir un grand public, il lui faudrait produire beaucoup plus et beaucoup plus vite, jusqu'à sortir 500 000 Model 3 par an. Fin 2017, il espérait en fabriquer 5 000 par semaine, plus du double de son rythme de production semestriel, et atteindre les 10 000 par semaine courant 2018. « Ça sera l'enfer ! », lance-t-il avant d'éclater de rire, les paumes tendues vers les milliers de salariés présents dans la foule. « Bienvenue dans l'enfer de la production ! »

« Enfer », ce mot, Musk l'avait déjà employé ; pour ses détracteurs, il évoquait sa possible chute. Tesla était peut-être capable de fabriquer des voitures haut de gamme en petits volumes, disait-on, mais il ne représenterait pas une menace sérieuse pour les géants de l'automobile, tant qu'il ne maîtriserait pas la production de millions de véhicules par an. Il n'y avait pas besoin d'en chercher la preuve très loin. Musk avait reconnu lui-même que les problèmes sur la Model X avaient provoqué un goulet d'étranglement au premier semestre 2016. Les acheteurs s'étaient plaints de malfaçons sur le SUV : jointures des éléments de carrosserie, défauts des sièges et surtout dysfonctionnements des portières en ailes de mouette qui s'ouvraient parfois toutes seules ou ne se fermaient pas correctement. Le PDG avait admis « avoir péché par orgueil en voulant ajouter trop de nouvelles technologies d'un coup », expliquant ensuite avoir passé des nuits entières à l'usine pour superviser en personne le contrôle qualité : « En fait, la production a été un enfer pendant les six premiers mois de l'année. »

À la remise des Model 3, il souligne que la voiture a été conçue pour être facile à produire. Il n'y a que deux versions : « standard » à 35 000 dollars et 350 kilomètres d'autonomie, et la « grande autonomie » à 44 000 dollars et 500 kilomètres par recharge. Le constructeur reconnaît néanmoins avoir eu des ratés en début de production. En août 2017, Musk avait assuré que Tesla produirait la Model 3 au rythme de plusieurs dizaines de milliers par semaine à partir de la fin de 2018, mais un goulet d'étranglement du côté des batteries à la giga-usine l'a obligé à réduire cet objectif de moitié pour viser les 5 000 unités par semaine à la fin du premier trimestre 2018, puis à la fin du deuxième trimestre. Musk annonce que ceux qui ont réservé leur Model 3 doivent « s'attendre au pire » en termes de date de livraison.

Produire en masse n'est cependant qu'un des nombreux défis que Tesla doit relever pour réussir sur le long terme. L'entreprise ne cesse de repousser ses limites, cherchant à réaliser avec 30 000 salariés ce que des groupes plus importants n'oseraient jamais entreprendre. Les ambitions du constructeur ne s'arrêtent pas à la Model 3 : il développe également un réseau mondial de Superchargers, plusieurs usines géantes de batteries et un réseau de distribution mondial. L'acquisition de SolarCity n'a pas seulement compliqué ses finances (l'entreprise avait accumulé plus de 758 millions de dollars de pertes au cours des trois premiers trimestres de 2016 quand Tesla l'a rachetée pour 2,6 milliards de dollars), elle apportait des nouveaux produits (panneaux et bardeaux solaires) à vendre, dont il faudrait maîtriser la production. Simultanément, Musk avait annoncé que Tesla allait fabriquer des semi-remorques, pick-up, minibus, un Roadster nouvelle génération et la Model Y, une version *crossover* de la Model 3, tout en développant ses propres technologies de conduite autonome. Tout cela, alors que la start-up ne gagne pas d'argent.

La rentabilité pourrait être un point noir durable. Musk semble plus intéressé par la victoire à long terme que par la chasse aux profits immédiats pour amadouer les actionnaires. Tesla continue d'investir lourdement dans des projets gigantesques (giga-usine, développement de la Model 3 et des semi-remorques, systèmes de stockage d'énergie) et il fait régulièrement la tournée des investisseurs pour les financer. Les résultats de l'entreprise inquiètent parfois les observateurs financiers, même si ces angoisses ne se reflètent pas toujours dans le cours de Bourse. Pour Jim Chanos, un spéculateur célèbre pour avoir parié sur la chute d'Enron juste avant son effondrement, Tesla va « droit dans le mur » et aura du mal à attirer les clients maintenant que les grands constructeurs proposent des modèles électriques attractifs. « Le principal actif de Tesla, dit-il, c'est son cours de Bourse. Quand il chutera, ce sera pour de bon. » Fin 2017, UBS a calculé que si Tesla continuait de consommer du cash au rythme actuel de plus d'un milliard de dollars par trimestre, ses caisses seront vides en 2018[*].

Et encore, Tesla fait régulièrement preuve de créativité pour lever des fonds : demande d'un dépôt de 5 000 dollars à la précommande pour ses camions, de 250 000 dollars pour la série « Fondateur » du nouveau Roadster (les dix à vingt premiers exemplaires), 50 000 dollars pour sa version standard censée monter à 100 km/h en moins de deux secondes. Ces avances valent de l'or, mais l'entreprise devra probablement encore mettre actions ou obligations sur le marché, avant de devenir rentable. Si les ventes de la Model 3 ralentissent ou que la conjoncture économique se détériore, elle pourrait connaître de graves difficultés. Mais là encore Musk, qui compte de nombreux fans dans la finance et la high-tech, ne devrait pas avoir trop de difficultés à trouver parmi eux des investisseurs prêts à le maintenir à flot.

La personnalité même d'Elon Musk est souvent sujette à caution. Le PDG a eu beau se défendre à propos du turnover de ses cadres dirigeants, il n'en reste pas moins que l'entreprise a connu de nombreuses arrivées et beaucoup de départs, et certains passages anormalement brefs. En janvier 2015, *The Wall Street Journal* a rapporté que Tesla souffrait beaucoup de « la présence impérieuse » de Musk, et a relevé plusieurs démissions ou licenciements à la suite de conflits avec lui. « Je n'aime pas virer les gens, je déteste ça, a expliqué Musk

---

[*] Les résultats ont été positifs aux deux derniers trimestres de 2018, mais sont retombés dans le rouge à -1,1 milliard de dollars cumulés au premier semestre de 2019. https://www.lesechos.fr/industrie-services/automobile/tesla-les-resultats-decoivent-laction-seffondre-en-bourse-1040398. (NdT.)

au quotidien. Mon problème, ce n'est pas de virer les gens trop tôt, mais trop tard.» En mars 2017, dans une enquête similaire, Bloomberg relevait que Jason Wheeler, venu de Google, n'avait occupé son poste de directeur financier que quinze mois. L'article comptait deux douzaines de départs de cadres au cours des douze derniers mois. En cause : des horaires à rallonge et une ambiance tendue. Les départs ont surtout affecté l'équipe de conduite autonome ; en juin 2017, elle avait perdu deux personnes clés en six mois : Sterling Anderson, parti créer sa société dans le même domaine, et Chris Lattner, issu d'Apple, après avoir convenu avec la direction de Tesla qu'il « n'y avait pas le *fit*»[*]. Or Tesla devra se battre davantage pour attirer et retenir les talents dont il a besoin s'il veut rester en tête, car les constructeurs traditionnels investissent davantage dans la voiture électrique et de nouveaux acteurs comme le fabricant d'aspirateurs Dyson et le groupe indien Tata Motors attaquent le marché agressivement.

On n'a encore rien dit du principal acteur de l'entreprise : Musk, lui-même. Impossible de ne pas admirer ses trésors d'énergie et d'obstination face aux défis gigantesques qu'il affronte. Il est aux commandes de Tesla, mais il dirige aussi SpaceX, une affaire à 20 milliards de dollars qui a pour ambition rien moins que d'envoyer des astronautes à la station internationale orbitale, de créer un réseau internet par satellite, d'industrialiser des fusées réutilisables et bon marché et… de coloniser Mars. Au cas où il s'ennuierait de ces broutilles, il a investi dans quelques activités annexes comme Neuralink, une start-up travaillant à une interface cerveau-machine, la Boring Company, qui envisage de creuser un réseau de tunnels pour voitures, et l'Hyperloop, son projet de train à sustentation magnétique. Peut-il tout faire ?

Jongler avec toutes ces responsabilités a de quoi donner la pression. Le 30 juillet 2017, Musk a publié une série de tweets digne d'une confession psychologique. À un fan admiratif de la « vie fascinante » qu'affichait son compte Instagram, il a répondu : « La réalité, ce sont

---

[*] Dernière défection en date, J.B. Straubel, le cofondateur de Tesla et l'homme à l'origine des batteries, a annoncé en juillet 2019 son souhait de prendre du recul. À 43 ans, il quitte son poste de directeur de la technologie pour devenir « conseiller special » de l'entreprise. https://www.lesechos.fr/industrie-services/automobile/tesla-les-resultats-decoivent-laction-seffondre-en-bourse-1040398. (NdT.)

des hauts fabuleux, des bas affreux et un stress permanent.» Un autre twitto lui a demandé s'il était bipolaire : «Yeah! », a-t-il admis, avant d'entrer dans les détails :

30 juillet 2017, 10 h 39 : «Peut-être pas médicalement. Sais pas. Les mauvaises nouvelles me mettent de mauvais poil, le problème, c'est peut-être de me laisser embarquer par ce que j'aime faire.»

30 juillet 2017, 10 h 40 : «Si on prend un billet pour l'enfer, c'est pas la faute de l'enfer… »

30 juillet 2017, 10 h 58 : «Il y a sûrement de meilleures réponses que la mienne : encaisser et se concentrer sur ce qu'on fait.»

Un entretien à la télévision danoise en 2015 a livré un autre aperçu du coût psychique de ces efforts : «Étiez-vous un peu naïf quand vous vous êtes dit "Je peux facilement construire une voiture électrique et une fusée"? », a demandé le journaliste.

«Je n'ai pas pensé que ce serait facile, a dit Musk. J'ai dû penser que j'échouerais. Mais créer une entreprise, vous savez, c'est comme avoir un enfant ou presque. Vous imaginez dire à votre enfant qu'il n'aura pas à manger?» Son regard s'est embué.

«Donc, une fois que vous avez votre entreprise, vous devez la nourrir, la soigner, vous en occuper même si ça doit vous ruiner?

— C'est ça», a opiné Musk. Son menton et sa bouche se sont mis à trembler, ses yeux à larmoyer.

À la question sur la façon dont il avait vécu les difficultés de 2008, Musk a poussé un profond soupir et demandé à faire une pause. Mais la caméra est restée sur lui. Au bord des larmes, il a secoué la tête, serré les paupières et regardé ailleurs.

Sa comparaison entre ses entreprises et ses enfants a pris un nouveau sens pour moi quand ma femme a mis au monde notre premier enfant le 5 juillet 2017. Ce jour-là, je me suis découvert une autre fibre émotionnelle et, comme beaucoup de parents aujourd'hui, je me suis inquiété du monde dans lequel nous l'accueillions. 2016 a battu des records de chaleur pour la planète… Celui de 2015 et celui de 2014. C'est notre faute. Le dioxyde de carbone rejeté dans l'atmosphère par la combustion de carburants fossiles, largement utilisés pour propulser nos voitures, met en péril le bien-être de nos enfants. Le pronostic pour la planète est si mauvais qu'un groupe de vingt et un jeunes Américains a attaqué le gouvernement fédéral en raison de l'incapacité de ses politiques climatiques et énergétiques à protéger leur habitat naturel : la Terre.

Il est facile de ricaner et de spéculer en ne jugeant l'impact de Tesla qu'au regard de ses performances économiques. Son cours erratique en Bourse ou les déclarations à l'emporte-pièce quotidiennes de Musk sont une bénédiction pour les médias ; proclamer la faillite imminente de Tesla ou sa future hégémonie fera toujours un gros titre à clics ; quelle que soit l'allure de son compte d'exploitation, Tesla continuera de susciter les louanges et les lazzi les plus extrêmes. Mais dans le récit que la génération de mon fils fera de l'échec ou du succès de l'humanité à se convertir aux énergies durables, Elon Musk et Tesla tiendront la vedette. C'est une certitude aussi.

Même si Tesla devait disparaître demain, Musk a déjà accompli son projet initial : accélérer le passage de la planète aux transports durables. Il a su convaincre que les voitures électriques pouvaient être fantastiques. Il a vaincu les vieilles réticences liées à leur coût, à l'angoisse de l'autonomie et au manque d'infrastructures. Il a poussé les constructeurs traditionnels à investir pour de bon dans la propulsion électrique et a inspiré une nouvelle génération d'entrepreneurs qui voient l'intérêt de poursuivre le chantier ouvert par Tesla.

Et si Tesla ne meurt pas de sitôt ? Eh bien, elle a une chance de devenir la firme aux 1 000 milliards de dollars. À la présentation des résultats du deuxième trimestre 2017, l'entreprise a annoncé qu'elle avait installé ses premiers toits à cellules solaires intégrées. Elle poursuit l'industrialisation de systèmes de stockage d'énergie afin de réduire les besoins de stocks fossiles et de centrales complémentaires utilisées uniquement en cas de très forte demande d'électricité. Enfin, la Model 3, le véhicule le plus important de toute l'histoire de la voiture électrique, a reçu près de 500 000 précommandes avant même la livraison du premier exemplaire. Un chiffre qui la met au même niveau que la Série 3, la best-seller de BMW depuis des décennies.

La Model 3 est aux Série 3 ce que l'iPhone a été aux BlackBerry. La voiture n'a pas de clé, on en commande l'ouverture par Bluetooth avec un smartphone. Il n'y a pas de boutons sur le tableau de bord. Toutes les commandes de la voiture sont rassemblées sur un écran tactile de 16 pouces monté horizontalement au-dessus de la console centrale. L'air conditionné passe par un aérateur unique le long du tableau de bord et s'oriente par un balayage du doigt sur l'écran. Le toit tout en verre offre des vues imprenables sur le ciel. On peut confier l'essentiel de la conduite au logiciel.

J'ai eu l'occasion de la conduire fin 2017, peu après avoir testé la Chevy Bolt. Il n'y a pas photo. J'ai beaucoup conduit de Model S et X, mais prendre le volant d'une Model 3 m'a immédiatement donné la sensation d'être dans une nouvelle génération de berline familiale. On dirait une version plus petite de la Model S, ce qui n'est pas plus mal car cette grande berline est un peu trop grande et musculeuse à mon goût. Mais elle reste très confortable. On est montés à quatre adultes et un bébé dans son fauteuil, sans que quiconque se plaigne. La puissance sous le pied est toujours aussi énorme et instantanée, même si la montée à 100 km/h est plus proche des cinq secondes que des trois de la Model S. Et l'habitacle, libéré des éléments encombrants des voitures traditionnelles, est conçu pour le consommateur d'aujourd'hui. Sur quatre roues, c'est ce qui se rapproche le plus d'un iPhone.

Comme pour l'iPhone, les acheteurs de la Model 3 paient plus cher que ce qu'ils auraient consenti dans la même gamme avant son arrivée. Mais comme l'iPhone, la Model 3 est si différente de ses prédécesseurs que les gens ont l'impression de s'offrir plus qu'un produit : de la magie. Si Tesla parvient à produire cette voiture dans les volumes promis, elle fera l'effet que l'iPhone a eu sur Apple : une explosion des ventes et un produit qui reconfigure le secteur.

Un soir de l'été 2017, ma femme et moi roulions dans notre Honda 2001 ; soudain, une Volkswagen nous a fait une queue de poisson. Les dégâts n'étaient pas considérables, mais suffisamment coûteux pour que l'assurance décide de passer la voiture par pertes et profits. Nous avons songé à la remplacer par une Honda Fit ou une Prius de Toyota, avant de décider de nous passer de voitures pendant quelques mois. Nous avions précommandé une Model 3 et espérions que notre situation financière nous permettrait de nous l'offrir quand elle serait disponible, peut-être début 2018.

J'espère que mon fils grandira avec la Model 3 pour voiture familiale. Comme nous n'achèterons plus de voiture à essence, il ne connaîtra peut-être la motorisation thermique qu'en de rares circonstances. Chaque fois, cela lui fera l'effet d'un voyage dans le passé, comme chez les enfants qui tombent sur un téléphone à cadran. J'espère qu'une fois adulte, il se retournera sur notre époque en se demandant pourquoi le pétrole a pu exciter autant de monde et comment on a pu douter que son règne touchait à sa fin.

14

En route pour la Renaissance

« La tendance est irréversible »

Je suis assis à côté de Gansha Wu, à l'arrière d'une Volkswagen Jetta, dont le chauffeur Uber nous conduit d'un hôtel à proximité de l'aéroport international de Pékin au quartier high-tech de Zhongguancun, en plein embouteillage matinal. Les voitures se faufilent sur les côtés, forçant le passage devant nous. Elles débouchent de droite ou de gauche sans ralentir. Dans ces artères surchargées, les coups de volant brusques sont une manœuvre d'évitement défensif parmi d'autres. Nous ne sommes qu'un insecte au milieu d'un essaim de métal et de gaz d'échappement.

La vitesse moyenne à Pékin est de 12 km/h.

À un feu rouge, Wu évoque les révolutions économiques. Il a lu *Les Grands Cycles de la conjoncture*, un ouvrage polémique rédigé en 1925 par l'économiste soviétique Nicolaï Kondratieff, pour qui les révolutions technologiques coïncident avec des cycles économiques, chacun plus important que le précédent. Staline a fait fusiller Kondratieff pour avoir supputé que l'économie était régie par tout autre chose que l'État.

Le feu repasse au vert, les voitures autour avancent lentement. Un klaxon insolent retentit quelque part derrière nous. Wu a eu une révélation en lisant le livre de Kondratieff. Le monde a déjà connu les révolutions mécanique, électrique et high-tech, la dernière vague s'étant achevée avec la crise financière de 2008. À présent, il entre dans la révolution de l'intelligence artificielle, qui pourrait avoir un effet profond et durable sur l'humanité. Il y voit une opportunité : « Nous sommes au début d'un nouveau cycle. »

Wu possède une Volvo V60, mais il ne pouvait pas la prendre ce jeudi de mai 2016, parce que sa plaque d'immatriculation se termine par le chiffre 5. La ville de Pékin restreint l'utilisation des véhicules personnels en imposant un jour de repos forcé à toutes les voitures. Nous sommes donc assis à l'arrière de la Jetta. J'ai calé mon sac à dos par terre, entre mes pieds. Mon voisin, en chemise, jean et baskets noires, a posé le sien sur ses genoux. Wu a les cheveux poivre et sel et sa main agrippe un grand smartphone Samsung. À 40 ans, il est un de ces entrepreneurs chinois de la nouvelle génération et a choisi d'attaquer un secteur difficile : l'automobile.

Il a fait toute sa carrière aux Intel Labs de Pékin où il a passé quatorze ans avant d'en devenir le directeur. Il a grandi à Haimen, ville d'un million d'habitants sur la rive opposée du Yangtze par rapport à Shanghai, et s'est très tôt intéressé aux maths, prenant part à des concours régionaux. À 17 ans, il s'est inscrit en sciences de l'informatique à l'université Fudan de Shanghai. Sa mère était professeur de mathématiques et son père, après plusieurs tentatives de création d'entreprise, en était arrivé à enseigner l'aquaculture.

Chez Intel, Wu avait été chargé d'écrire l'introduction de l'édition chinoise d'*Intel Trinity*, l'histoire de l'entreprise racontée par Michael Malone à travers la vie de ses trois grands dirigeants : Robert Noyce, Gordon Moore et Andy Grove. Au cours de ses recherches, il avait regardé la retransmission sur le Web d'un discours prononcé par l'auteur devant une centaine de salariés. Le message l'avait marqué : « Intel est une entreprise d'avenir, disait Michael Malone, mais cet avenir ne vous appartiendra que si vous continuez à prendre des risques. » Le futur était à saisir. « Si vous êtes trop prudent, vous échouerez. »

Songeant à sa propre existence, Wu s'était senti concerné. Pourquoi était-il resté si longtemps dans le même groupe ? Son père, dont les tentatives de création d'entreprise étaient restées infructueuses, lui avait appris à ne pas craindre l'échec. C'était inhabituel chez des parents chinois, dans une société qui privilégiait les carrières traditionnelles et la sécurité de l'emploi. Wu était témoin du bonheur de son père, qu'il admirait énormément, malgré ses affaires décevantes. Il y a puisé sa force : « L'échec n'est rien. Si tu poursuis ton rêve, si tu as la foi, l'échec ne t'abattra pas. »

Wu s'exprime avec soin, ses remarques toujours étayées par des chiffres. La vitesse moyenne de circulation dans Pékin, c'est lui. Comme les informations suivantes : 6 millions de voitures en circulation dans la capitale, plus de 2 millions de personnes attendant de voir leur nom sortir à la loterie des plaques d'immatriculation. (Seulement 150 000 nouvelles voitures en ont obtenu une en 2016.) Wu a appris l'anglais avec ses collègues américains chez Intel et au cours de ses voyages d'affaires aux États-Unis. À l'époque où il entend le discours de Malone, il s'intéresse déjà à l'intelligence artificielle, grâce à son ami Yong Zhao. Yong a été un des membres fondateurs de l'équipe Google Glass, le casque à réalité augmentée qui ajoutait au monde réel une interface numérique (l'appareil ressemblait à une paire de lunettes de soleil sans verres pour JO futuristes). Après avoir quitté Google en 2013, Zhao a créé sa société de recherche dans la vision automobile, mais ayant décidé de passer à autre chose, il cherchait un repreneur.

Tandis que nous progressons à la vitesse de l'escargot, à la lisière d'un parc arboré, Wu assure que l'automobile est mûre pour une reconfiguration complète : « Au siècle dernier, le secteur n'a pas vraiment évolué. » Deux personnes sans casque sur une motocyclette filent sur le côté. Il a lu qu'il ne reste que quatorze constructeurs automobiles environ (selon la façon dont on compte les entités consolidées) sur les 250 en activité au tout début du XXe siècle. Mais l'arrivée de l'électrique a « rebattu les cartes ». Le nombre de composants entrant dans une voiture pourrait être radicalement réduit et la chaîne de valeur profondément remaniée. Pour de nouveaux acteurs, c'était l'occasion ou jamais.

Au XXe siècle, continue Wu, le secteur s'apparentait au monde de la boxe, dominé par de gros bras obéissant à des règles strictes. À présent, il ressemble plutôt à ces combinaisons d'arts martiaux qui favorisent les combattants agressifs et agiles, même s'ils sont plus petits. «Les règles sont devenues très compliquées; ou bien les gens ne les respectent plus.» En attendant, l'autopartage se popularise, tiré en Chine par Didi Chuxing. La connectivité rapproche la conception des voitures de celle des smartphones. Et l'idée de conduite autonome se concrétise avec Baidu, le plus grand moteur de recherche de Chine, qui travaille sur son propre véhicule depuis 2013, suivant la voie tracée par Google.

Je me sens un peu nauséeux. Pas seulement parce que j'écoute Wu au lieu de regarder la route, mais parce que le chauffeur, comme souvent en Chine, malmène les freins. Il fait 25 °C dehors, la vitre du passager avant est ouverte. Je prends un petit déjeuner de gaz d'échappement et de smog industriel. À mesure que nous nous rapprochons du centre, les immeubles poussent plus haut, la circulation ralentit et le smog s'épaissit.

Wu a une vision de l'avenir qui balaierait tout cela : le smog, les routes congestionnées, la conduite de cow-boy. Dans cinq ans, dit-il, il y aura deux types de voitures en Chine. Des familiales rapides et sûres et des citadines lentes qui ne seraient pas en vente, mais louées à la demande *via* une appli mobile. Ces «taxis robots» seraient limités à 65 km/h et communiqueraient entre eux pour fluidifier la circulation. Dans dix ans, on en verra des millions sur la route, prédit-il. Une étude du Massachusetts Institute of Technology a montré que l'autopartage et le covoiturage pourraient réduire le nombre de voitures en circulation de 80%. Wu estime qu'il n'y aurait plus que 3 millions de voitures dans les rues de Pékin en 2026 (soit moitié moins qu'en 2016), dont 2 millions de taxis robots. À l'heure où nous parlons, on ne compte que 70 000 taxis pékinois environ pour 20 millions d'habitants. Ils sont introuvables ou presque.

Wu sort de son sac un PowerBook 15 pouces. À l'écran apparaît l'animation vidéo d'un flux de voitures autonomes (figurées par de petits rectangles blancs sur fond noir) qui traversent aisément un carrefour sans feux de circulation. Les voitures conceptuelles communiquent entre elles et savent quand ralentir, céder le passage et accélérer de nouveau. Une autre vidéo montre comment les coups de frein intempestifs provoquent des embouteillages. Quand un rectangle blanc à l'écran s'arrête brutalement, il émet une onde de choc à l'arrière qui se propage à des douzaines d'autres véhicules, chacun se trouvant obligé de freiner à son tour. Pilotées par ordinateurs, les voitures optimiseraient leur vitesse et s'adapteraient en douceur aux conditions de circulation sans avoir à freiner aussi souvent.

Un jour de semaine normal, Wu quitte son appartement en banlieue de Pékin à 7 h 40 et marche un quart d'heure pour prendre le métro jusqu'à Zhongguancun où est installée Uisee, sa start-up de conduite autonome. Le trajet dure quarante-cinq minutes pendant lesquelles il lit des livres de business et de techno. (Il a dévoré comme ça *Machines of Living Grace* [machines d'amour et de grâce], l'histoire de l'intelligence artificielle de John Markoff, journaliste au *New York Times*). À destination, il reprend son vélo à la consigne et pédale encore vingt minutes pour arriver au siège de Uisee installé au quinzième étage d'un immeuble de bureaux partagés qui abritait autrefois des magasins d'électronique bon marché. L'incubateur baptisé My Dream Plus ne déparerait pas la Silicon Valley avec ses sièges baquets colorés et ses ottomanes capitonnées, où se mêlent plantes d'intérieur et murs végétalisés de lierre. Les entreprises sont réparties dans des salles aux portes vitrées, chacune pouvant accueillir une trentaine de personnes. À l'époque de ma visite, Uisee y employait vingt-deux salariés, ainsi qu'une équipe d'ingénieurs automobile à Shanghai. La société testait ses logiciels dans de vraies voitures en partenariat avec un petit industriel indépendant. L'année suivante, elle employait 150 personnes dans trois bureaux à Pékin et à Shanghai et prévoyait d'en ouvrir un quatrième à Shenzhen en 2018.

Uisee est l'acronyme d'« usage, indifférenciation, sécurité, efficacité et environnement ». L'entreprise conçoit des systèmes de conduite autonome reposant sur un supercalculateur qui communique par un jeu de caméras, de radars en ondes millimétriques et à ultrasons, de GPS et de centrales inertielles pour garder le contact avec la voiture quand le signal des satellites est bloqué par des gratte-ciel, par exemple. Wu et ses troupes n'ont pas encore de slogan percutant qui synthétiserait leur mission, mais ils veulent rendre les transports agréables et sûrs. « Tout le monde a droit à un chauffeur personnel piloté par une IA », affirme le PDG. En guise de première application de ses technologies, Uisee a testé des véhicules autonomes pour le transport des bagages et des passagers aux aéroports internationaux de Singapour et de Guangzhou dans le sud de la Chine.

La Chine aurait grand besoin de voitures autonomes. Ses routes tuent plus de 700 personnes par jour, selon l'Organisation mondiale de la santé (OMS). Deux jours avant mon rendez-vous avec Wu, Wang Jing, le responsable de la division conduite autonome de Baidu, me disait au téléphone que les voitures téléguidées réduiraient la mortalité sur les routes chinoises de 90 % ; c'est en effet la proportion d'accidents causés par des erreurs humaines. Elles feraient aussi gagner du temps. Un trajet domicile-travail à Pékin ou à Shanghai prend en général une heure ou deux, mais la plupart des voitures n'ont qu'un occupant. Une distribution plus efficace des individus par véhicule grâce au covoiturage améliorerait la circulation et accélérerait les trajets.

Les gens passeraient plus facilement au partage de voitures autonomes en Chine qu'aux États-Unis, m'expliquait Wang Jing. Avoir sa propre place de parking est difficile compte tenu de la densité des grandes villes et des centaines de millions de Chinois qui n'ont toujours pas de voiture : « Les Chinois n'ont pas encore intégré la notion de voiture particulière. Il leur est donc plus facile d'adopter la voiture autonome partagée. » La congestion des routes et la conduite erratique des automobilistes offrent aux supercalculateurs une panoplie de difficultés à traiter et à surmonter, ce qui fait de la Chine un terrain de tests idéal. « Techniquement si cela fonctionne en Chine, cela fonctionnera partout dans le monde », concluait Wang.

La veille de cette discussion, Baidu avait annoncé un partenariat avec Wuhu, métropole de 4 millions d'habitants de la province d'Anhui, pour démarrer un programme pilote de véhicules autonomes en centre-ville. Camionnettes, voitures et bus seraient testés à vide pendant trois ans. Les passagers seraient ensuite autorisés et le programme commercialisé avant d'être étendu à l'ensemble de l'agglomération. Pour Wang, l'expérience de Wuhu illustre la façon dont la régulation peut favoriser les véhicules autonomes. La municipalité était « très enthousiaste ». Et puis, même si les autorités adoptaient lentement la technologie, son avènement était inéluctable. « C'est la mégatendance. Ça va arriver, c'est sûr. »

Selon Wang, le logiciel sera à l'avenir la partie la plus importante de la voiture. Aujourd'hui, nous sommes obsédés par le volume du moteur, sa vitesse d'accélération ou sa consommation, mais cela changera. Demain, nous voudrons savoir si notre voiture communique avec le système de contrôle de la circulation, les autres voitures et la route. Nous voudrons savoir jusqu'où elle « voit » afin de juger de son niveau de sécurité. Nous voudrons connaître les caractéristiques de sa conduite, le niveau de confort et de fluidité de sa course. Ces critères d'évaluation, disait Wang, ressemblent à ceux que nous appliquons aux smartphones. Pour la plupart des consommateurs, c'est le système d'exploitation (iOS ou Android) qui importe, plus que la coque ou le microprocesseur.

Aux États-Unis, chez Tesla, J.B. Straubel est du même avis que Wang. « Les véhicules autonomes se différencient essentiellement par leur système d'exploitation », disait-il en 2016. Les progrès dans ce domaine sont phénoménaux. « Ils se mesurent en mois plutôt qu'en années. » Tesla s'intéresse de très près à la reconnaissance d'images. « La tendance est irréversible. Il n'y aura ni ralentissement ni arrêt. »

Au cours de l'été 2016, un ami m'a emmené faire un tour dans une Tesla Model X, une première pour moi. Sur l'autoroute, juste au sud de San Francisco, il a enclenché le mode Autopilot et ôté ses mains du volant. Même si j'avais tout lu sur cette technologie et vu des vidéos, d'instinct j'ai voulu prendre le volant. La Model X ne ralentissait pas alors que les voitures nous dépassaient, et ça me perturbait. Au contraire, elle semblait accélérer.

La voiture est montée jusqu'au maximum de la vitesse autorisée, soit 105 km/h, et est restée dans sa file à équidistance des lignes. Il m'a fallu vingt secondes pour reprendre mon souffle. Mais je gardais tout de même un œil sur la route, un autre sur le volant. Puis, juste au moment où je me calmais, mon copain a mis le clignotant et, prestement mais en souplesse, la voiture est passée sur la file de droite, à distance de sécurité des autres véhicules.

« Tu lui fais confiance ?

— Ouais », a répondu mon ami sans hésiter.

Il avait déjà conduit plusieurs fois en Autopilot et n'en faisait plus une affaire. « C'est très pratique dans les embouteillages. Ça soulage vraiment de la monotonie et on peut oublier ses pieds et ses mains. »

L'intérêt d'être conduits par une IA est vite retombé. On s'est mis à parler d'autre chose, tandis que l'activité de la voiture passait au second plan. Je ne me sentais pas en danger et je ne me suis pas senti plus en sécurité quand, quelques minutes plus tard, mon ami a repris le volant. On pouvait imaginer qu'un jour l'idée de voiture autonome passe pour une banalité.

À l'époque, le système d'autopilotage de Tesla était classé en niveau 2. Autrement dit, la voiture pouvait rester dans sa file, changer de file et régler sa vitesse selon les conditions de circulation, mais la présence d'un être humain, attentif et prêt à reprendre le volant à tout moment, était requise. L'Agence américaine de la sécurité routière a créé un classement à six niveaux. Au niveau 0, le plus bas, l'être humain a le contrôle total de son véhicule, sans assistance logicielle. Au niveau 1, le véhicule dispose de technologies d'assistance comme le freinage d'urgence, mais le conducteur le contrôle toujours en permanence. Au niveau 5, le maximum, le conducteur humain n'aura aucune prise sur la voiture. Il pourra lire un livre, faire une sieste ou regarder un film pendant qu'elle s'occupe de le conduire. Google a testé des véhicules de niveau 5, capables de réaliser toutes « les fonctions de conduite en sécurité et de surveiller les conditions de circulation sur un trajet complet », mais il ne l'a pas encore fait en conditions réelles.

Le développement de véhicules autonomes va de pair avec celui des voitures électriques. Les signaux électriques et les capteurs numériques des systèmes électroniques d'autopilotage contrôlent mieux les fonctions principales des voitures (direction, accélération, freinage) que ne le font les commandes mécaniques. L'absence de bloc-moteur élargit également les possibilités du design, permettant de donner aux nouveaux véhicules des formes et des tailles plus variées, du petit Segway carrossé au bus à double étage.

Mais si la diffusion des véhicules autonomes dépend de celle des électriques, elle est liée aussi au développement des infrastructures, en particulier des stations de recharge. Qui ne voudrait pas d'une voiture capable de faire son plein toute seule? Les voitures électriques s'y prêtent bien, soit par des mécanismes de recharge automatique (Tesla a conçu un prototype de «serpent» métallique qui se ventouse tout seul à la prise de la voiture), soit par des chargeurs sans fil intégrés à la route ou à la station.

Ford a créé Ford Smart Mobility, une filiale chargée de relever ce défi. «Nous ne changeons pas de métier, déclarait en avril 2016, à *The Verge*, Mark Fields, le PDG de Ford, mais celui-ci s'élargit à mesure que dans notre modèle économique le nombre de kilomètres parcourus par chaque véhicule s'ajoute au nombre d'unités vendues.» En août 2016, Ford a annoncé la sortie de véhicules autopilotés de niveau 4 (sans pédales ou sans volant) pour 2021.

D'autres constructeurs travaillent à des projets aussi ambitieux. Fiat Chrysler s'est associé à Waymo (Google) pour développer une flotte de minivans hybrides et autonomes. GM, *via* son partenariat avec Lyft, prévoit de commercialiser des taxis robots Chevy Bolt le plus rapidement possible. Mercedes était si pressé de vanter ses progrès en la matière qu'on lui a reproché sa publicité présentant la Classe E comme «autonome» (la voiture n'était classée qu'en niveau 2 et a souffert de la comparaison avec Tesla). Le constructeur a été contraint de retirer sa campagne. Volkswagen a mis la voiture autonome en bonne place de son plan à dix ans, à la suite du Dieselgate qui l'a obligé à revoir toute sa stratégie. Nissan, Toyota, Mercedes, Ford et GM… la plupart des grands constructeurs ont ouvert des centres de recherche dans la Silicon Valley pour travailler sur l'autonomie. Les nouveaux acteurs (Apple, Lucid Motors, Faraday Future, Byton et Nio) ont mis l'autonomie au cœur de leur modèle économique et ont installé des équipes de programmeurs en Californie. Che He Jia et Singulato Motors travaillent sur ces technologies à Pékin et à Shanghai. Parallèlement, d'autres sociétés high-tech et start-up, à l'instar d'Uber, Lyft, Comma.ai, Nauto, Luminar, Aurora, Caracal, Starsky Robotics et Zoox, cherchent à décrocher la timbale de la conduite autonome, qu'il s'agisse de voitures, de bus ou de poids lourds.

On ne prend pas trop de risques à dire, comme Gansha Wu, que les voitures capables de se diriger à vitesse réduite dans des environnements contrôlés comme les centres-ville seront disponibles d'ici à dix ans, voire plus tôt. On les verra d'abord sur les campus universitaires, les aéroports, les parcs de loisirs et dans les zones urbaines pilotes telles que Wuhu en Chine. En juillet 2016, un bus automatique de Mercedes a parcouru 20 kilomètres de tunnels, virages et feux de circulation, entre l'aéroport de Schiphol et Haarlem aux Pays-Bas. Des voiturettes de golf circulent déjà sur les campus de Californie et en août 2016, nuTonomy a commencé à tester un service gratuit de taxis autonomes dans un quartier d'affaires de Singapour.

Mais l'autonomie totale des voitures rapides pourrait se faire attendre plus longtemps. Lors d'une conférence techno du festival South by Southwest en mars 2016, Chris Urmson, à l'époque responsable du programme de voiture autonome de Google, a déclaré qu'il n'y aurait pas de véhicules autonomes sur les routes avant une trentaine d'années, dans certaines régions du monde. Au même moment, Elon Musk, indécrottable optimiste, disait que les voitures de Tesla seraient disponibles en autonomie complète en 2018, mais que la réglementation allongerait d'un an leur déploiement. En octobre 2016, Tesla déclarait que ses nouvelles voitures seraient dotées de l'équipement nécessaire permettant une conduite totalement autonome dans un avenir proche. L'entreprise ajoutait qu'elle « calibrerait plus précisément le système à partir des millions de kilomètres de conduite parcourus dans le monde réel ». Selon un analyste de Morgan Stanley, l'autonomie complète serait disponible à partir de 2022 et deviendrait grand public en 2026.

Par mauvais temps, les caméras des voitures autonomes ont du mal à repérer les marquages au sol et les véhicules qui les précèdent. La neige, la glace ou la boue les aveuglent parfois. La plupart des systèmes dépendent dans une large mesure de cartes en 3D précises au centimètre près, permettant aux véhicules d'anticiper carrefours, pentes et bretelles. Mais la conception de ces cartes prend du temps et elles vieillissent très vite, à mesure que l'état des routes change et que les infrastructures se développent. Certains experts estiment qu'il faudra des cartes universelles et standardisées, accessibles à toutes les flottes de véhicules et mises à jour en temps réel, mais il y a fort à parier que de l'eau coulera sous les ponts avant que les différentes parties prenantes s'entendent pour coopérer. Les voitures auront également besoin de réseaux sans fil rapides et fiables pour communiquer avec les serveurs distants, les autres véhicules et les infrastructures, telles que les systèmes de signalisation et les parkings, et ce jusque dans les zones les plus reculées. Ce déploiement sera facilité par l'avènement de la 5G sans fil, qui devrait être bientôt disponible. Intel devait procéder aux premiers tests de la nouvelle norme en 2018[*].

La réglementation risque aussi de ralentir la diffusion des technologies. Comme l'a montré l'accident qui a tué Joshua Brown, le premier mort en mode autopilote, l'opinion doute encore de la sécurité des véhicules autonomes. Les accidents mortels qui se sont ajoutés depuis n'ont fait qu'accentuer l'inquiétude. Pour *Consumer Reports*, Tesla a été trop loin, trop tôt. La revue lui a demandé de désactiver la direction automatique et d'imposer aux conducteurs de garder les mains sur le volant.

Un des principaux enjeux réglementaires sera la question du « sans-les-mains ». Les faits prouvent que les systèmes de niveau 2 ou 3, du type Autopilot, peuvent induire un faux sentiment de sécurité chez les conducteurs, tentés alors de relâcher leur attention quand la voiture se dirige seule. Une étude menée par Virginia Tech a testé la résistance de douze conducteurs envoyés sur un circuit en conduite semi-autonome pendant trois heures. Il leur était proposé des vidéos, des magazines, des livres et de la nourriture. Trois d'entre eux en ont profité pour lire et sept pour regarder un DVD.

Un autre débat important portera sur les enjeux éthiques des décisions que prendront les ordinateurs de bord en situation d'urgence. Une voiture autonome devrait-elle choisir de renverser un piéton pour sauver la vie de son occupant ? Que fera-t-elle si elle est mise devant l'alternative d'aller écraser deux vieillards sur sa gauche ou un bébé sur sa droite ? Que se passerait-il si l'ordinateur de bord, ayant conclu que des décès sont inévitables, calcule que la victime aura une mort plus clémente s'il accélère dans sa direction ? Ces questions risquent d'ouvrir des débats réglementaires sans fin.

---

[*] La 5G est testée en France depuis début 2018, https://www.arcep.fr/cartes-et-donnees/nos-publications-chiffrees/experimentations-5g-en-france/tableau-deploiements-5g.html. (NdT.)

Les groupes de pression ne lâcheront pas les régulateurs. En avril 2016, alors que la NHTSA tenait des auditions publiques sur la voiture autonome, Ford, Google, Uber, Lyft et Volvo ont annoncé la constitution d'une Coalition de la conduite autonome en faveur de rues plus sûres, menée par David Strickland, ancien administrateur de l'agence. Le groupe appelle depuis à des normes fédérales claires. En juin 2016, la National Association of City Transportation Officials, regroupant les responsables des transports urbains d'une douzaine de grandes métropoles d'Amérique du Nord, a publié une série de préconisations, telles que la limitation de la vitesse des véhicules autonomes à 40 km/h, et des aides fédérales et régionales aux villes qui promeuvent l'usage partagé de voitures électriques autonomes. En septembre 2016, le Conseil économique national auprès de Barack Obama a émis des recommandations visant le comportement des voitures sans conducteurs en cas de panne des systèmes, la sécurité des données, les communications entre la voiture et ses passagers et la protection de ceux-ci en cas d'accident. À cette occasion, le président du Conseil a déclaré que les véhicules très automatisés permettront d'épargner « du temps, de l'argent et des vies ».

Pendant ce temps, la recherche avance à grands pas. Les constructeurs et les équipementiers testent des véhicules autonomes sur le site « Mcity » de l'université du Michigan, un décor urbain et suburbain à 10 millions de dollars installé à Ann Arbor. Honda a testé les siens à Concord en Californie, sur un ancien site de munitions de la marine, rebaptisé GoMemtum Station, qui offre 30 kilomètres de routes, tunnels et autres infrastructures à quelque 50 kilomètres au nord de San Francisco. À Shanghai, constructeurs étrangers et chinois testent leurs véhicules à AutoCity, immense zone d'activités consacrée à l'automobile, qui d'ici à cinq ans s'étendra sur 100 000 mètres carrés, autoroutes comprises.

En avril 2016, un convoi d'une douzaine de camions autoguidés a traversé l'Europe. La manifestation, financée par les Pays-Bas, comprenait des poids lourds Scania, Daimler, Volvo, MAN, Iveco et DAF qui ont parcouru les autoroutes de Suède, d'Allemagne, de Belgique et des Pays-Bas sans que leurs chauffeurs aient eu besoin de toucher aux pédales et au volant. Semi-autonomes, les camions étaient connectés les uns aux autres sans fil et utilisaient un régulateur de vitesse automatique leur permettant de rouler en «peloton», c'est-à-dire à moins d'une seconde les uns des autres (un écart inférieur à ce qui serait souhaitable si des êtres humains étaient au volant). Le «peloton» crée un effet d'aspiration aérodynamique: les camions sont protégés de la résistance au vent par celui qui les précède. Il en résulte 10% en moyenne d'économie de carburant par camion, selon une étude du centre de recherche néerlandais TNO. Celui-ci a calculé que deux camions roulant en peloton sur 100 000 kilomètres économiseraient 6 000 euros de fuel par an, par rapport à une régulation de vitesse habituelle.

Le convoi européen est un avant-goût de ce qui se prépare. Une start-up du nom de Convoy (soutenue par Jeff Bezos et d'autres sommités de la tech) tente d'appliquer le modèle d'Uber de logistique à la demande aux transports routiers, sur courtes distances en particulier. Flexport, un éditeur de logiciel pour le transport maritime, financé par Google Ventures, se veut «l'Uber des océans». Sans oublier les semi-remorques électriques autonomes de Tesla et, sur le même créneau, les start-up Nikola, Thor et Starsky Robotics. Une équipe d'ingénieurs de haut vol a quitté le projet de conduite autonome de Google pour créer Otto. En août 2016, la start-up révélait travailler «en urgence» à la commercialisation de camions autonomes dans les deux ans. Deux jours plus tard, Uber annonçait le rachat d'Otto. Son cofondateur, Anthony Levandowski, un des précurseurs du projet chez Google, piloterait le développement de la société d'autopartage dans les véhicules autonomes, et Otto celui dans le transport routier. En octobre de la même année, un camion autopiloté par la technologie d'Otto et sponsorisé par Budweiser a livré une cargaison de bières de Fort Collins dans le Colorado à Colorado Springs, soit 193 kilomètres d'autoroute. En février 2017, Waymo, la filiale de Google, a intenté un procès à Uber pour violation de brevet, accusant Anthony Levandowski d'avoir volé des documents confidentiels. Le contentieux a donné lieu à une des bagarres juridiques les plus spectaculaires de l'histoire de la tech. Les deux entreprises ont fini par transiger, Waymo recevant 34% des actions d'Uber.

Uber a également révélé qu'il s'était associé à Volvo pour lancer un projet de conduite autonome à Pittsburgh en Pennsylvanie, qui démarrera par une offre d'essai de transport citadin gratuit en voitures Uber autonomes (même si quelqu'un occupe le siège conducteur, au cas où). L'entreprise a annoncé la mise en circulation de véhicules totalement autonomes pour 2021. Un objectif remis en question quand, en 2018, un de ces véhicules en test à Phoenix, dans l'Arizona, a tué un piéton.

Des emplois seront détruits. On compte 3,5 millions de chauffeurs routiers aux États-Unis. Dès que les transporteurs pourront améliorer leurs marges en réduisant leur masse salariale, ces chauffeurs se trouveront désœuvrés. Ce n'est pas tout. Le secteur emploie également 5,2 millions de personnes qui ne conduisent pas de camions, sans parler de celles qui fournissent alimentation, carburant et logements aux routiers. Si ces derniers disparaissent, elles souffriront aussi. On peut aussi évoquer les chauffeurs de taxi d'Uber et de Lyft. Quand les taxis robots et les Uber autonomes se propageront, ces emplois seront à leur tour menacés.

Certains observateurs estiment que l'avènement des transports autonomes aura un effet mesurable sur notre économie de marché. Le produit des taxes sur le carburant chutera, mais sera probablement remplacé par d'autres sources de revenus. Les recettes du stationnement (amendes incluses) s'évanouiront. Les amendes pour excès de vitesse et les immatriculations diminueront fortement. Ces évolutions affecteront les ressources des États et les dépenses des consommateurs. Robin Chase, ex-PDG de la société d'autopartage Zipcar, désormais présidente de Veniam (communications des véhicules), a appelé à la mise en place d'un revenu minimum universel pour compenser les pertes provoquées par l'ère de la robotique. Ce revenu garanti donnerait « à davantage de gens la possibilité de se consacrer à des activités portées par la passion et porteuses de sens », disait-elle en 2016. Au lieu de taxer le travail, il serait plus logique d'imposer les plates-formes techniques qui produisent les profits « et la richesse d'une poignée de gens chanceux et talentueux qui ont fondé et financé ses nouvelles merveilles sans salariés ».

Des chercheurs de l'université de Californie à Berkeley ont estimé que les taxis robots électriques pourraient réduire les gaz à effet de serre de 90 %, par rapport aux émissions des voitures particulières à essence. Selon une étude de l'université du Texas, une voiture autonome pourrait remplacer neuf véhicules traditionnels. Les voitures qui n'ont pas besoin de tourner pour trouver à se garer réduisent également leurs émissions. En 2007, un professeur d'urbanisation de l'université de Californie à Los Angeles a calculé que les voitures à la recherche d'un stationnement dans les quartiers d'affaires de Los Angeles émettaient 730 tonnes de dioxyde de carbone par an.

Selon l'Institut de la Terre de l'université de Columbia, le coût d'exploitation des voitures autonomes partagées reviendrait à 15 cents par mile environ, contre 60 cents pour les voitures particulières à essence. Les économies seraient dues à une conduite plus efficace, une usure moindre et un carburant moins cher (électricité). En retirant le facteur humain de l'équation d'Uber et de Lyft, le coût pour relier un point A à un point B serait lui aussi considérablement réduit. Nous pourrions alors revendre nos voitures et ne plus jamais nous soucier de contrôle technique, de changement de pneus ou de garagistes sans scrupule. (Malheureusement, les revenus des salariés dans ces secteurs en souffriraient.)

Si nous n'avons plus besoin de nous occuper de la route pendant nos trajets, nous aurons plus de temps pour travailler ou nous distraire. Peut-être regarderons-nous la télé, ferons-nous des mots croisés et finirons-nous enfin de tricoter cette écharpe. (Mais il est plus probable que nous répondrons à plus d'e-mails de boulot.) En attendant, comme l'ordinateur fera un meilleur chauffeur que nous, nous aurons et verrons moins d'accidents. Nous ferons peut-être partie des milliers de vies épargnées chaque année du fait d'avoir des ordinateurs au volant d'engins motorisés : un miracle de l'algorithmique dont nous ne serons jamais assez reconnaissants. Nous nous réjouirons (sauf les plus tordus d'entre nous) de ne plus avoir à faire de créneaux ou de trouver à nous garer, parce que nos voitures ou celles dont nous aurons acquitté la course, iront se garer toutes seules ou repartiront d'elles-mêmes chercher quelqu'un d'autre. Nous pourrons reconvertir nos garages en chambre, en bureau ou en entrepôt pour y remiser nos mixers Kitchen Aid, machines à pain et Abdominizer délaissés. Nos primes d'assurance baisseront.

L'ère de l'autonomie contient également la promesse d'un renouveau de l'urbanisme, mais peut-être pas pour le mieux. Les gens risquent d'abandonner les transports publics pour se répandre sur les routes et les congestionner encore davantage. Ou bien, sachant que laisser leurs voitures rouler leur revient moins cher que d'en payer le stationnement, les propriétaires pourraient les laisser errer dans les rues, concrétisant le scénario cauchemardesque des «voitures zombies» envahissant les rues inutilement, évoqué par la présidente de ZipCar. La facilitation des transports pourrait rendre les banlieues si attractives qu'au lieu de villes denses optimisant leurs ressources, on subirait un étalement urbain infini. Mais rien de tout cela n'est inévitable.

L'essentiel de ce que je sais de la Renaissance, période de l'histoire européenne entre les XIVᵉ et XVIIᵉ siècles, vient d'une vidéo de dix-huit minutes sur YouTube, produite par la School of Life d'Alain de Botton. Le philosophe consacre quelques minutes au zèle déployé par les souverains de la Renaissance pour bâtir des villes splendides. On peut compter sur les doigts d'une main, dit-il, les villes construites depuis le XVIIᵉ siècle capable de rivaliser avec les cités élégantes qui ont surgi dans la péninsule italienne pendant les quelque trois cents ans qu'a duré la Renaissance. Certes, les développeurs d'autrefois n'avaient pas à se préoccuper des voitures ou des règles d'urbanisme, mais ils avaient une mission morale très claire : «Les pères de ces cités italiennes étaient tombés amoureux d'une idée remarquable et nouvelle : leurs villes devaient être l'objet d'une attention sans précédent portée à leur beauté. Comparer cette préoccupation aux nôtres serait quelque peu embarrassant.»

Alain de Botton avance qu'un urbanisme réussi ne tient jamais au hasard. La Renaissance a produit de belles villes parce que leurs souverains croyaient que les bâtiments façonnaient pour une grande part la population qui y vivait. Cette remarque me revient quand, arpentant les rues de San Francisco, ville-champignon classée dixième dans le monde en nombre de milliardaires, je dois éviter les excréments humains sur le trottoir. «S'assurer que le domaine public apporte dignité et calme est plus qu'un luxe, ajoute Alain de Botton. Il contribue aussi à l'hygiène, à la vigueur et au bonheur de la population.»

Les souverains de la Renaissance avaient en tête que les lieux publics devaient être beaux, raffinés et attractifs afin que les citoyens les plus riches de la ville ne soient pas tentés de se retirer sur leurs domaines privés, isolés du monde alentour. Tous les citoyens pouvaient alors « s'enthousiasmer à la perspective d'une vision plaisante de la vie en commun ».

En 1908, Henry Ford a dévoilé la première Model T, une machine qui allait réorganiser les infrastructures de la civilisation et autour desquelles la civilisation elle-même se réorganiserait. Un siècle plus tard, Elon Musk a sorti la Model S, à un moment où la civilisation est plus que mûre pour une renaissance culturelle. Celle-ci pourrait être catalysée par une machine aussi inoffensive qu'une voiture splendide qui se pilote toute seule. L'autonomie ne se limite pas au contrôle automatique d'un engin motorisé. Le terme évoque aussi l'autodétermination. Et c'est par le pouvoir de cette autonomie que nous pourrons transformer une révolution en renaissance.

Ce livre est nourri de mes propres enquêtes et de celles de confrères. Pour tout ce qui à trait à Tesla, j'ai utilisé des documents publics : articles, portraits, blogs, vidéos, documentaires, jurisprudence, déclarations et documents légaux de la société. Je dois beaucoup en particulier à la biographie d'Ashlee Vance, *Elon Musk, Tesla, Pay-Pal, SpaceX : l'entrepreneur qui va changer le monde* (Eyrolles, 2016), aux articles de Drake Baer pour *Business Insider* et au portrait qu'en a fait Max Chafkin pour *Inc.* en 2007. Les documentaires de Chris Paine, *Who Killed the Electric Car?* et *Revenge of the Electric Car,* ont été également précieux. Sur tous les autres sujets, je me suis essentiellement reposé sur mes entretiens et mes recherches.

J'ai publié sur mon site web Hamishmckenzie.com une liste complète des sources attestant les faits rapportés dans ce livre. J'invite quiconque s'intéresserait à la fiabilité de mon travail à aller y vérifier les détails mentionnés.

J'ai fait quelques fois appel à ma mémoire pour reconstituer des dialogues (toujours sur des détails mineurs), mais pour l'essentiel, ce sont des retranscriptions de vidéo accessibles en ligne ou de mes entretiens enregistrés. Il m'est arrivé aussi de reconstituer des scènes à partir de vidéos, de photos et d'articles de presse.

Je voudrais également rendre hommage aux nombreux journalistes sous-payés et sous-estimés dont le travail a contribué à une meilleure compréhension des nombreux sujets et personnalités abordés ici. Mes remerciements s'adressent en particulier aux journalistes du *New York Times*, de Bloomberg, *Business Insider*, *Businessweek*, du *Wall Street Journal*, de Reuters, *Fortune*, *Inc.*, *Wired*, du *Guardian*, *Los Angeles Times*, *Huffington Post*, *Handelsblatt*, *South China Morning Post* et de *Caixin*, sans qui un tel ouvrage n'aurait pas été possible.

Remerciements

L'idée de *La révolution Tesla* a germé en août 2013, quand Julian Loose, alors responsable de la non-fiction chez Faber & Faber, m'a demandé par e-mail si écrire un livre sur Elon Musk m'intéresserait. Julian a été d'un soutien psychologique et professionnel très bienvenu quand le projet qu'il avait mis en branle est parti en flèche, puis a calé et finalement a trouvé son rythme jusqu'à sa conclusion. Je ne sais pas très bien comment le remercier à la mesure de son aide, mais j'espère que ces quelques lignes y pourvoiront.

Mon agent, Jim Levine, y a cru tout de suite, ayant davantage confiance dans mes capacités que moi. Cela a été une chance de l'avoir à mon côté et de bénéficier de son expérience. Mes remerciements vont aussi à sa collègue Beth Fisher qui a su éveiller l'intérêt de mes éditeurs étrangers, et à toute l'équipe de l'agence littéraire Levine, Greenberg et Rostan pour leur aide et patience.

Travailler avec mon éditeur Stephen Morrow, compatriote d'un village des antipodes, a été aussi un coup de chance énorme. Stephen me comprenait intuitivement et a fait des suggestions percutantes qui ont amplement amélioré le livre, tout en conservant le ton et les valeurs qui me sont les plus chères dans mon travail. Il m'a aussi soutenu dans des difficultés inattendues. Je lui suis immensément reconnaissant.

Merci également à Angus Cargill, mon éditeur chez Faber & Faber, pour ses conseils.

Merci à Scott Gattey pour ses conseils juridiques ; à Victor Menotti pour son aide documentaire et à Hans Tung pour m'avoir présenté aux entrepreneurs chinois.

Martin Leach, cofondateur de NextEV et fort de quarante ans de carrière dans l'industrie automobile, a été généreux de son temps et franc dans nos échanges. J'ai été peiné d'apprendre son décès en novembre 2016. J'espère l'avoir bien représenté dans ces pages.

Je dois beaucoup à Shane Snow, un type formidable, entrepreneur-écrivain aux multiples talents, qui m'a ouvert des portes que je n'aurais sinon jamais pu espérer approcher. Merci à mes amis Kelly Pendergrast, Chris House, Patrick Crewdson, Murdoch Stephens, Christopher Mims, Ashlee Vance, Cullen Thomas, Liz Jarvis-Shean, Alexis Georgeson et Christina Ra, et à tous ceux trop nombreux pour être cités qui m'ont apporté leur immense soutien moral. Je suis aussi reconnaissant à mes anciens collègues et amis actuels chez Tesla et Kik.

J'ai une grosse dette envers Ted Livingston, le PDG de Kik, qui m'a fait profiter de son inlassable quête optimiste d'accords gagnant-gagnant. C'est un type formidable et exemplaire. De même, Chris Best, ancien associé de Ted, et maintenant le mien chez Substack, notre start-up d'édition de lettres d'info par abonnements.

À mon frère Andrew et à sa femme Miriama : je vous fais un gros *kia ora* et vous remercie pour vos encouragements et votre sympathie quand j'en ai eu besoin. Vos enfants sont super aussi (Salut ! Tommy, Rachel et Esther !). *Kia ora* aussi à mon autre frère David qui n'est plus de ce monde et qui m'a tant appris quand il était là.

À ma mère, Louise : merci pour ton amour et ton courage quand les choses vont mal. Et à mon père, Richard, merci d'avoir lu avec attention chaque version de chaque chapitre et de ton enthousiasme sincère pour ce projet.

À mon fils James, arrivé le 5 juillet 2017 : tu ne sauras peut-être jamais à quel point tu m'as aidé à traverser des moments bien difficiles. Merci à toi.

Enfin, à ma femme, Steph Wang : merci pour ton soutien inébranlable et ton aide à chaque minute de ce projet. Ce n'est que la dernière de nos aventures déjà vécues ensemble et la première des nombreuses encore à venir. J'espère que la prochaine ne sera pas aussi mouvementée. Je t'aime.

Dépôt légal : Janvier 2022
Imprimé en Allemagne par BoD

9 7 8 2 2 1 2 5 7 2 7 9 7